2023 경비지도사 2차시험대비

SubNote식 요점정리
경비업법

현대에 이르러 산업발전과 사회구조의 복잡 다양화로 예기치 못하게 발생하는 사회 곳곳의 자연적·인위적 위험으로부터 자신의 신변과 가정, 사회를 지키려는 움직임이 활발해지고 있습니다.

특히 최근에 그동안 다소 등한시되었던 안전 분야에 대한 관심이 높아지고, 사회 각 분야의 안전망구축과 정부 차원의 각 부처별로 사회 구석구석의 행정이 미치는 곳에 제반 안전매뉴얼 점검에 나서기에 이르렀습니다.

사회의 다변화와 범죄의 증가, 각종 유형의 크고 작은 위험에 경찰력만으로 대응하기에는 어려운 현실 속에 경찰력 보완을 위한 민간경비의 중요성이 날로 커지고 있고

민간 경비현장에서 활동 중인 종사자들의 전문성과 효율적 관리를 위한 감독자의 역할이 중요해짐에 따라 경비지도사가 새로운 희망 직업으로 관심이 높아지고 있습니다.

경비업법과 청원경찰법은 수시로 개정되는 법령과 수많은 기본서, 문제집들을 함께 공부하기 쉽지 않고, 대부분이 경찰업무와 관련된 법령들로 이루어져 난해한 분야입니다.

필자가 30여 년간 경찰공무원 재직 시, 오랜 기간 경비기능에 종사하며 축적된 현장 경험과 승진시험 시 시간절약을 위해 Sub-note식 요점정리를 활용하여 좋은 성과를 거두었던 개인적 경험을 토대로 시험을 준비하는 경호, 경비, 경찰 관련학과 학도들과 수험준비생들에게 미력이나마 도움을 주고자 이 수험서를 저술하게 되었습니다.

수많은 법령과 기본서 그리고 혼재된 많은 해설을 찾는 번거로움을 줄이기 위해 기본서, 관계법령, 기출 문제와 해설, 경찰법령 등을 이해하기 쉽고 암기하기 편하게 관련 항목끼리 한 묶음으로 연결해 흩어져 있는 관련 내용을 요점별로 정리하여, 수험생들이 단기간 내에 학습효과를 거둘 수 있도록 하였습니다.

- 경·비·지·도·사

지난 11년간의 기출문제와 상세한 해설을 Chapter별로 나누어 함께 수록하여 출제자의 출제경향 파악은 물론 고난이도 문제의 변별력과 이해도를 높이는데 주력하였습니다.
아무쪼록 본 수험서가 길잡이가 되어 꼭 합격의 영광을 누리시기를 기대합니다.

끝으로 2014년 9월 초판 출간 후 이 책을 통해 효율적인 수험공부에 큰 도움이 되었다는 수많은 합격자들의 응원에 힘을 얻어 개정 9판까지 이르게 되었음을 먼저 감사드리며,

이 책이 출간되기 까지 편집과 교정에 수고를 아끼지 않은 웅비출판사 김성권 대표님과 관계자 여러분께도 감사의 말씀을 드립니다.

2023년 4월
개정 9판을 내며
저자 씀

이 책을 효과적으로 공부하는 방법

1. 단원별로 관련되는 항목을 한 묶음으로 정리하여 처음에는 전체 맥락의 이해가 다소 난해하겠지만, 처음부터 암기하려 하지 말고 여러 차례 반복하여 읽다 보면 거듭할수록 속도도 빨라지고 점차 머릿속에 정리되는 걸 느끼게 됩니다.

2. 법 조항과 기본서, 출제빈도가 높은 항목과 관련된 한 묶음의 단원은 빠뜨리지 말고 연결해 반드시 이해하고 넘어가야 합니다.

3. 기출문제를 풀어보다가 막히는 부분은 반드시 요점정리를 반복 확인하여, 확실하게 이해하고 다음 문제로 넘어가는 습관을 기르시기 바랍니다.

4. 암기가 잘 안 되는 항목은 별도 메모하여 집중적으로 암기하는 것도 좋은 방법입니다.

5. 새로이 개정된 법령 관련 문제는 법조문을 꼼꼼하게 읽는 것이 도움이 됩니다.

6. 숫자의 경우는 별도 구분하여 암기하는 것이 도움이 됩니다.
   혼동하기 쉬운 대통령령과 행정안전부령을 이해하기 쉽게 별도 구분 정리하였습니다.

7. 기출문제는 단순히 문제만 풀고 답을 찾지 말고 해설을 잘 숙지해야 합니다.

8. 11년간 기출문제를 통해 전체적으로 이해하고 실전 적응력을 높일 수 있도록 하였습니다.
   출제된 지문에만 한정하지 말고 관련된 해설들을 내가 출제하는 입장에서 이해하면 아무리 고난도 문제라도 수학 공식처럼 쉽게 풀어낼 수 있습니다.

9. 새로이 개정된 법령을 적용하여 문제로 출제하였고, 기출문제도 개정법령으로 수정하여 개정법령 적응력을 높이는 데 주력하였습니다.
   또한, 출제빈도가 높은 항목은 청색처리 또는 음영처리로 강조하였습니다.

목차 Contents

PART 1 경비업법 / 9

CHAPTER 1 총 칙 ·········· 10
- 기출문제 / 12

CHAPTER 2 경비업의 허가 등 ·········· 16
- 기출문제 / 23

CHAPTER 3 기계경비업무 ·········· 35
- 기출문제 / 36

CHAPTER 4 경비지도사 및 경비원 ·········· 41
- 기출문제 / 60

CHAPTER 5 행정처분 ·········· 100
- 기출문제 / 104

CHAPTER 6 경비협회 ·········· 117
- 기출문제 / 118

CHAPTER 7 보 칙 ·········· 124
- 기출문제 / 126

CHAPTER 8 벌 칙 ·········· 138
- 기출문제 / 144

PART 2 청원경찰법 / 167

- 기출문제 / 173
- 기출문제 / 191
- 기출문제 / 206
- 기출문제 / 222

PART 1 요점정리 경비업법

경·비·지·도·사

Chapter 1 총 칙

학·습·목·표

○ **경비업의 목적** (법 제1조)
경비업의 육성 및 발전과 그 체계적 관리에 관하여 필요한 사항을 정함으로써 경비업의 건전한 운영에 이바지함을 목적으로 한다.

○ **경비업에서 사용하는 용어의 정의** (법 제2조)
◆ 경비업 : 경비업무의 **전부 또는 일부**를 **도급**받아 행하는 영업
　　　　　　　(경비업은 **법인**이 아니면 영위할 수 없음)
· 시설경비 업무 : 경비를 필요로 하는 시설 및 장소에서의 도난. 화재. 그 밖의 혼잡 등으로 인한 위험발생을 방지하는 업무

> ▷ **경비가 필요한 시설 등에 대한 경비의 요청** (시행령 제30조)
> 시·도경찰청장은 행사장, 많은 사람이 모이는 시설 또는 장소에 경비원에 의한 경비가 필요하다고 인정되는 때에는 행사개최일 전에 당해 행사주최자에게 경비원에 의한 경비를 실시하거나 부득이한 사유로 실시할 수 없는 경우 행사개최 24시간 前까지 시·도경찰청장에게 그 사실을 통지하여 줄 것을 요청할 수 있다.

· 호송경비 업무 : **운반 중에 있는** 현금. 유가증권. 귀금속. 상품 그 밖의 물건에 대해 도난. 화재 등 위험발생을 방지하는 업무

> ▷ **호송경비의 통지** (시행규칙 제2조)
> 경비업자가 호송경비업무를 수행하기 위하여 관할경찰서의 협조를 얻고자 하는 때에는 현금 등의 운반을 위한 출발 前日까지 출발지 경찰서장에게 호송경비통지서(전자문서 포함)를 제출해야 한다.

· 신변보호 업무 : 사람의 생명이나 신체에 대한 위해의 발생방지, 신변을 보호하는 업무
· 기계경비업무 : 경비대상시설에 설치한 기기에 의해 감지. 송신된 경보를 그 경비대상시설 **外의 장소**에 설치한 관제시설의 기기로 수신, 도난. 화재등 위험발생을 방지하는 업무
· 특수경비업무 : 공항(항공기 포함)등 대통령령이 정하는 국가중요시설의 경비 및 도난. 화재 그 밖의 위험발생을 방지하는 업무

> ▷ **대통령령이 정하는 국가중요시설** (시행령 제2조)
> · 공항, 항만, 원자력발전소 등의 시설중 국가정보원장이 지정하는 국가보안목표시설
> · 통합방위법에 의하여 국방부장관이 지정하는 국가중요시설

- **경비지도사** : 경비원을 **지도, 감독** 및 **교육**하는 자 (일반경비지도사, 기계경비지도사)
- **경비원** : 경비업의 허가를 받은 **법인**(경비업자)이 채용한 고용인으로 다음에 해당하는 자
  - **일반경비원** : 시설경비, 호송경비, 신변보호, 기계경비업무를 수행하는 자
  - **특수경비원** : 특수경비업무를 수행하는 자

◆ 무기 : 인명 또는 신체에 위해를 가할 수 있도록 제작된 **권총, 소총 등**을 말함.

◆ 집단 민원현장
- 「노동조합 및 노동관계조정법」에 따라 노동관계 당사자가 노동쟁의 조정신청을 한 사업장 또는 쟁의행위가 발생한 사업장
- 「도시 및 주거환경정비법」에 따른 정비사업과 관련하여 이해대립이 있어 다툼이 있는 장소
- **특정 시설물의 설치**와 관련하여 민원이 있는 장소
- **주주총회**와 관련하여 이해대립이 있어 다툼이 있는 장소
- 건물, 토지등 부동산및 동산에 대한 **소유권, 운영권, 관리권 점유권** 등 법적권리에 대한 이해대립이 있어 다툼이 있는 장소
- **100명** 이상의 사람이 모이는 **국제, 문화, 예술, 체육**행사장
- 「행정대집행법」에 따라 **대집행**을 하는 장소

기출문제 총칙

1. 경비업법령상 다음 내용에 해당하는 경비업무는? (14회)

> 경비대상시설에 설치한 기기에 의하여 감지·송신된 정보를 그 경비대상시설외의 장소에 설치한 관제시설의 기기로 수신하여 도난·화재 등 위험발생을 방지하는 업무

① 시설경비업무 ② 호송경비업무
③ 기계경비업무 ④ 특수경비업무

해설 경비업무의 정의 (법 제2조)

시설경비	경비를 필요로 하는 시설 및 장소에서의 도난·화재 그 밖의 혼잡 등으로 인한 위험발생을 방지하는 업무
호송경비	운반 중에 있는 현금·유가증권·귀금속·상품 그 밖의 물건에 대해 도난·화재 등 위험발생을 방지하는 업무
신변보호	사람의 생명이나 신체에 대한 위해의 발생방지, 신변을 보호하는 업무
기계경비	경비대상시설에 설치한 기기에 의해 감지·송신된 정보를 그 경비대상시설 外의 장소에 설치한 관제시설의 기기로 수신, 도난·화재등 위험발생을 방지하는 업무
특수경비	공항(항공기 포함)등 대통령령이 정하는 국가중요시설의 경비 및 도난·화재 그 밖의 위험발생을 방지하는 업무

2. '경비업의 시설 등의 기준'에서 정한 호송용차량에 관한 내용 중 ( ) 안에 들어갈 용어로 옳지 않은 것은? (14회)

> "호송용 차량"이란 현금이나 그 밖의 귀중품의 운반에 필요한 (ㄱ) 및 (ㄴ)을 갖추고 (ㄷ) 및 (ㄹ)을 갖춘 자동차를 말한다.

① ㄱ: 견고성   ② ㄴ: 안전성
③ ㄷ: 영상녹화시설 ④ ㄹ: 경보시설

해설 호송용 차량이란 현금이나 그 밖의 귀중품의 운반에 필요한 **견고성** 및 **안전성**을 갖추고 **무선통신시설** 및 **경보시설**을 갖춘 자동차를 말한다.

3. 경비업법령상 용어에 관한 설명으로 옳지 않은 것은? (15회)

① "경비업"이란 경비업무의 전부 또는 일부를 도급받아 행하는 영업을 말한다.
② "호송경비업무"란 운반중에 있는 현금·유가증권·귀금속·상품 그 밖의 물건에 대하여 도난·화재 등 위험발생 방지하는 업무이다.
③ "특수경비원"이란 신변보호업무를 수행하는 자를 말한다.
④ "무기"라 함은 인명 또는 신체에 위해를 가할 수 있도록 제작된 권총·소총 등을 말한다.

정답 1. ③ 2. ③ 3. ③

↘해설 ③ **특수경비원**이란 공항(항공기를 포함한다) 등 대통령령이 정하는 국가중요시설의 경비 및 도난·화재 그밖의 위험발생을 방지하는 업무를 수행하는 자를 말한다.

4. 경비업법령상 용어의 정의로 옳지 않은 것은? (16회)

① 신변보호업무는 사람의 생명이나 신체에 대한 위해의 발생을 방지하고 그 신변을 보호하는 업무이다.
② 기계경비업무는 경비를 필요로 하는 시설 및 장소에서의 도난·화재 그 밖의 혼잡 등으로 인한 위험발생을 방지하는 업무이다.
③ 호송경비업무는 운반 중에 있는 현금·유가증권·귀금속·상품 그 밖의 물건에 대하여 도난·화재 등 위험발생을 방지하는 업무이다.
④ 특수경비업무는 공항 등 대통령령이 정하는 국가중요시설의 경비 및 도난·화재 그 밖의 위험발생을 방지하는 업무이다.

↘해설 ②는 시설경비에 대한 설명이다.

5. 경비업법에 규정된 용어의 정의이다. ( ) 안에 들어갈 단어가 올바르게 짝지어진 것은? (18회)

> 시설경비업무란 경비를 필요로 하는 시설 및 장소에서의 (ㄱ)·화재 그 밖의 (ㄴ) 등으로 인한 위험발생을 방지하는 업무를 말한다.

① ㄱ : 위해, ㄴ : 소란
② ㄱ : 도난, ㄴ : 혼잡
③ ㄱ : 위해, ㄴ : 혼잡
④ ㄱ : 도난, ㄴ : 소란

↘해설 **시설경비 업무** (법 제2조 제1호)
경비를 필요로 하는 시설 및 장소에서의 도난, 화재, 그 밖의 혼잡 등으로 인한 위험발생을 방지하는 업무

6. 경비업법상 용어에 관한 설명으로 옳지 않은 것은? (19회)

① 시설경비업무는 경비를 필요로 하는 시설 및 장소에서의 도난 등으로 인한 위험발생을 방지하는 업무이다.
② 호송경비업무는 운반 중에 있는 현금 등 물건에 대하여 도난 등 위험발생을 방지하는 업무이다.
③ 신변보호업무는 사람의 생명이나 신체에 대한 위해발생을 방지하고 그 신변을 보호하는 업무이다.
④ 특수경비업무는 경비대상시설에 설치한 기기에 의하여 감지·송신된 정보를 그 경비대상 시설 외의 장소에 설치한 관제시설의 기기로 수신하여 도난 등 위험발생을 방지하는 업무이다.

↘해설 ④ 기계경비업무에 관한 설명이다.

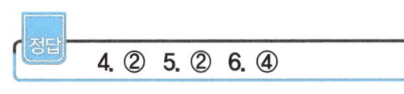
4. ② 5. ② 6. ④

7. 경비업법령상 규정된 용어에 관한 설명으로 옳은 것은? (20회)

① 경비지도사는 일반경비지도사와 특수경비지도사로 구분한다.
② 국가중요시설에는 공항·항만, 원자력발전소 등의 시설 중 국가정보원장이 지정하는 국가보안 목표시설도 해당된다.
③ 무기라 함은 인명을 살상할 수 있도록 제작·판매된 권총·소총·분사기를 말한다.
④ 특수경비원은 시설경비, 호송경비, 신변보호, 특수경비를 수행하는 자이다.

해설 ① 경비지도사라 함은 경비원을 지도·감독 및 교육하는 자를 말하며 일반경비지도사와 기계경비지도사로 구분한다. (법 제2조 제2호)
③ 무기라 함은 인명 또는 신체에 위해를 가할 수 있도록 제작된 권총·소총 등을 말한다.(법 제2조 제4호)
④ 경비원은 경비업자가 채용한 고용인으로서 일반경비원과 특수경비원이 있다. (법 제2조 제3호)
② 시행령 제2조

8. 경비업법령상 집단민원현장에 해당하는 것은? (16회)

① 건축법에 따라 철거명령이 내려진 장소
② 50명 이상의 사람이 모이는 국제·문화·예술·체육 행사장
③ 도시개발법에 따라 도시개발사업을 시행하기 위하여 지정·고시된 도시개발구역
④ 노동조합 및 노동관계조정법에 따라 노동관계 당사자가 노동쟁의 조정신청을 한 사업장

해설 집단민원현장 (경비업법 제2조 제5호)
- 「노동조합 및 노동관계조정법」에 따라 노동관계 당사자가 노동쟁의 조정신청을 한 사업장 또는 쟁의행위가 발생한 사업장
- 「도시 및 주거환경정비법」에 따른 정비사업과 관련하여 이해대립이 있어 다툼이 있는 장소
- 특정 시설물의 설치와 관련하여 민원이 있는 장소
- 주주총회와 관련하여 이해대립이 있어 다툼이 있는 장소
- 건물, 토지등 부동산 및 동산에 대한 소유권·운영권·관리권·점유권 등 법적권리에 대한 이해대립이 있어 다툼이 있는 장소
- 100명 이상의 사람이 모이는 국제·문화·예술·체육행사장
- 「행정대집행법」에 따라 대집행을 하는 장소

9. 경비업법상 집단민원현장에 해당하지 않는 것은? (17회)

① 「행정대집행법」에 따라 대집행을 하는 장소
② 특정시설물의 설치와 관련하여 민원이 있는 장소
③ 주주총회와 관련하여 이해대립이 있어 다툼이 있는 장소
④ 70명의 사람이 모여 있는 국제·문화·예술·체육 행사장

정답 7. ② 8. ④ 9. ④

10. 경비업법상 집단민원현장에 해당하는 것은? (제18회)
① 30명의 사람이 모이는 예술 행사장
② 50명의 사람이 모이는 문화 행사장
③ 90명의 사람이 모이는 체육 행사장
④ 120명의 사람이 모이는 국제 행사장

11. 경비업법상 집단민원현장에 해당하지 않는 것은? (19회)
① 행정대집행법에 따라 대집행을 하는 장소
② 대기업의 주주총회가 개최되고 있는 장소
③ 100명 이상의 사람이 모이는 문화 행사장
④ 노동조합 및 노동관계조정법에 따라 노동관계 당사자가 노동쟁의 조정신청을 한 사업장

12. 경비업법령상 '집단민원현장'에 해당하지 않는 것은? (20회)
① 「노동조합 및 노동관계조정법」에 따라 노동관계 당사자가 노동쟁의 조정신청을 한 사업장
② 특정 시설물의 설치와 관련하여 민원이 있는 장소
③ 주주총회와 관련하여 이해 대립이 있어 다툼이 있는 장소
④ 「행정절차법」에 따라 대집행을 하는 장소

13. 경비업법령상 집단민원현장으로 옳지 않은 것은? (24회)
① 「노동조합 및 노동관계조정법」에 따라 노동관계 당사자가 노동쟁의 조정신청을 한 사업장 또는 쟁의행위가 발생한 사업장
② 「공유토지분할에 관한 특례법」에 따라 공유토지에 대한 소유권행사와 토지의 이용에 문제가 있는 장소
③ 「도시 및 주거환경정비법」에 따른 정비사업과 관련하여 이해대립이 있어 다툼이 있는 장소
④ 「행정대집행법」에 따라 대집행을 하는 장소

정답 10. ④ 11. ② 12. ④ 13. ②

Chapter 2 경비업의 허가 등

학·습·목·표

◯ 경비업의 허가권자 (법 제4조 제1항)
경비업을 영위하고자 하는 법인은 도급받아 행하고자하는 경비업무를 특정하여 그 법인의 **주사무소의 소재지** 관할 시·도경찰청장의 허가를 받아야 한다.(**경비업무 변경**의 경우도 같다)

◯ 경비업 허가의 요건 (법 제4조 제2항)
- ◆ **대통령령**으로 정하는 **1억원 이상의** 자본금의 보유
- ◆ 경비인력 요건
  - 시설경비업무 - 경비원 10명 이상 및 경비지도사 1명 이상
  - 시설경비업무外의 경비업무 - 대통령령으로 정하는 경비인력
- ◆ 기준 경비인력을 교육할 수 있는 교육장포함, 대통령령으로 정하는 시설과 장비 보유
- ◆ 그 밖에 경비업무 수행을 위해 대통령령으로 정하는 사항

◯ 경비업 허가 신청서류 (시행령 제3조)
- ◆ 경비업의 허가 : 허가신청서 + 행정안전부령으로 정하는 서류 (전자문서 포함)
- ◆ 경비업무 변경, 경비업무 추가 : **변경 허가신청서** + 행정안전부령으로 정하는 서류 (전자문서 포함)

> ▷ **행정안전부령으로 정하는 서류** (시행규칙 제3조 제1항)
> - 법인의 정관 1부
> - 법인 임원의 이력서 1부
> - 경비인력, 시설 및 장비의 확보계획서 1부 (허가신청 시 갖출 수 없는 경우에 한함)
>   (1월 이내에 시설 등을 갖추고 (자본금 제외) 시·도경찰청장의 확인을 받아야 한다.)

◯ 경비업 허가 신청 서류 제출 (시행규칙 제3조)
- ◆ 법인의 주사무소를 관할하는 **시·도경찰청장** 또는 해당 시·도경찰청 소속의 **경찰서장**에게 제출하여야 한다. (제출받은 경찰서장은 **지체 없이** 관할 시·도경찰청장에게 보내야 한다.)
- ◆ 신청서를 제출받은 시·도경찰청장은 「전자정부법」에 따른 행정정보의 공동이용을 통하여 **법인의 등기사항 증명서**를 확인 하여야 한다.

허가절차 (시행령 제4조)

◆ 시·도경찰청장은 허가 또는 변경허가의 신청을 받은 때에는
  - 법인 임원중 **결격사유 해당자** 있는지 여부
  - **경비인력** · **시설 및 장비**의 확보 또는 확보 가능성 여부
  - **자본금**과 **대표자** · **임원 경력 및 신용** 등을 검토하여 허가여부 결정
◆ 시·도경찰청장은 검토 후 경비업을 허가(변경허가)한 경우에는, 해당법인의 주사무소를 관할하는 **경찰서장을 거쳐** 신청인에게 허가증을 발급하여야 한다.

허가증 분실 및 훼손 시 재발급 (시행령 제4조 제3항)

◆ 재발급 신청서류
  - 허가증 분실 : 허가증 재교부 신청서 + **사유서**
  - 허가증 훼손 : 허가증 재교부 신청서 + **그 허가증**
    ※ 허가증 포함내용 : 법인명칭, 소재지, 대표자성명, 주민등록번호, 주소, 허가경비업무

◆ 재발급 신청서 제출
  법인의 주사무소 관할 **시·도경찰청** 또는 해당 시·도경찰청 소속 **경찰서장**에게 재발급신청
  (제출받은 경찰서장은 **지체 없이** 관할 시·도경찰청장에게 보내야 한다.)

허가의 유효기간 : 허가 받은 날로부터 **5년** (법 제6조 제1항)

허가의 갱신 (시행규칙 제6조)

◆ 유효기간이 만료된 후 갱신허가를 받고자 할 때는 허가의 유효기간 만료일 **30일 전까지**
  - **갱신허가신청서**(전자문서 포함) + **허가증 원본 및 정관** (변경사항 있는 경우 한함)을 첨부,
  - 법인의 주사무소 관할 **시·도경찰청장** 또는 해당 시·도경찰청소속 **경찰서장**에게 제출
    (제출 받은 경찰서장은 지체 없이 시·도경찰청장에게 보내야 한다.)
◆ 신청서를 제출받은 시·도경찰청장은 「전자정부법」에 따른 행정정보의 공동이용을 통하여 **법인의 등기사항 증명서**를 확인하여야 한다.
◆ 시·도경찰청장은 갱신허가시 유효기간 만료된 **허가증 회수** 후 새 허가증을 교부해야 한다.

○ 경비업의 시설 등의 기준 [시행령 별표 1]

구 분	경비인력	자본금	시 설	장비 등
시설경비 업무	일반경비원 10명 이상 경비지도사 1명 이상	1억원 이상	10명 이상을 동시에 교육할 수 있는 교육장	10명 이상의 경비원복장 및 경적, 단봉, 분사기
호송경비 업무	무술유단자인 일반경비원 5명 이상 경비지도사 1명 이상	1억원 이상	5명 이상을 동시에 교육할 수 있는 교육장	• 호송용 차량 1대 이상 • 현금호송백 1개 이상 • 5명 이상의 경비원 복장 및 경적, 단봉, 분사기
신변보호 업무	무술유단자인 일반경비원 5명 이상 경비지도사 1명 이상	1억원 이상	5명 이상을 동시에 교육할 수 있는 교육장	• 5명 이상의 무전기 등 통신장비 • 5명 이상의 경적, 단봉, 분사기
기계경비 업무	전자·통신기술자격증 소지자 5명 포함 일반경비원 10명 이상 경비지도사 1명 이상	1억원 이상	10명 이상을 동시에 교육할 수 있는 교육장, 관제 시설	• 감지장치, 송신장치및 수신장치 • 출동차량 : 출장소별 2대 이상 • 10명 이상의 경비원복장 및 경적, 단봉, 분사기
특수경비 업무	특수경비원 20명 이상 경비지도사 1명 이상	3억원 이상	20명 이상을 동시에 교육할 수 있는 교육장	20명 이상의 경비원복장 및 경적, 단봉, 분사기

◆ 자본금의 경우 하나의 경비업무에 대한 자본금을 갖춘 경비업자가 그 **外**의 경비업무를 추가하고자 하는 경우에는 자본금을 갖춘 것으로 본다.
다만, 특수경비자**外**의 자가 특수경비업무를 추가로 하고자 하는 경우,
이미 갖추고 있는 자본금을 포함하여 특수경비업무의 자본금 기준에 적합하여야 한다.

☞ 例 · 시설경비자가 기계경비업무 추가 ▶ 추가 없음 (이미 갖춘 1억원 기준)
　　 · 호송경비업자가 특수경비업무 추가 ▶ **2억 추가**　(특수경비 3억원 기준)
　　 · 특수경비업자가 기계경비업무 추가 ▶ 추가 없음 (특수경비 3억원 기준)

◆ 교육장의 경우 하나의 경비업무에 대한 시설을 갖춘 경비업자가 그 외의 경비업무를 추가하고자하는 경우에는 **경비인력이 더 많이 필요한** 경비업무에 해당하는 교육장을 갖추어야 한다.

☞ 例 · 호송경비 + 시설경비 ▶ 20명 (시설경비 20명 기준)
　　 · 신변보호 + 기계경비 ▶ 10명 (기계경비 10명 기준)
　　 · 기계경비 + 특수경비 ▶ 20명 (특수경비 20명 기준)

◆ 무술유단자 : **대한체육회**가맹단체 또는 **문화체육관광부**등록 무도관련단체가 무술유단자로 인정한 자
◆ 호송용 차량 : 현금 등 귀중품운반에 필요한 **견고성, 안전성**을 갖추고 **무선통신시설, 경보시설**을 갖춘 자동차
◆ 현금호송백 : 현금이나 그 밖의 귀중품을 운반하기 위한 이동용 호송장비로 **경보시설**을 갖춘 것
◆ 경비인력 : 경비업 허가신청 당시 고용하지 않았으나, 경비업무를 도급받을 경우 언제든지 고용계약을 체결하여 경비업무 수행이 가능한 **확보인력**
◆ 전자. 통신분야 기술자격증소지자 : **국가기술자격법**에 따라 전자·통신분야 기술자격 취득한 사람

경비업의 신고 (법 제4조3항, 시행령 제5조)

신 고 사 유	신고기한	신고기관
• 영업을 폐업하거나 휴업한때 (영업재개 + 휴업기간연장)	7일 이내	시·도경찰청장 (제출은 경찰서장도 가능) ※ 제출받은 경찰서장은 지체 없이 시·도경찰청장에게 보내야 한다
• 법인의 명칭이나 대표자, 임원을 변경한때	30일 이내	
• 법인의 주사무소나 출장소를 신설, 이전 또는 폐지한때		
• 기계경비업무수행 위한 관제시설을 신설, 이전 또는 폐지한때		
• 특수경비업무를 개시하거나 종료한때		
• 그 밖에 대통령령이 정하는 중요사항(정관의 목적)을 변경한때		

※ 출장소 : 주사무소外의 장소로 일상적으로 일정지역 경비업무를 지휘, 총괄하는 영업거점
(지점, 지사, 사업소)

폐업 또는 휴업 등의 신고 (시행령 제5조)

◆ 폐업 : 폐업을 한 날부터 **7일 이내** 폐업신고서 (허가증 첨부)
◆ 휴업 : 휴업을 한 날부터 **7일 이내** 휴업신고서
◆ 휴업 끝나기 전 영업재개 : 영업을 다시 시작한 후 **7일 이내** 영업재개신고서
◆ 휴업기간 연장 : 신고한 휴업기간이 끝난 후 **7일 이내** 휴업기간연장신고서
  ⇒ 법인의 주사무소 관할 시·도경찰청장 또는 해당 시·도경찰청 소속 경찰서장에게 제출
  (제출받은 경찰서장은 지체 없이 관할 시·도경찰청장에게 보내야 한다.)

▷ 변경신고 시 제출서류 (시행규칙 제5조)
  • 명칭변경의 경우 → 허가증 원본
  • 대표자 변경의 경우 → 허가증 원본 + **법인 대표자의 이력서 1부**
  • 임원변경의 경우 → **법인 임원의 이력서 1부**
  • 주사무소 또는 출장소 변경의 경우 → 허가증 원본
  • 정관의 목적 변경의 경우 → **법인의 정관 1부**

허가의 제한 (법 제4조의2)

◆ 누구든지 허가를 받은 경비업체와 **동일한 명칭**으로 경비업 허가를 받을 수 없다.
◆ 허가받은 경비업무外의 업무에 경비원을 종사하게 한 사유와
  ※ '시설경비업무'에 관한 부분은 2024. 12.31한 입법시 까지 적용중지(헌재 2023. 3.23 헌법불합치 결정)
  경비원으로 하여금 경비업무의 범위를 벗어난 행위를 하게한 사유로 **허가가 취소된 경우**,
  • **10년**이 지나지 않은 때에는 누구든지 허가 취소된 경비업체와 동일명칭으로 허가 받을 수 없고,
  • 법인명 또는 임원변경 불구, 허가 취소된 날로부터 **5년**이 지나지 않은 때에는 허가받을 수 없다.

🔵 임원의 결격사유 (법 제5조)

- ◆ 피성년후견인
- ◆ 파산선고를 받고 복권되지 아니 한자
- ◆ 금고 이상의 형의 선고를 받고 그 형이 실효되지 아니 한 자
- ◆ 경비업법 또는 「대통령 등의 경호에 관한 법률」에 위반하여 벌금형의 선고를 받고 **3년**이 지나지 아니한 자 **(특수경비업무만 해당)**
- ◆ 경비업법(제19조 제1항 제2호, 제7호제외) 또는 경비업법시행령에 위반, 허가 취소된 법인의 취소당시 임원이었던 자로 그 취소 후 3년이 지나지 아니한 자 **(同種 경비업무만 해당)**
- ◆ 제19조 제1항 제2호및 제7호의 사유로 허가가 취소된 법인의 허가취소 당시의 임원이었던 자로서 허가가 취소된 날부터 **5년**이 지나지 아니한 자

> 제19조 제1항 제2호 : 허가받은 경비업무 외의 업무에 경비원을 종사하게 한때
> ※ '시설경비업무'에 관한 부분은 2024. 12.31한 입법시 까지 적용중지(헌재 2023. 3.23 헌법불합치 결정)
> 제19조 제1항 제7호 : 소속 경비원으로 하여금 경비업무의 범위를 벗어난 행위를 하게한 때

🔵 경비업자의 의무 (법 제7조)

- ◆ 경비업자는 시설주의 관리권 범위 안에서 경비업무를 수행해야 하며, 다른 사람의 자유와 권리를 침해하거나 그의 정당한 활동에 간섭해서는 안 된다. **(타인의 자유. 권리침해금지 의무)**
- ◆ 경비업자는 경비업무를 성실히 수행해야 하고, 도급을 의뢰받은 경비업무가 위법·부당한 것일 때에는 이를 거부해야한다. **(위법·부당한 도급업무 거부의무)**
- ◆ 경비업자는 불공정한 계약으로 경비원의 권익침해나 경비업의 건전한육성과 발전을 해치는 행위를 하여서는 안 된다. **(불공정계약 금지 및 경비원 권익침해금지 의무)**
- ◆ 경비업자의 임·직원, 임직원이었던 자는 他법률에 특별한 규정이 있는 경우를 제외하고는 직무상 알게 된 비밀을 누설, 다른 사람에게 제공, 이용하도록 하는 등 부당한 목적을 위해 사용해서는 안 된다. **(직무상 비밀누설 및 부당사용금지 의무)**
- ◆ 경비업자는 허가받은 경비업무**外**의 업무에 경비원을 종사케 해서는 안 된다.

  (타업무 종사금지의무)

  ※ '시설경비업무'에 관한 부분은 2024. 12.31한 입법시 까지 적용중지(헌재 2023. 3.23 헌법불합치 결정)
- ◆ 경비업자는 집단민원현장에 경비원 배치시 경비지도사를 선임, 그 장소에 배치, 행정안전부령에 따라 경비원을 지도·감독하게 해야 한다. **(집단민원현장 경비지도사선임. 배치의무)**
- ◆ **특수경비자**는 특수경비업무개시신고 시에는 국가중요시설에 대한 특수경비업무수행 중단시, 시설주 동의를 얻어 다른 특수경비업자중 경비대행업자를 지정, 허가관청에 신고해야 한다. 경비대행업자 지정변경의 경우 또한 같다. **(대행업자 지정의무)**

- **특수경비업자는** 국가중요시설 특수경비업무 중단시, 미리 지정된 경비대행업자에게 통보해야 하며, 경비대행업자는 통보받은 즉시 그 경비업무를 인수해야 한다. 제7항 규정은 경비대행업자에 준용한다.**(특수경비업자의 통보및 대행업자의 인수의무)**
- **특수경비업자는** 경비업법에 의한 경비업과 경비장비 제조설비·판매업, 네트워크를 활용한 정보산업, 시설물유지관리업 및 경비원 교육업 등 대통령령이 정하는 경비관련업外의 영업을 해서는 안 된다. **(특수경비업자의 경비관련업外 영업금지의무)**
    - ☞ 특수경비업이 아닌 경비업자는 해당 없음

경비업무 도급인 등의 의무 (법 제7조의 2)

- 누구든지 허가를 받지 아니한 자에게 경비업무를 도급해서는 안 된다.
- 누구든지 집단민원현장에 경비인력을 **20명 이상** 배치하려고 할 때에는 그 경비인력을 직접 고용하여서는 안 되고, 경비업자에게 경비업무를 도급해야 한다.
  다만, 시설주 등이 집단민원현장 발생 **3개월 전까지** 직접 고용하여 경비업무를 수행하는 피고용인의 경우에는 그러하지 아니하다.
- 경비업무를 도급하는 자는 그 경비업무를 수급한 경비업자의 경비원 채용 시 무자격자나 부적격자 등을 채용하도록 관여하거나 영향력을 행사해서는 아니 된다.
- 무자격자나 부적격자의 구체적인 범위 등은 대통령령으로 정한다.

※ **무자격자 및 부적격자 등의 범위** (시행령 제7조의3)

시설경비, 신변보호, 호송경비, 기계경비 (집단민원현장 시설경비, 신변보호 제외)	• 일반경비원 결격사유 해당자(법 제10조제1항) • 「아동·청소년의 성보호에 관한 법률」 제56조 제1항 제14호에 따라 경비업무에 종사할 수 없는 사람
특수경비	• 특수경비원 결격사유 해당자(법 제10조제2항) • 「아동·청소년의 성보호에 관한 법률」 제56조 제1항 제14호에 따라 경비업무에 종사할 수 없는 사람
집단민원현장의 시설경비 또는 신변보호	• 일반경비원 결격사유 해당자(법 제10조제1항) • 집단민원현장에 일반경비원으로 배치할 수 없는 사람(법 제18조제6항) • 「아동·청소년의 성보호에 관한 법률」 제56조 제1항 제14호에 따라 경비업무에 종사할 수 없는 사람

특수경비업자의 업무개시 전의 조치 (시행령 제6조)

- 특수경비업자는 첫 업무개시 **신고를 하기 前에** 시·도경찰청장의 **비밀취급인가**를 받아야 한다.
- 시·도경찰청장은 특수경비업자에게 비밀취급인가시 특수경비업자로 하여금 경찰청장을 거쳐 **국가정보원장**에게 보안측정을 요청하도록 해야 한다.

○ 특수경비업자가 할 수 있는 영업

1. 경비관련업 [별표1의2]

분 야	해 당 영 업
금속가공제품 제조업 (기계 및 가구 제외)	• 일반철물 제조업자 (자물쇠제조 등 경비관련 제조업에 한함) • 금고 제조업
기타 기계 및 장비제조업	• 소화기 및 분사기 제조업
전기장비 제조업	• 전기경보 및 신호장치 제조업
전자부품, 컴퓨터, 영상, 음향 및 통신장비 제조업	• 전자카드 제조업 • 통신 및 방송장비 제조업 • 영상 및 음향기기 제조업
전문직별 공사업	• 소방시설 공사업 • 배관 및 냉·난방 공사업 (소방시설공사 등 방재 관련 공사에 한정) • 내부 전기배선 공사업 • 내부 통신배선 공사업
도매 및 상품중개업	• 통신장비 및 부품 도매업
통신업	• 전기통신업
부동산업	• 부동산 관리업
컴퓨터프로그래밍, 시스템 통합 및 관리업	• 컴퓨터프로그래밍 서비스업 • 컴퓨터시스템 통합 자문, 구축 및 관리업
건축기술, 엔지니어링 및 관련기술 서비스업	• 건축설계 및 관련 서비스업(소방시설 설계 등 방재관련건축설계에 한정) • 건물 및 토목엔지니어링 서비스업(소방시설 감리 등 방재관련서비스업에 한정)
사업시설관리 및 조경서비스업	• 사업시설 유지관리 서비스업 • 건물·산업설비 청소 및 방재 서비스업
사업지원 서비스업	• 인력공급 및 고용알선업 • 경비, 경호 및 탐정업
교육서비스업	• 직원훈련기관 • 기타 기술 및 직업훈련학원(경비관련 교육에 한정)
수리업	• 일반기계 수리업 • 전기, 전자, 통신 및 정밀기기 수리업
창고 및 운송관련서비스업	• 주차장 운영업

2. 제1호에 따른 영업에 부수되는 것으로서 **경찰청장이 지정·고시하는 영업**

※ 영업의 범위에 관해 경비업법 또는 경비업법시행령에 특별한 규정이 있는 경우를 제외하고는 「통계법」에 따라 **통계청장 告示 한국표준산업분류표**에 의한다.

기출문제 — 경비업의 허가 등

1. 경비업법령상 경비업 허가를 받고자 하는 법인이 갖추어야 할 경비인력·자본금 기준의 내용으로 옳지 않은 것은? (14회)

① 시설경비업무는 일반경비원 10명 이상, 경비지도사 1명 이상과 1억원 이상의 자본금을 갖추어야 한다.
② 호송경비업무는 무술유단자인 일반경비원 10명 이상, 경비지도사 1명 이상과 1억원 이상의 자본금을 갖추어야 한다.
③ 기계경비업무는 전자·통신분야 기술자격증 소지자 5명을 포함한 일반경비원 10명 이상, 경비지도사 1명 이상과 1억원 이상의 자본금을 갖추어야 한다.
④ 특수경비업무는 20명 이상의 특수경비원과 경비지도사 1명 이상과 3억원 이상의 자본금을 갖추어야 한다.

해설 경비업의 시설 등에 관한 기준 (시행령 [별표1])

구 분	경비인력	자본금	시 설	장비 등
시설경비업무	일반경비원 10명이상 경비지도사 1명이상	1억원 이상	10명 이상을 동시에 교육할 수 있는 교육장	10명 이상의 경비원복장 및 경적, 단봉, 분사기
호송경비업무	무술유단자인 일반경비원 5명이상 경비지도사 1명이상	1억원 이상	5명 이상을 동시에 교육할 수 있는 교육장	• 호송용 차량 1대 이상 • 현금호송백 1개 이상 • 5명 이상의 경비원 복장 및 경적, 단봉, 분사기
신변보호업무	무술유단자인 일반경비원 5명이상 경비지도사 1명이상	1억원 이상	5명 이상을 동시에 교육할 수 있는 교육장	• 5명 이상의 무전기 등 통신장비 • 5명 이상의 경적, 단봉, 분사기
기계경비업무	전자·통신기술자격증 소지자 5명 포함 일반경비원 10명이상 경비지도사 1명이상	1억원 이상	10명 이상을 동시에 교육할 수 있는 교육장, 관제 시설	• 감지장치, 송신장치 및 수신장치 • 출동차량: 출장소별 2대이상 • 10명 이상의 경비원복장, 경적, 단봉, 분사기
특수경비업무	특수경비원 20명이상 경비지도사 1명이상	3억원 이상	20명 이상을 동시에 교육할 수 있는 교육장	20명 이상의 경비원복장 및 경적, 단봉, 분사기

정답 1. ②

2. 경비업법령상 경비업의 허가요건으로 옳은 것을 모두 고른 것은? (19회)

> ㄱ. 시설경비업무와 특수경비업무를 겸업고자 하는 경우 자본금은 1억원 이상을 보유하여야 한다.
> ㄴ. 호송경비업무의 장비 등의 기준은 호송용 차량 1대 이상, 현금호송백 1개 이상, 기준 경비인력 수 이상의 경비원 복장 및 경적, 단봉, 분사기가 구비되어야 한다.
> ㄷ. 기계경비업무의 시설은 기준 경비인력 이상을 동시에 교육할 수 있는 교육장·관제시설이 있어야 한다.
> ㄹ. 기계경비업무의 경비인력은 전자·통신분야 기술자격증 소지자 3명을 포함한 일반경비원 10명 이상, 경비지도사 1명 이상이 있어야 한다.
> ㅁ. 특수경비업자 외의 자가 특수경비업무를 추가하려는 경우에는 이미 갖추고 있는 자본금을 포함하여 특수경비업무의 자본금 기준에 적합하여야 한다.

① ㄱ, ㄴ, ㄷ   ② ㄱ, ㄹ, ㅁ
③ ㄴ, ㄷ, ㄹ   ④ ㄴ, ㄷ, ㅁ

해설 ㄱ. 자본금 3억을 보유하여야 함.
ㄹ. 전자·통신분야 기술자격증 소지자 5명을 포함한 일반경비원 10명 이상이 있어야 한다.

3. 경비업법령상 경비업의 시설 등의 기준에 따라 기계경비업 허가신청서를 제출하는 법인이 출장소를 서울, 인천, 대전의 3곳에 두려고 하는 경우에 최종적으로 갖추어야 할 출동차량은 최소 몇 대인가? (17회)

① 3대   ② 6대
③ 9대   ④ 12대

해설 기계경비업무 허가신청시 출동차량의 기준은 출장소별 2대 이상이다. (시행령 [별표1]

4. 경비업법령상 시설경비업의 허가를 받고자 하는 법인의 경비인력 요건으로 옳은 것은? (21회)

① 일반경비원 10명 이상 및 경비지도사 1명 이상
② 일반경비원 10명 이상 및 경비지도사 2명 이상
③ 무술유단자인 일반경비원 5명 이상 및 경비지도사 1명 이상
④ 무술유단자인 일반경비원 10명 이상 및 경비지도사 2명 이상

해설 ② 일반경비원 10명 이상 및 경비지도사 1명 이상
③ 무술유단자인 일반경비원 5명 이상 및 경비지도사 1명 이상 (호송경비업무에 해당)
④ 무술유단자인 일반경비원 5명 포함 10명 이상 및 경비지도사 1명 이상 (기계경비업무에 해당)

정답 2. ④ 3. ② 4. ①

5. 경비업법령상 특수경비업의 경비인력 및 자본금의 허가요건으로 옳은 것은? (23회)

① 특수경비원 10명 이상, 경비지도사 1명 이상, 자본금 1억원 이상
② 특수경비원 20명 이상, 경비지도사 1명 이상, 자본금 1억원 이상
③ 특수경비원 10명 이상, 경비지도사 1명 이상, 자본금 3억원 이상
④ 특수경비원 20명 이상, 경비지도사 1명 이상, 자본금 3억원 이상

6. 경비업법령상 허가신청 등에 관한 내용이다. ( ) 안에 들어갈 내용을 순서대로 나열한 것은? (15회)

> 경비업의 허가신청서를 제출하는 법인이 시행령 별표 1의 규정에 의한 시설등(자본금을 제외한다.이하 같음)을 갖출 수 없는 경우에는 허가신청시 시설 등의 확보계획서를 제출한 후 허가를 받은 날부터 ( ) 이내에 시설 등을 갖추고 ( )의 확인을 받아야 한다.

① 15일, 경찰서장
② 15일, 시·도경찰청장
③ 4월, 경찰서장
④ 1월, 시·도경찰청장

해설 경비업의 허가신청서를 제출하는 법인이 시행령 별표 1의 규정에 의한 시설등(자본금을 제외한다. 이하 같음)을 갖출 수 없는 경우에는 허가신청시 시설 등의 확보계획서를 제출한 후 허가를 받은 날부터 **1월** 이내의 시설 등을 갖추고 **시·도경찰청장**의 확인을 받아야 한다. (시행령 제3조제2항)

7. 경비업법령상 ( ) 안에 들어갈 내용으로 옳은 것은? (17회)

> 경비업의 허가를 받은 법인은 법인의 주소지나 출장소를 신설·이전 또는 폐지한 때에는 그 사유가 발생한 날부터 ( )일 이내에 신고하여야 한다.

① 7
② 10
③ 15
④ 30

해설 경비업의 신고 (법 제4조 제3항, 시행령 제5조)

신고사유	신고기한	신고기관
• 영업을 폐업하거나 휴업한때(영업재개 + 휴업기간 연장)	7일 이내	시·도경찰청장 (제출은 경찰서장도 가능) ※ 제출받은 경찰서장은 지체 없이 시·도경찰청장에게 보내야 한다.
• 법인의 명칭이나 대표자, 임원을 변경한때	30일 이내	
• 법인의 주사무소나 출장소를 신설. 이전 또는 폐지한 때		
• 기계경비업무수행 위한 관제시설을 신설. 이전 또는 폐지한 때		
• 특수경비업무를 개시하거나 종료한 때		
• 그 밖에 대통령령이 정하는 중요사항(정관의 목적)을 변경한 때		

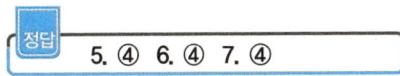

정답 5. ④ 6. ④ 7. ④

8. 경비업법령상 경비업자가 허가사항 등의 변경신고서 제출시 허가증 원본을 첨부하지 않아도 되는 경우는? (15회)

① 법인 명칭 변경
② 법인 대표자 변경
③ 법인 임원 변경
④ 법인 주사무소 변경

> **해설** 변경신고 시 제출서류 (시행규칙 제5조)
> • 명칭변경의 경우 → 허가증 원본
> • 대표자 변경의 경우 → 허가증 원본 + 법인 대표자의 이력서 1부
> • 임원변경의 경우 → 법인 임원의 이력서 1부
> • 주사무소 또는 출장소 변경의 경우 → 허가증 원본
> • 정관의 목적 변경의 경우 → 법인의 정관 1부

9. 경비업법령상 경비업 허가에 관한 설명으로 옳지 않은 것은? (15회)

① 경비업 허가의 유효기간은 허가받은 날부터 5년으로 한다.
② 경비업 허가의 유효기간이 만료된 후 계속하여 경비업을 하고자 하는 법인은 행정안전부령이 정하는 바에 의하여 갱신허가를 받아야 한다.
③ 법인이 도급받아 행하고자 하는 경비업무를 변경하는 경우에는 관할 경찰관서장에게 신고하면 된다.
④ 허가관청은 영업정지처분을 하는 때에는 경비업자가 허가받은 경비업무중 영업정지사유에 해당되는 경비업무에 한하여 처분을 하여야 한다.

> **해설** ③ 경비업무를 변경하는 경우에도 법인의 주사무소 소재지 관할 시·도경찰청장의 허가를 받아야 한다.

10. 경비업법령상 경비업의 허가에 관한 설명으로 옳지 않은 것은? (16회)

① 경비업의 허가를 받고자 하는 법인은 1억원 이상의 자본금을 보유해야 한다.
② 시설경비업의 허가를 받고자 하는 법인은 경비원 10명 이상 및 경비지도사 1명 이상을 확보해야 한다.
③ 기계경비업무의 수행을 위한 관제시설의 신설·이전에 관해서는 시·도경찰청장의 허가를 받아야 한다.
④ 경비업의 허가를 받은 법인은 영업을 폐업하거나 휴업한 때에는 시·도경찰청장에게 신고해야 한다.

> **해설** ③ 기계경비업무의 수행을 위한 관제시설의 신설·이전에 관해서는 시·도경찰청장에게 신고하여야 한다.
> (법 제4조 제3항 제4호)

정답 8. ③ 9. ③ 10. ③

11. 경비업법상 허가사항에 해당하는 것은? (17회)

① 경비업의 허가를 받은 법인이 영업을 폐업한 때
② 경비업의 허가를 받은 법인이 영업을 휴업한 때
③ 경비업의 허가를 받은 법인이 임원을 변경한 때
④ 경비업의 허가를 받은 법인이 경비업무를 변경하는 경우

해설 ①,②,③은 신고사항이다.

12. 경비업법상 경비업 허가를 받은 법인이 시·도경찰청장에게 신고해야 하는 경우가 아닌 것은? (18회)

① 영업을 폐업한 때
② 도급받아 행하고자 하는 경비업무를 변경하는 때
③ 법인의 주사무소를 이전하는 때
④ 특수경비업무를 개시한 때

해설 경비업을 영위하고자 하는 법인은 도급받아 행하고자하는 경비업무를 특정하여 그 법인의 주사무소의 소재지를 관할하는 시·도경찰청장의 허가를 받아야한다.(경비업무 변경의 경우도 같다) (법 제4조)

13. 경비업법령상 경비업자의 신고 등에 관한 설명으로 옳지 않은 것은? (19회)

① 특수경비업무를 개시한 때에는 개시한 날부터 30일 이내에 시·도경찰청장에게 신고하여야 한다.
② 법인의 대표자·임원을 변경한 때에는 변경한 날로부터 30일 이내에 시·도경찰청장에게 신고하여야 한다.
③ 기계경비업무의 수행을 위한 관제시설을 이전한 때에는 이전한 날로부터 30일 이내에 관할 경찰서장에게 신고하여야 한다.
④ 경비업을 폐업한 경우에는 폐업을 한 날부터 7일 이내에 폐업신고서에 허가증을 첨부하여 법인의 주사무소를 관할하는 시·도경찰청 소속의 경찰서장에게 제출하여야 한다.

해설 ③ 시·도경찰청장에게 신고하여야 한다.

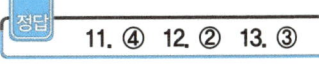

14. 경비업법령상 경비업의 허가에 관한 설명으로 옳지 않은 것은? (20회)

① 경비업 허가신청서는 법인의 주사무소를 관할하는 시·도경찰청장 또는 해당 시·도경찰청 소속의 경찰서장에게 제출하여야 한다.
② 경비업 허가의 유효기간은 허가 받은 날부터 5년으로 한다.
③ 법인의 명칭을 변경할 때에는 그 법인의 주사무소의 소재지를 관할하는 시·도경찰청장의 허가를 받아야 한다.
④ 경비업 허가의 유효기간이 만료된 후 계속하여 경비업을 하고자 하는 법인은 행정안전부령이 정하는 바에 따라 갱신허가를 받아야 한다.

해설 ① 시행령 제3조 제1항, ② 법 제6조 제1항, ④ 법 제6조 제2항
③ 법인의 명칭이나 대표자·임원을 변경할 때에는 그 법인의 주사무소의 소재지를 관할하는 시·도경찰청장에게 신고하여야 한다. (법 제4조 제3항 제2호)

15. 경비업법령상 경비업의 폐업 또는 휴업 등의 신고에 관한 설명으로 옳지 않은 것은? (21회)

① 경비업자는 폐업을 한 경우에는 폐업을 한 날부터 7일 이내에 신고하여야 한다.
② 경비업자는 휴업을 한 경우에는 휴업한 날부터 7일 이내에 신고하여야 한다.
③ 휴업신고를 한 경비업자가 신고한 휴업기간이 끝나기 전에 영업을 다시 시작하려는 경우에는 영업을 다시 시작하기 전 7일 이내에 영업재개신고서를 제출하여야 한다.
④ 경비업자는 특수경비업무를 개시하거나 종료한 때에는 개시 또는 종료한 날부터 30일 이내에 신고하여야 한다.

해설 ③ 휴업신고를 한 경비업자가 신고한 휴업기간이 끝나기 전에 영업을 다시 시작하려는 경우에는 영업을 **다시 시작한 날로 부터 7일 이내**에 영업재개신고서를 제출하여야 한다.

16. 경비업법령상 경비업 허가신청 등에 관한 설명으로 옳은 것은? (22회)

① 경비업 허가 신청시 시설을 갖출 수 없는 경우에는 시설 확보계획서를 제출한 후 허가를 받은 날부터 1월 이내에 법령 규정에 의한 시설을 갖추고 시·도경찰청장의 확인을 받아야 한다.
② 경비업의 허가를 받은 법인은 기계경비업무 수행을 위한 관제시설을 이전한 때에는 관할 경찰서장에게 신고하여야 한다.
③ 경비업 변경허가 신청시 자본금을 갖출 수 없는 경우에는 자본금 확보계획서를 제출한 후 변경허가를 받은 날부터 1월 이내에 자본금을 갖추고 시·도경찰청장의 확인을 받아야 한다.
④ 경비업자가 허가 받은 경비업무를 변경하려는 경우에는 변경허가신청서를 경찰청장 또는 관할 시·도경찰청장에게 제출하여야 한다.

정답 14. ③ 15. ③ 16. ①

해설 ② 경비업의 허가를 받은 법인은 기계경비업무 수행을 위한 관제시설을 이전한 때에는 시·도경찰청장에게 신고하여야 한다. (법 제4조 제3항 제4호)
③ 경비업 변경허가 신청시 경비인력, 시설 및 장비(자본금을 제외한다.)를 갖출 수 없는 경우에는 경비인력, 시설 및 장비 등의 확보계획서를 제출한 후 변경허가를 받은 날부터 1월 이내에 경비인력, 시설, 장비 등을 갖추고 시·도경찰청장의 확인을 받아야 한다. (시행령 제3조 제2항)
④ 경비업자가 허가 받은 경비업무를 변경하려는 경우에는 변경허가신청서를 법인의 주사무소를 관할하는 시·도경찰청장 또는 해당 시·도경찰청 소속의 경찰서장에게 제출하여야 한다. (이 경우 신청서를 제출받은 경찰서장은 지체 없이 관할 시·도경찰청장에게 보내야 한다.) (시행규칙 제3조 제1항)
① 시행령 제3조 제2항

17. 경비업법령상 경비업 허가에 관한 설명으로 옳은 것은? (22회)

① 시·도경찰청장은 경비업 변경허가를 한 경우 해당 법인의 주사무소를 관할하는 지구대장을 거쳐 신청인에게 허가증을 발급하여야 한다.
② 경비업자는 경비업 허가증이 못쓰게 된 경우에는 그 사유서를 첨부하여 해당 시·도경찰청 소속의 경찰서장에게 재발급을 신청하여야 한다.
③ 시·도경찰청장이 경비업 허가를 신청 받아 허가여부를 결정할 때, 임원의 신용은 검토 대상이 아니다.
④ 누구든지 허가를 받은 경비업체와 동일한 명칭으로 경비업 허가를 받을 수 없다.

해설 ① 시·도경찰청장은 경비업 변경허가를 한 경우 해당 법인의 주사무소를 관할하는 경찰서장을 거쳐 신청인에게 허가증을 발급하여야 한다. (시행령 제4조 제2항)
② 경비업자는 경비업 허가증이 못쓰게 된 경우에는 그 허가증을 첨부하여 법인의 주사무소를 관할하는 시·도경찰청장 또는 해당 시·도경찰청 소속의 경찰서장에게 재발급을 신청하여야 하고 신청서를 제출받은 경찰서장은 지체 없이 할 시·도경찰청장에게 보내야 한다. (시행령 제4조 제3항 제2호)
③ 시·도경찰청장은 허가 또는 변경허가의 신청을 받은 때에는, 법인 임원중 결격사유 해당자 있는지 여부, 경비인력·시설 및 장비의 확보 또는 확보 가능성 여부, 자본금과 대표자·임원의 경력 및 신용 등을 검토하여 허가여부를 결정하여야 한다. (시행령 제4조 제1항)
④ 법 제4조의2 제1항

18. 경비업법령상 경비업 허가사항 등의 변경신고서 제출 시 첨부서류로 허가증 원본을 필요로 하는 경우가 아닌 것은? (24회)

① 법인의 임원 변경
② 법인의 대표자 변경
③ 법인의 명칭 변경
④ 법인의 주사무소 또는 출장소 변경

해설 **변경신고 시 제출서류** (시행규칙 제5조, [별지 제5호, 제6호서식])
- 명칭변경의 경우 → 허가증 원본
- 대표자 변경의 경우 → 허가증 원본 + 법인 대표자의 이력서 1부
- 임원변경의 경우 → 법인 임원의 이력서 1부
- 주사무소 또는 출장소 변경의 경우 → 허가증 원본
- 정관의 목적 변경의 경우 → 법인의 정관 1부

17. ④ 18. ①

19. 경비업법령상 경비업자가 시·도경찰청장에게 신고하여야 하는 경우가 아닌 것은? (23회)

① 법인의 출장소를 신설·이전한 경우
② 정관의 목적을 변경한 경우
③ 영업을 폐업하거나 휴업한 경우
④ 시설경비업무를 개시하거나 종료한 경우

해설 ④ 특수경비업무를 개시하거나 종료한 경우가 맞다.

20. 경비업법령상 경비업을 영위하는 법인의 임원 결격사유에 관한 설명으로 옳은 것은? (14회)

① 피성년후견인은 신변보호업무를 수행하는 법인의 임원이 될 수 있다.
② 파산선고를 받고 복권되지 아니한 자는 시설경비업무를 수행하는 법인의 임원이 될 수 있다.
③ 내란죄로 징역 1년에 집행유예 3년의 형의선고를 받고 그 형이 실효된 자는 특수경비업무를 수행하는 법인의 임원이 될 수 없다.
④ 집회 및 시위에 관한 법률에 위반하여 200만원의 벌금형의 선고를 받고 그 형이 실효되지 아니한 자는 호송경비업무를 수행하는 법인의 임원이 될 수 있다.

해설 임원의 결격사유 (법 제5조)
- 피성년후견인
- 파산선고를 받고 복권되지 아니한 자
- 금고 이상의 형의 선고를 받고 그 형이 실효되지 아니한 자
- 경비업법 또는 「대통령 등의 경호에 관한 법률」에 위반하여 벌금형의 선고를 받고 3년이 지나지 아니한 자 (특수경비업무만 해당)
- 경비업법(제19조 제1항 제2호, 제7호제외) 또는 경비업법시행령에 위반, 허가 취소된 법인의 취소 당시 임원이었던 자로 그 취소 후 3년이 지나지 아니한 자 (同種 경비업무만 해당)
- 제19조 제1항 제2호 및 제7호의 사유로 허가가 취소된 법인의 허가취소 당시의 임원이었던 자로서 허가가 취소된 날로부터 5년이 지나지 아니한 자
  - 제19조 제1항 제2호 : 허가받은 경비업무 外의 업무에 경비원을 종사하게 한때
    ※ '시설경비업무'에 관한 부분은 2024. 12.31한 입법시 까지 적용중지(헌재 2023. 3.23 헌법불합치 결정)
  - 〃 제7호 : 소속 경비원으로 하여금 경비업무의 범위를 벗어난 행위를 하게한 때

21. 경비업법상 경비업을 영위하는 법인의 임원 결격사유에 해당하지 않는 것은? (17회)

① 피성년후견인
② 파산선고를 받고 복권되지 아니한 자
③ 금고 이상의 형의 선고를 받고 그 형이 실효되지 아니한 자
④ 시설경비업무를 수행하는 법인의 경우, 경비업법에 위반하여 벌금형의 선고를 받고 3년이 지나지 아니한 자

해설 ④ 경비업법 또는 「대통령 등의 경호에 관한 법률」에 위반하여 벌금형의 선고를 받고 3년이 지나지 아니한 자 (특수경비업무만 해당)

 19. ④ 20. ④ 21. ④

22. 경비업법상 경비업을 영위하는 법인의 임원이 될 수 있는 자는? (제18회)

① 만 60세인 자
② 피성년후견인
③ 파산선고를 받고 복권되지 아니한 자
④ 금고 이상의 형의 선고를 받고 그 형이 실효되지 아니한 자

해설 ① 연령의 제한이 없다.

23. 경비업법상 법인임원의 결격사유에 해당하는 것은? (19회)

① 파산선고를 받고 복권된 자
② 금고 이상의 형의 선고를 받고 그 형이 실효된 자
③ 대통령 등의 경호에 관한 법률을 위반하여 벌금형의 선고를 받고 3년이 경과된 자
④ 경비업법에 의한 명령에 위반하여 허가가 취소된 법인의 허가취소 당시 임원이었던 자로서 그 허가 취소 후 3년이 경과되지 아니한 자

해설 ④ 경비업법 제19조 제1항, 제2호, 제7호 제외) 또는 경비업법 시행령에 위반하여 허가가 취소된 법인의 허가취소 당시의 임원이었던 자로서 그 허가 취소 후 3년이 경과되지 아니한 자 (동종 경비업무만 해당)
(법 제5조 제5호)

24. 경비업법령상 2019년 11월 16일을 기준으로 특수경비업무를 수행하는 법인의 임원이 될 수 없는 자는? (단, 경비업법 제19조 제1항 제외) (20회)

① 2016년 11월 14일 파산선고를 받고 2019년 11월 14일 복권된 자
② 호송경비업무를 수행하던 법인이 경비업법에 의한 명령에 위반하여 2016년 11월 14일 허가가 취소된 경우 해당 법인의 허가 취소 당시의 임원이었던 자
③ 「대통령 등의 경호에 관한 법률」을 위반하여 2016년 11월 14일에 벌금형의 선고를 받은 자
④ 2016년 11월 14일 상해죄로 징역 1년에 집행유예 3년의 형을 선고 받고 그 형이 실효되지 아니한 자

해설 ④의 경우 형의 집행을 종료하거나 그 집행이 면제된 날부터 5년이 경과해야 그 형이 실효된다.
(형의 실효 등에 관한 법률 제7조 제1항)

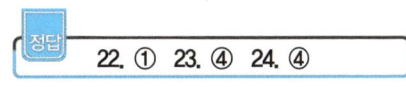

25. 경비업법령상 경비업을 영위하는 법인의 임원이 될 수 없는 자는? (21회)

① 파산선고를 받고 복권된 지 3년이 지나지 아니한 갑(甲)
② 금고 이상의 형의 선고를 받고 그 형이 실효된 후 3년이 지난 을(乙)
③ 「대통령 등의 경호에 관한 법률」에 위반하여 벌금형의 선고를 받은 후 1년이 지나지 않고 특수경비업무를 수행하는 법인의 임원이 되려는 병(丙)
④ 「경비업법」을 위반하여 벌금형의 선고를 받고 3년이 지난 후 특수경비업무를 수행하는 법인의 임원이 되려는 정(丁)

해설 경비업법 또는 「대통령 등의 경호에 관한 법률」에 위반하여 벌금형의 선고를 받고 **3년**이 지나지 아니한 자 (특수경비업무만 해당)

26. 경비업법령상 경비업을 영위하는 법인의 임원 결격사유에 해당하지 않는 것은? (24회)

① 피성년후견인
② 피한정후견인
③ 파산선고를 받고 복권되지 아니한 자
④ 금고 이상의 형의 선고를 받고 그 형이 실효되지 아니한 자

해설 ② 피한정후견인은 법 개정으로 삭제된 조항임

27. 경비업법령상 경비업을 영위하는 법인의 임원 결격사유에 관한 설명으로 옳은 것은? (22회)

① 한정후견인 또는 성년후견인은 임원이 될 수 없다.
② 이 법에 위반하여 벌금형의 선고를 받고 5년이 지나지 아니한 자는 임원이 될 수 없다.
③ 「대통령 등의 경호에 관한 법률」에 위반하여 벌금형의 선고를 받고 3년이 지나지 아니한 자는 특수경비 업무를 수행하는 법인의 임원이 될 수 없다.
④ 관할 경찰관서장의 배치폐지명령에 따르지 아니하여 허가가 취소된 법인의 허가취소 당시의 임원이었던 자로서 허가가 취소된 날부터 5년이 지나지 아니한 자는 특수경비 업무를 수행하는 법인의 임원이 될 수 없다.

해설 ① 한정후견인은 법 개정으로 삭제되고 성년후견인이 아니라 피성년후견인이 맞다.
② 경비업법 또는 「대통령 등의 경호에 관한 법률」에 위반하여 벌금형의 선고를 받고 3년이 지나지 아니한 자는 임원이 될 수 없다. (특수경비업무만 해당)
④ 경비업법 제19조 제1항. 제2호('시설경비업무'에 관한 부분은 2024. 12.31한 입법시 까지 적용중지(헌재 2023. 3.23 헌법불합치 결정)). 제7호의 사유로 허가가 취소된 법인의 허가취소 당시의 임원이었던 자로서 허가가 취소된 날부터 5년이 지나지 아니한 자는 특수경비 업무를 수행하는 법인의 임원이 될 수 없다.
③ 법 제5조 제4호

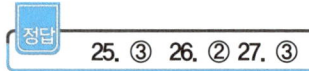
정답 25. ③ 26. ② 27. ③

28. 경비업법상 허가와 관련된 내용이다. ( ) 안에 들어갈 숫자의 합은? (19회)

- 시설경비업무의 경비업을 영위하기 위해서는 경비원 (ㄱ)명 이상 및 경비지도사 (ㄴ)명 이상을 두어야 한다.
- 경비업 허가의 유효기간은 허가받은 날부터 (ㄷ)년으로 한다.
- 집단민원현장에 경비인력을 (ㄹ)명 이상 배치하려고 할 때에는 그 경비인력을 직접 고용하여서는 아니 되고, 경비업자에게 경비업무를 도급하여야 한다. 다만, 시설주 등이 집단민원현장 발생 (ㅁ)개월 전까지 직접 고용하여 경비업무를 수행하는 피고용인의 경우에는 그러하지 아니하다.

① 28
② 32
③ 35
④ 39

해설 (ㄱ : 10) + (ㄴ : 1) + (ㄷ : 5) + (ㄹ : 20) + (ㅁ : 3) = 39

29. 경비업법령상 경비업자 및 경비업무 도급인 등의 의무에 관한 설명으로 옳은 것은? (16회)

① 경비업자는 경비업무에 해당하는 한, 시설주의 관리권의 범위를 넘어 경비업무를 수행할 수 있다.
② 경비업자는 도급을 의뢰받은 경비업무가 부당하더라도 위법하지 않는 한, 이를 거부할 수 없다.
③ 특수경비업자는 국가중요시설에 대한 특수경비업무를 중단하게 되는 경우에는 미리 이를 경비대행업자에게 통보해야 한다.
④ 누구든지 집단민원현장에 경비인력을 10명 이상 배치하려고 할 때에는 경비업자에게 경비업무를 도급해야 한다.

해설 ③ 법 제7조 제8항
① 경비업자는 경비대상시설의 시설주의 관리권 범위 안에서 경비업무를 수행하여야 한다.(법 제7조 제1항)
② 경비업자는 경비업무를 성실하게 수행하여야하고, 도급을 의뢰받은 경비업무가 위법 또는 부당한 것일 때에는 이를 거부하여야 한다. (법 제7조 제2항)
④ 누구든지 집단민원현장에 경비인력을 20명 이상 배치하려고 할 때에는 그 경비인력을 직접 고용하여서는 아니 되고, 경비업자에게 경비업무를 도급하여야 한다. (법 제7조의2 제2항)

정답 28. ④ 29. ③

30. 경비업법령상 경비업자의 의무에 관한 설명으로 옳은 것은? (21회)

① 경비업자는 허가받은 경비업무외의 업무에 경비원을 종사하게 하는 경우 관할 경찰관서장에게 보고하여야 한다.
② 경비업자는 도급을 의뢰받은 경비업무가 위법 또는 부당한 것일 때에는 이를 거부하여야 한다.
③ 경비업자는 경비대상시설의 소유자 또는 관리자의 관리권의 범위와 상관없이 독립적으로 경비업무를 수행하여야 한다.
④ 특수경비업자는 부동산 관리업을 할 수 없다.

해설 ② 경비업자는 경비업무를 성실히 수행해야 하고, 도급을 의뢰받은 경비업무가 위법·부당한 것일 때에는 이를 거부해야한다. (법 제7조 제2항)
① 경비업자는 허가받은 경비업무外의 업무에 경비원을 종사케 해서는 안 된다. (법 제7조 제5항)
※ '시설경비업무'에 관한 부분은 2024. 12.31한 입법시 까지 적용중지(헌재 2023. 3.23 헌법불합치 결정)
③ 경비업자는 시설주의 관리권 범위 안에서 경비업무를 수행해야 하며, 다른 사람의 자유와 권리를 침해하거나 그의 정당한 활동에 간섭해서는 안 된다. (경비업법 제7조 제1항)
④ 특수경비업자는 경비업법에 의한 경비업과 경비장비 제조·설비·판매업, 네트워크를 활용한 정보산업, 시설물 유지관리업 및 경비원 교육업 등 대통령령이 정하는 경비관련업外의 영업을 해서는 안 된다. (경비업법 제7조 제9항)
※ 부동산 관리업은 특수경비업자가 겸업할 수 있는 경비관련업에 포함된다.

31. 경비업법령상 특수경비업자가 할 수 있는 경비관련업 중 전자부품·컴퓨터·영상·음향 및 통신장비 제조업에 해당되지 않는 것은? (14회)

① 통신장비 및 부품도매업
② 전자카드 제조업
③ 통신 및 방송장비 제조업
④ 영상 및 음향기기 제조업

해설 ①은 도매 및 상품중개업에 속한다.

정답 30. ② 31. ①

Chapter 3 기계경비업무

학·습·목·표

🔵 **경비업법상 기계경비시설** : 감지장치, 송신장치, 수신장치, 관제시설, 출동차량

🔵 **기계경비업자의 대응체제** (시행령 제7조)

　기계경비업자는 관제시설 등에서 경보를 수신한 때에는 늦어도 **25분 이내**에는 도착시킬 수 있는 대응체제를 갖추어야 한다.

🔵 **경비업법령상 기계경비업자의 의무**
　◆ **대응체제 구축의무** (법 제8조)
　◆ **오경보의 방지의무** (법 제9조 제1항)
　◆ **관련서류 작성 · 비치의무** (법 제9조 제2항)

🔵 **오경보의 방지를 위한 설명 등** (시행령 제8조)
　◆ 기계경비업자가 계약상 상대방에게 해야 하는 설명은 다음사항을 기재한 **서면 또는 전자문서**(계약상대방이 원하는 경우에 한함)를 교부하는 방법에 의한다.
　　· 당해 기계경비업무와 관련된 **관제시설 및 출장소의 명칭 소재지**
　　· 기계경비업자가 경비대상시설에서 발생한 경보를 **수신**한 경우에 취하는 조치
　　· 기계경비업무용 기기의 설치장소 및 종류와 그 밖의 기계장치의 개요
　　· 오경보의 발생원인과 **송신기**의 유지 · 관리방법
　◆ 기계경비업자는 위의 사항을 기재한 서면과 함께 **손해배상의 범위**와 **손해배상액**에 관한 사항을 기재한 서면 등을 계약상대방에게 교부해야 한다.

🔵 **오경보의 방지 등** (법 제9조)
　◆ 기계경비업자는 경비계약체결시 계약상대방에게 **오경보를 막기 위한 기기사용요령 및 기계경비운영체계 등에 관하여 설명**해야 하며, 각종 기기가 오작동 되지 않도록 관리해야 한다.
　◆ 기계경비업자는 대응조치 등 업무의 원활한 운영과 개선을 위해 대통령령이 정하는 바에 따라 **관련서류를 작성 · 비치**해야 한다.

　　▷ **기계경비업자의 관리서류** (출장소별로 비치) (시행령 제9조)
　　　· 경비대상시설의 명칭 · 소재지 및 경비계약기간
　　　· 기계경비지도사의 명단 · 배치일자 · 배치장소와 출동차량의 대수
　　　· 경보의 수신 및 현장 도착일시와 조치의 결과 (경보 수신한 날부터 1년간 보관)
　　　· 오경보인 경우 오경보가 발생한 경비대상시설 및 그 오경보에 대한 조치의 결과
　　　　(경보 수신한 날부터 1년간 보관)

기출문제 기계경비업무

1. 경비업법령상 기계경비업무에 관한 설명으로 옳지 않은 것은? (14회)

① 기계경비업자는 경비대상시설에 관한 경보를 수신한 때에는 신속하게 그 사실을 확인하는 등 필요한 대응조치를 취하여야 하며, 이를 위한 대응체제를 갖추어야 한다.
② 기계경비업자는 경비계약을 체결하는 때에 계약상대방에게 기기사용요령 및 기계경비운영체계 등에 관하여 서면 또는 구두로 설명하여야 한다.
③ 기계경비업자가 경보의 수신 및 현장 도착일시와 조치의 결과에 의한 사항을 기재한 서류는 당해 경보를 수신한 날부터 1년간 이를 보관하여야 한다.
④ 기계경비업자는 경비계약을 체결하는 때에는 오경보를 막기 위하여 각종 기기가 오작동되지 아니하도록 관리하여야 한다.

해설 ② 기계경비업자가 계약상대방에게 해야하는 오경보의 방지를 위한 설명 등은 서면 또는 전자문서(전자문서는 상대방이 원하는 경우에 한한다.)를 교부하는 방법에 의한다. (시행령 제8조 제1항)

2. 경비업법령상 기계경비업무에 관한 설명으로 옳지 않은 것은? (15회)

① 기계경비업무란 경비대상시설에 설치한 기기에 의하여 감지·송신된 정보를 그 경비대상시설 외의 장소에 설치한 관제시설의 기기로 수신하여 도난·화재 등 위험 발생을 방지하는 업무를 말한다.
② 기계경비업자는 오경보인 경우 오경보가 발생한 경비대상시설 및 그 오경보에 대한 조치의 결과를 기재한 서류를 당해 경보를 수신한 날부터 1년간 이를 보관해야 한다.
③ 기계경비업자는 경비계약을 체결하는 때에는 오경보를 막기 위하여 계약상대방에게 기기사용요령 및 기계경비운영체계 등에 관하여 설명해야 한다.
④ 기계경비업자는 관제시설 등에서 경보를 수신한 때에는 경보를 수신한 때부터 늦어도 15분 이내에는 도착시킬 수 있는 대응체제를 갖추어야 한다.

해설 ④ 기계경비업자는 관제시설 등에서 경보를 수신한 때에는 경보를 수신한 때부터 늦어도 25분 이내에는 도착시킬 수 있는 대응체제를 갖추어야 한다. (시행령 제7조)

3. 경비업법령상 기계경비업자의 기계경비업무에 관한 설명으로 옳은 것은? (16회)

① 경비계약을 체결하는 때에는 계약상대방의 요청이 없는 한 손해배상에 관한 사항을 기재한 서면을 교부할 의무는 없다.
② 경비계약을 체결하는 때에는 오경보를 막기 위하여 계약상대방에게 기기사용요령 및 기계경비운영체계 등에 관하여 구두 또는 서면에 의하여 설명해야 한다.

1. ② 2. ④ 3. ④

③ 업무의 원활한 운영과 개선을 위하여 경비대상시설의 명칭·소재지 및 경비계약 기간에 관한 서류를 주사무소에 비치한 경우, 이를 출장소에 비치할 필요는 없다.
④ 경보의 수신 및 현장도착 일시와 조치의 결과 사항을 기재한 서류는 당해 경보를 수신한 날부터 1년간 이를 보관해야 한다.

> **해설** ① 오경보의 방지를 위한 설명과 함께 손해배상의 범위와 손해배상액에 관한 사항을 기재한 서면 등을 계약상대방에게 교부하여야 한다. (시행령 제8조 제2항)
> ② 서면 또는 전자문서(계약상대방이 원하는 경우에 한함)를 교부하는 방법에 의한다. (시행령 제8조 제1항)
> ③ 기계경비업자는 경비대상시설의 명칭·소재지 및 경비계약기간 등에 관한 관리서류는 출장소별로 갖추어 두어야 한다. (시행령 제9조 제1항)
> ④ 시행령 제9조 제2항

4. 경비업법령상 기계경비업무에 관한 설명으로 옳지 않은 것은? (17회)
① 기계경비업무를 수행하는 경비원은 일반경비원에 해당한다.
② 기계경비업자는 관제시설 등에서 경보를 수신한 때에는 경보를 수신한 때부터 늦어도 25분 이내에는 도착시킬 수 있는 대응체제를 갖추어야 한다.
③ 기계경비업자는 경보의 수신 및 현장 도착일시와 조치의 결과를 기재한 서류를 당해 경보를 수신한 날부터 최소 2년간 이를 보관하여야 한다.
④ 기계경비지도사의 직무에는 기계경비업무를 위한 기계장치의 운용·감독 및 오경보 방지 등을 위한 기기관리의 감독이 포함된다.

> **해설** ① 법 제2조 제3호, ② 시행령 제7조, ④ 시행령 제17조 제1항 제1,2호
> ③ 기계경비업자는 경보의 수신 및 현장 도착일시와 조치의 결과, 오경보인 경우 오경보가 발생한 경비대상시설 및 그 오경보에 대한 조치의 결과를 기재한 서류는 당해 경보를 수신한 날부터 1년간 이를 보관하여야 한다. (시행령 제9조 제2항)

5. 경비업법령상 기계경비업무 등에 관한 설명으로 옳지 않은 것은? (18회)
① 경비업 허가를 받기 위한 기계경비업무의 자본금 보유기준은 1억원 이상이다.
② 경비업 허가를 받기 위한 기계경비업무의 경비인력 기준은 전자·통신분야 기술자격증소지자 5명을 포함한 일반경비원 10명 이상과 경비지도사 1명 이상이다.
③ 기계경비업자는 관제시설 등에서 경보를 수신한 때에는 경보를 수신한 때부터 늦어도 25분 이내에는 도착시킬 수 있는 대응체제를 갖추어야 한다.
④ 오경보인 경우 오경보가 발생한 경비대상시설 및 그 오경보에 대한 조치의 결과를 기재한 서류는 당해 경보를 수신한 날부터 6개월간 이를 보관하여야 한다.

> **해설** ①, ② 시행령 [별표 1], ③ 시행령 제7조
> ④ 오경보인 경우 오경보가 발생한 경비대상시설 및 그 오경보에 대한 조치의 결과를 기재한 서류는 당해 경보를 수신한 날부터 1년간 이를 보관하여야 한다. (시행령 제9조 제2항)

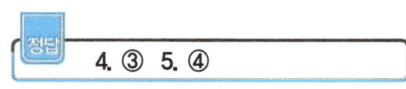

정답 4. ③ 5. ④

6. 경비업법령상 기계경비업자가 출장소별로 갖추어 두어야 하는 서류가 아닌 것은? (18회)

① 경비대상시설의 명칭·소재지 및 경비계약기간을 기재한 서류
② 기계경비지도사의 명단·배치일자·배치장소와 출동차량의 대수를 기재한 서류
③ 가입고객의 주민등록번호 등 개인 정보를 기재한 서류
④ 경보의 수신 및 현장도착 일시와 조치의 결과를 기재한 서류

해설 기계경비업자의 관리서류 (출장소별로 비치) (시행령 제9조)
- 경비대상시설의 명칭·소재지 및 경비계약기간
- 기계경비지도사의 명단·배치일자·배치장소와 출동차량의 대수
- 경보의 수신 및 현장 도착일시와 조치의 결과
- 오경보인 경우 오경보가 발생한 경비대상시설 및 그 오경보에 대한 조치의 결과

7. 경비업법령상 기계경비업자의 직무에 해당하지 않는 것은? (19회)

① 경비대상시설에 관한 경보를 수신한 때에는 신속하게 그 사실을 확인하는 등 필요한 대응조치를 취하여야 한다.
② 경비업과 경비장비의 제조·설비·판매업 등 대통령령이 정하는 경비관련업 외의 영업을 하여서는 안된다.
③ 기계경비업무를 위한 기계장치의 운용·감독을 하여야 한다.
④ 대응조치 등 업무의 원활한 운영과 개선을 위하여 대통령령이 정하는 바에 따라 관련 서류를 작성·비치하여야 한다.

해설 ① 법 제8조, ③ 시행령 제17조 제1항 제1호, ④ 법 제9조제2항
② 특수경비업자에만 해당되는 내용임. (법 제7조 제9항)
※ ③은 기계경비지도사의 직무 및 준수시항으로 명시되어 있어 기계경비업자의 직무로 보기에는 논란의 여지는 있으나, 기계경비업무와 전혀 무관한 ②를 정답으로 결정함

8. 경비업법령상 기계경비업자의 기계경비업무에 관한 설명으로 옳지 않은 것은? (20회)

① 경비계약을 체결하는 때에는 오경보를 막기 위하여 계약상대방에게 기기사용요령 및 기계경비운영체계 등에 관하여 설명하여야 한다.
② 관제시설 등에서 경보를 수신한 때에는 경보를 수신한 때부터 늦어도 25분 이내에는 도착시킬 수 있는 대응체제를 갖추어야 한다.
③ 기계경비업무의 수행을 위한 관제시설의 이전에 관해서는 시·도경찰청장의 허가를 받아야 한다.
④ 출장소별로 경보의 수신 및 현장 도착 일시와 조치의 결과를 기재한 서류를 당해 경보를 수신한 날로부터 1년 간 이를 보관하여야 한다.

해설 ① 법 제9조 제1항, ② 시행령 제7조, ④ 시행령 제9조 제2항
③ 시·도경찰청장의 허가사항이 아니라 신고사항이다. (법 제4조 제3항 제4호)

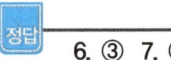
6. ③ 7. ② 8. ③

9. 경비업법령상 기계경비업무에 관한 설명으로 옳은 것은? (21회)

① 기계경비업자는 기계경비지도사의 명단·배치일자·배치장소와 출동차량의 대수를 기재한 서류를 1년간 보관하여야 한다.
② 기계경비업자는 오경보가 발생한 경비대상시설 및 그 오경보에 대한 조치의 결과를 기재한 서류를 당해 경보를 수신한 날부터 1년간 보관하여야 한다.
③ 기계경비업자는 관제시설 등에서 경보를 수신한 때부터 늦어도 30분 이내에는 도착시킬 수 있는 대응체제를 갖추어야 한다.
④ 기계경비업자는 경비대상시설의 명칭·소재지 및 경비계약기간을 기재한 서류를 주사무소에 갖추어 두어야 한다.

해설 ① 경보를 수신한 날부터 1년간 보관하는 서류 (시행령 제9조 제2항)
- 경보의 수신 및 현장도착일시와 조치의 결과
- 오경보인 경우 오경보가 발생한 경비대상시설 및 그 오경보에 대한 조치의 결과

③ 기계경비업자는 관제시설 등에서 경보를 수신한 때부터 늦어도 25분 이내에는 도착시킬 수 있는 대응체제를 갖추어야 한다. (시행령 제7조)
④ 기계경비업자는 경비대상시설의 명칭·소재지 및 경비계약기간을 기재한 서류를 출장소별로 갖추어 두어야 한다. (시행령 제9조 제1항)
② 시행령 제9조 제2항

---

10. 경비업법령상 기계경비업자가 오경보의 방지를 위하여 계약상대방에게 하여야 하는 설명은 서면 등을 교부하는 방법에 의한다. 이 때 서면 등에 기재하는 사항을 모두 고른 것은? (22회)

ㄱ. 기계경비업무용 기기의 설치장소 및 종류
ㄴ. 오경보의 발생원인과 송신기기의 유지·관리방법
ㄷ. 당해 기계경비업무와 관련된 관제시설 및 출장소의 명칭·소재지

① ㄱ, ㄴ
② ㄱ, ㄷ
③ ㄴ, ㄷ
④ ㄱ, ㄴ, ㄷ

해설 오경보의 방지를 위한 설명 (시행령 제8조 제1항)
기계경비업자가 계약상 상대방에게 해야 하는 설명은 다음사항을 기재한 서면 또는 전자문서(계약상대방이 원하는 경우에 한함)를 교부하는 방법에 의한다.
1. 당해 기계경비업무와 관련된 관제시설 및 출장소의 명칭 소재지
2. 기계경비업자가 경비대상시설에서 발생한 경보를 수신한 경우에 취하는 조치
3. 기계경비업무용 기기의 설치장소 및 종류와 그 밖의 기계장치의 개요
4. 오경보의 발생원인과 송신기의 유지·관리방법

정답 9. ② 10. ④

11. 경비업법령상 기계경비업자의 출장소별 관리 서류에 관한 설명으로 옳지 않은 것은? (23회)

① 기계경비지도사의 명단·배치일자·배치장소와 출동차량의 대수를 기재한 서류를 갖추어 두어야 한다.
② 오경보인 경우 오경보가 발생한 경비대상시설 및 그 오경보에 대한 조치의 결과를 기재한 서류를 갖추어 두어야 한다.
③ 경보의 수신 및 현장도착 일시와 조치의 결과를 기재한 서류를 갖추어 두어야 한다.
④ 오경보에 대한 조치의 결과를 기재한 서류는 당해 경보를 수신한 날부터 2년간 이를 보관하여야 한다.

> **해설** 기계경비업자의 관리서류 (출장소별로 비치) (시행령 제9조)
> 1. 경비대상시설의 명칭·소재지 및 경비계약기간
> 2. 기계경비지도사의 명단·배치일자·배치장소와 출동차량의 대수
> 3. 경보의 수신 및 현장 도착일시와 조치의 결과 (당해 경보 수신한 날부터 1년간 보관)
> 4. 오경보인 경우 오경보가 발생한 경비대상시설 및 그 오경보에 대한 조치의 결과
>   (당해 경보 수신한 날부터 1년간 보관)

12. 경비업법령상 기계경비업자가 오경보의 방지를 위해 계약상대방에게 설명하여야 할 사항으로 옳지 않은 것은? (24회)

① 당해 기계경비업무와 관련된 관제시설 및 출장소의 명칭·소재지
② 기계경비업자가 경비대상시설에서 발생한 경보를 수신한 경우에 취하는 조치
③ 기계경비업무용 기기의 설치장소 및 종류와 그밖의 기계장치의 개요
④ 기계경비지도사의 명단·배치일자·배치장소와 출동차량의 대수

> **해설** 기계경비업자가 계약상 상대방에게 해야 하는 설명은 다음사항을 기재한 서면 또는 전자문서 (계약상대방이 원하는 경우에 한함)를 교부하는 방법에 의한다. (시행령 제8조 제1항)
> • 당해 기계경비업무와 관련된 관제시설 및 출장소의 명칭 소재지
> • 기계경비업자가 경비대상시설에서 발생한 경보를 수신한 경우에 취하는 조치
> • 기계경비업무용 기기의 설치장소 및 종류와 그 밖의 기계장치의 개요
> • 오경보의 발생원인과 송신기의 유지·관리방법
> ④ 기계경비업자가 대응조치 등 업무의 원활한 운영과 개선을 위해 출장소별로 작성·비치해야 하는 서류
> (시행령 제9조)

정답 11. ④ 12. ④

Chapter 4 경비지도사 및 경비원

학·습·목·표

🔵 경비지도사 및 경비원의 결격사유 (법 제10조)

경비지도사 및 일반경비원의 결격사유	특수경비원의 결격사유
1. 만18세 미만자, 피성년후견인	1. 만18세 미만, 만60세 이상, 피성년후견인
2. 파산선고를 받고 복권되지 아니 한자	
3. 금고 이상의 실형을 선고받고 그 집행이 종료되거나 집행이 면제된 날부터 5년이 지나지 않은 자	
4. 금고 이상의 형의 집행유예선고를 받고 그 유예기간 중에 있는 자	

5. 다음의 어느 하나에 해당하는 죄를 범하여 벌금형을 선고 받은 날부터 10년이 지나지 아니하거나, 금고 이상의 형을 선고받고 집행이 종료된 날 또는 집행이 유예·면제된 날부터 10년이 지나지 않은 자
• 범죄단체등의 조직(형법 제114조)
• 단체등의 구성·활동(폭력행위 등 처벌에 관한 법률 제4조)
• 형법 : 강간, 유사강간, 강제추행, 준강간·준강간추행(미수, 상습포함)
  강도등 상해·치상 강도등 살인·치사, 미성년자 등에 대한 간음, 업무상 위력등에 의한 간음, 미성년자에 대한 간음·추행 (상습 포함)
• 성폭력범죄의처벌등에관한특례법
  특수강도강간 등, 특수강간 등, 친족관계에 의한 강간 등, 13세미만의 미성년자에 대한 강간·강제추행 등, 장애인에 대한 강간·강제추행 등, 강도등 상해·치상, 강도등 살인·치사, 업무상위력등에 의한 추행 공중밀집장소에서의 추행(미수 포함)
• 아동·청소년의성보호에관한법률 : 아동·청소년에 대한 강간·강제추행 등, 장애인인 아동·청소년에 대한 간음 등
• 위 세 항목의 죄로서 다른 법률에 따라 가중처벌 되는 죄	

6. 다음의 어느 하나의 죄를 범하여 벌금형을 선고받은 날부터 5년이 지나지 아니하거나 금고 이상의 형의 선고를 받고 그 집행이 유예된 날부터 5년이 지나지 아니한 자 • 형법 : 절도, 야간침입절도, 특수절도, 자동차등 불법사용, 강도, 특수강도, 인질강도(미수, 상습 포함) 준강도, 강도상해·치상, 강도살인·치사, 강도강간(미수 포함), 해상강도(미수 및 제1항만 상습 포함), 강도 예비·음모 • 위의 죄로서 다른 법률에 따라 가중처벌 되는 죄	
7. 위 5호(다~바), 6호의 어느 하나에 해당하는 죄를 범하여 치료감호를 선고받고 그 집행이 종료된 날 또는 집행이 면제된 날부터 위 5호(다~바)는 10년, 위 6호는 5년이 지나지 아니한 자	
8. 경비업법이나 경비업법에 따른 명령을 위반하여 벌금형 선고받은 날부터 5년이 지나지 아니 하거나 금고 이상의 형을 선고 받고 그 집행이 유예된 날부터 5년이 지나지 아니 한자	
	9. 심신상실자, 알코올 중독자 등 대통령령으로 정하는 정신적 제약이 있는 자
	10. 금고이상의 형의 선고유예를 받고 그 유예 기간 중에 있는 자
	11. 행정안전부령이 정하는 신체조건 미달 자 • 팔과 다리가 완전하고, • 두눈의 맨눈시력 각각 0.2 이상 또는 교정시력 각각 0.8 이상

◆ 특수경비원의 결격사유 중 정신적 제약이 있는 자 (시행령 제10조의2)

1. 심신상실자
2. 마약·대마·향정신성의약품 또는 알코올 중독자
3. 「치매관리법」 제2조제1호에 따른 치매, 조현병·조현정동장애·양극성 정동장애(조울병)·재발성 우울장애 등의 정신질환이나 정신 발육지연, 뇌전증 등이 있는 사람
   (다만, 해당 분야 전문의가 특수경비원으로서 적합하다고 인정하는 사람은 제외)

특수경비원의 당연퇴직 (법 제10조의2)

특수경비원이 경비업법(제10조 제2항)에 따른 결격사유에 해당하게 될 때에는 당연 퇴직된다. 다만,

- ◆ 법 제10조 제2항 제1호(18세 미만이거나 60세 이상인 사람 또는 피성년후견인) 중 나이가 60세가 되어 퇴직하는 경우에는 60세가 된 날이 1월부터 6월 사이에 있으면 6월 30일에, 7월부터 12월 사이에 있으면 12월 31일에 각각 당연 퇴직되고,
- ◆ 법 제10조 제1항 제2호(파산선고를 받고 복권되지 아니한 자)는 파산선고를 받은 사람으로서 「채무자 회생 및 파산에 관한 법률」에 따라 신청기한 내에 면책신청을 하지 아니하였거나 면책불허가 결정 또는 면책 취소가 확정된 경우에만 해당되며,
- ◆ 법 제10조 제2항 제4호(금고 이상의 형의 선고유예를 받고 그 유예기간 중에 있는 자) 중 다음의 조를 범한 사람으로 금고 이상의 형의 선고유예를 받은 경우만 해당된다.
  - ・「성폭력범죄의 처벌 등에 관한 특례법」 제2조
  - ・「아동・청소년의 성보호에 관한 법률」 제2조 제2호
  - ・형법 제355조(횡령, 배임죄), 제356조(업무상의 횡령과 배임죄)

경비지도사의 시험 등 (법 제11조)

- ◆ 경비지도사는 경찰청장시행 시험에 합격하고 행정안전부령이 정하는 교육을 받은 자이어야 한다.
  (경비지도사 교육비용은 교육받는 자 부담)
- ◆ 경찰청장은 경비지도사 시험에 합격하고, 경비지도사 교육을 받은 사람에게 행정안전부령에 의해 **경비지도사 자격증을 교부**해야 한다.
- ◆ 경비지도사 시험은 매년 1회 이상 시행하며, 시험과목, 시험공고, 시험일부면제자의 범위 그밖에 경비지도사 시험에 관해 필요한 사항은 **대통령령**으로 정한다.

경비지도사 시험 시행 및 공고 (시행령 제11조)

- ◆ 경찰청장은 경비지도사시험의 실시계획을 매년 수립해야 한다.
- ◆ 경찰청장은 응시자격・시험과목・시험일시・시험장소 및 선발예정인원 등을 시험시행일 **90일 전까지** 공고해야 한다. (관보게재, 각 시・도경찰청 게시판 및 인터넷 홈페이지)

응시원서 등 (시행규칙 제8조)

- 경비지도사시험에 응시하고자 하는 자는 응시원서(전자문서 포함)를 경비지도사시험의 관리를 위탁받은 시험관리기관에 제출해야 한다.
- 경비지도사 제1차 시험을 면제 받으려는 사람은 면제사유를 증명할 수 있는 서류를 시험관리기관에 제출해야 한다.
- 면제사유를 증명할 수 있는 서류 중 재직증명서 또는 경력증명서를 제출받은 경우에는 「전자정부법」 제36조 제1항에 따른 행정정보의 공동이용을 통하여 제출인의 국민연금가입자 가입증명 또는 건강보험자격득실확인서를 확인해야 한다.
  (다만, 제출인이 확인에 동의하지 않는 경우에는 해당서류를 제출해야 한다.)

시험의 방법 및 과목 등 (시행령 제12조)

- 시험은 필기시험의 방법에 의하되, 제1차 시험과 제2차 시험으로 구분 실시한다.
  (경찰청장이 필요하다고 인정하는 때에는 제1차 시험과 제2차 시험을 병합실시)
- 제1차와 제2차 시험은 각각 선택형으로 하되, 제2차 시험은 선택형外 단답형을 추가할 수 있다.
- 제2차 시험은 제1차 시험 합격자에 대해 실시 (병합 실시하는 경우 예외)
- 제1차 시험과 제2차 시험을 병합 실시 시, 제1차 시험 불합격자가 치른 제2차 시험은 **무효**
- 제1차 시험에 합격한 자에 대하여는 **다음 회**의 시험에 한하여 **제1차 시험을 면제**
- 경비지도사 시험과목 [별표2]

구분	제1차 시험	제2차 시험
	선택형	선택형 또는 단답형
일반경비지도사	· 법학개론 · 민간경비론	· 경비업법(청원경찰법 포함) · 소방학, 범죄학 또는 경호학 중 택1
기계경비지도사		· 경비업법(청원경찰법 포함) · 기계경비개론 또는 기계경비기획 및 설계 中 택1

제1차 시험이 면제되는 자 (시행령 제13조)

- **경찰공무원**으로 **7년 이상** 재직한 자
- 「대통령 등 경호에 관한 법률」에 따른 **경호공무원 또는 별정직 공무원 7년 이상** 재직한 자
- 각 군 전투병과 또는 군사경찰병과 **부사관 이상 간부로 7년 이상** 재직한 자
- 경비업무 7년 이상 **(특수경비업무 3년)** 종사하고 행정안전부령이 정하는 교육과정 이수한 자
- 대학 졸업자로 경비지도사시험 3과목 이상 이수졸업 후, 경비업무종사경력 **3년 이상**인 자
- 전문대 졸업자로 경비지도사시험 3과목 이상 이수졸업 후, 경비업무종사경력 **5년 이상**인 자
- 일반경비지도사 자격 취득후 기계경비지도사 시험응시자
  기계경비지도사 자격 취득후 일반경비지도사 시험응시자
- 공무원 임용령에 따른 행정직군 **교정직렬 공무원 7년 이상** 재직한 자

> ▷ 행정안전부령이 정하는 교육과정 이수자 (시행규칙 제10조)
> - 경비지도사 시험과목 3과목 이상 개설 전문대 이상 교육기관에서 1년 이상의 경비업무관련 과정 마친 자
> - 경찰청장 지정기관 또는 단체 실시 64시간 이상의 경비지도사 양성과정 마치고 수료시험 합격한 자

시험합격자의 결정 (시행령 제14조)

- **제1차 시험** : 매 과목 100점 만점에 **매 과목 40점 이상**, 전 과목 **평균 60점 이상**자
- **제2차 시험** : 선발예정인원 범위 안에서 60점 이상 득점자 중 고득점자 순으로 하되, 동점자로 인해 선발예정인원 초과 시에는 **동점자 모두를 합격**자로 한다.
- **경찰청장**은 제2차 시험 합격자에 대해 합격공고 하고, **합격 및 교육소집통지서** 교부

경비지도사 시험출제위원의 임명·위촉 등 (시행령 제15조)

- 경찰청장이 임명·위촉하는 시험출제위원 자격
  - 전문대 이상 경찰행정학과, 경비업무 관련학과, 법학과 **부교수**(전문대는 교수)이상 재직자
  - **석사 이상** 학위자로 경찰청장이 정하는 경비업무관련 연구실적·전문경력이 인정되는 자
  - 방범·경비업무를 **3년 이상** 담당한 **경감 이상** 경찰공무원 경력이 있는 사람
- 시험출제위원의 수는 **시험과목별 2인 이상**으로 한다.
- 시험출제위원으로 임명·위촉된 자는 **경찰청장이 정하는 준수사항**을 성실히 이행해야 한다.
- 시험출제위원과 시험관리 종사자에게는 예산범위 내 수당과 여비를 지급할 수 있다.
  다만, 공무원인 위원이 소관업무와 직접 관련, 시험관리 업무에 종사하는 경우 예외

경비지도사 교육과목과 시간 [별표 1]

구 분	과 목		시 간
공통교육 (28시간)	경비업법		4
	경찰관 직무집행법 및 청원경찰법		3
	테러 대응요령		3
	화재대처법		2
	응급처치법		3
	분사기 사용법		2
	교육기법		2
	예절 및 인권교육		2
	체포·호신술		3
	입교식·평가·수료식		4
자격의 종류별 교육 (16시간)	일반경비지도사	시설경비	2
		호송경비	2
		신변보호	2
		특수경비	2
		기계경비개론	3
		일반경비현장실습	5
	기계경비지도사	기계경비운용관리	4
		기계경비기획 및 설계	4
		인력경비개론	3
		기계경비현장실습	5
계			44시간

※ 일반경비지도사 자격증취득자 또는 기계경비지도사 자격증취득자가 자격증 취득일로부터 **3년 이내**에 기계경비지도사 또는 일반경비지도사 시험에 합격, 교육받을 경우 **공통교육 면제**

경비지도사의 선임 등 (법 제12조)

◆ 경비업자는 **대통령령**이 정하는 바에 따라 경비지도사를 선임해야 한다.

◆ 경비지도사의 직무 및 준수사항 (법 제12조, 영 제17조)

경비지도사 직무 및 준수사항	횟 수
• 경비원의 지도·감독 교육에 관한 계획의 수립·실시 및 그 기록의 유지	월 1회 이상
• 경비현장에 배치된 경비원에 대한 순회점검 및 감독	
• 기계경비업무를 위한 기계장치의 운용·감독 (기계경비지도사만 해당)	
• 오경보 방지 등을 위한 기기관리의 감독 (기계경비지도사만 해당)	
• 경찰기관 및 소방기관과의 연락방법에 대한 지도	
• 집단민원현장에 배치된 경비원에 대한 지도·감독	

※ 경비원에 대한 교육 실시하고 경비원 직무교육실시대장에 기록, **2년간 보존**(시행령 제17조 제3항)

◆ 선임된 경비지도사는 직무를 대통령령이 정하는 바에 따라 성실히 수행해야 한다.

경비지도사의 선임·배치기준 (법 제12조제1항, 시행령 제16조제1항 관련) [별표 3]

◆ **일반경비지도사** : 시설경비업·호송경비업·신변보호업·특수경비업에 한하여 선임·배치
  · 경비원배치, 영업지역의 시·도경찰청 관할별 경비원 **200인**까지 경비지도사 1인씩 선임·배치하되, **200인 초과 100인**까지 마다 1인씩 추가 선임·배치
    ※ 특수경비업의 경우 특수경비원교육 이수한 일반경비지도사 선임·배치
  · 시설경비업·호송경비업·신변보호업 및 특수경비업 2 이상의 경비업을 하는 경우, 경비지도사 배치는 각 경비업 종사 **경비원의 수를 합산한 인원**을 기준으로 한다.
◆ **기계경비지도사** : 기계경비업에 한하여 선임·배치 (기준은 일반경비지도사와 동일)
◆ 경비지도사가 선임·배치된 시·도경찰청 관할 인접 시·도경찰청 관할에 배치된 경비원이 **30인 이하**인 경우 경비지도사를 따로 선임·배치하지 않을 수 있다.
  (**인천광역시경찰청**은 **서울특별시경찰청**과 인접한 것으로 본다.)
◆ 경비업자는 선임·배치된 경비지도사에 결원이 있거나 자격정지 등의 사유로 그 직무를 수행할 수 없을 때에는 **15일 이내** 경비지도사를 새로 충원해야 한다.

집단민원현장에 선임·배치된 경비지도사의 직무 (시행규칙 제6조의2)

◆ 경비원 등의 **의무 위반행위**의 예방 및 제지
◆ 경비원의 **복장착용 등**에 대한 지도·감독
◆ 경비원의 **장비휴대 및 사용**에 대한 지도·감독
◆ 집단민원현장에 배치된 **경비원명부**의 관리

경비원의 교육 등 (법 제13조)

◆ 경비업자는 적정한 경비업무실시를 위해 경비원으로 하여금 **대통령령**이 정하는 바에 따라 경비원 신임교육 및 직무교육을 받게 해야 한다.
  다만, 경비업자는 대통령령으로 정하는 경력 또는 자격을 갖춘 일반경비원을 신임교육 대상에서 제외할 수 있다.
◆ 경비원이 되려는 사람은 대통령령으로 정하는 교육기관에서 미리 일반경비원 신임교육을 받을 수 있다.
◆ 특수경비업자는 대통령령으로 정하는 바에 따라 특수경비원으로 하여금 특수경비원 신임교육과 정기적인 직무교육을 받게 해야 하고, 특수경비원 신임교육을 받지 않은 자를 특수경비업무에 종사시켜서는 아니 된다.
◆ 특수경비원 교육시 관할경찰서 **소속 경찰공무원이 교육기관에 입회**, 대통령령이 정하는 바에 따라 지도·감독해야 한다.

🔵 일반경비원에 대한 교육 (시행령 제18조)

◆ **신임교육 기관 및 단체**
- 경비협회
- 「경찰공무원 교육훈련규정」(제2조제3호)에 따른 **경찰교육기관**
- 경비업무관련학과 개설 대학 등 경비원교육을 전문적으로 수행할 수 있는 인력·시설을 갖춘 기관 중 **경찰청장 지정·고시 기관 또는 단체**

  ※ • 경비원을 채용한 경우 일반경비업자의 부담으로 신임교육을 받게 하여야 한다.

  (시행령 제18조제1항)

  • 경비원이 되려는 사람은 대통령령으로 정하는 교육기관에서 미리 일반경비원 신임교육을 받을 수 있다. (법 제13조제2항)

◆ **신임교육대상 제외자**
- 일반경비원 또는 특수경비원 신임교육을 받은 사람으로서 **채용 전 3년 이내**에 경비업무종사 有경력자
- 「경찰공무원법」에 따른 **경찰공무원** 근무 경력자
- 「대통령등의 경호에 관한 법률」에 의한 **경호공무원·별정직공무원** 근무경력자
- 「군인사법」에 따른 **부사관 이상** 근무 경력자
- **경비지도사** 자격이 있는 사람
- 채용당시 법 제13조 제2항에 따른 일반경비원 신임교육을 받은 지 3년이 지나지 아니한 사람

◆ 경비업자는 소속 일반경비원에게 선임 **경비지도사가 수립한** 교육계획에 따라 **매월** 행정안전부령으로 정하는 시간**(4시간)** 이상 직무교육을 받도록 해야 한다.

◆ **신임교육의 과목 및 시간, 직무교육의 과목 등** 일반경비원의 교육실시에 필요한 사항은 행정안전부령으로 정한다.

> • [별표2] 일반경비원 신임교육 과목 및 시간
> • 일반경비원 직무교육과목 : 직무수행에 필요한 이론·실무과목, 정신교양 등

일반경비원에 대한 신임교육의 실시 등 (시행규칙 제12조)

◆ **경찰청장**은 일반경비원 신임교육 실시를 위해 **연도별 교육계획을 수립**, 일반경비원 신임교육기관 또는 단체가 교육계획에 따라 교육을 실시하도록 해야 한다.

◆ 일반경비원 신임교육기관·단체의 장은 신임교육과정 이수자에게 신임교육이수증을 교부하고, 신임교육이수증 교부대장에 기록해야하며, 교육기관, 교육일, 교육이수증 교부번호 등을 포함한 신임교육 이수자현황을 경찰청장에게 통보해야한다.

◆ 경비업자는 일반경비원이 신임교육을 받은 때에는 경비원명부에 그 사실을 기재해야 한다.

◆ 시·도경찰청장 또는 경찰서장은 일반경비원 신임교육을 받은 사람이 요청하는 경우에는 신임교육 이수 확인증을 발급할 수 있다.

◆ 일반경비원 신임교육과목 및 시간 [별표 2]

구 분	과 목	시 간
이론교육 (4시간)	경비업법	2
	범죄예방론 (신고 및 순찰요령포함)	2
실무교육 (19시간)	시설경비실무 (신고 및 순찰요령, 관찰·기록기법 포함)	2
	호송경비실무	2
	신변보호실무	2
	기계경비실무	2
	사고예방대책 (테러대응요령, 화재대처법 및 응급처치법 포함)	3
	체포·호신술 (질문·검색요령 포함)	3
	장비사용법	2
	직업윤리 및 서비스 (예절 및 인권교육 포함)	3
기타 (1시간)	입교식, 평가 및 수료식	1
계		24시간

특수경비원에 대한 교육 (시행령 제19조)

◆ 특수경비업자는 특수경비원 채용시, 특수경비업자 부담으로 다음 기관 또는 단체에서 실시하는 특수경비원신임교육을 받도록 해야 한다.
  · 「경찰공무원 교육훈련규정」(제2조제3호)에 따른 **경찰교육기관**
  · 행정안전부령이 정하는 기준에 적합한 기관·단체 중 **경찰청장 지정·고시** 기관·단체

- ◆ 특수경비업자는 채용 전 **3년 이내**에 특수경비업무 종사경력이 있는 사람을 특수경비원으로 채용시, **특수경비원 신임교육대상에서 제외**할 수 있다.
- ◆ 특수경비업자는 소속 특수경비원에게, 선임된 **경비지도사가 수립**한 교육계획에 따라 **매월** 행정안전부령으로 정하는 시간(**6시간**) 이상 직무교육을 받도록 해야 한다.
- ◆ 특수경비원 **신임교육의 과목 및 시간, 직무교육의 과목 등** 특수경비원 교육실시에 필요한 사항은 행정안전부령으로 정한다.

> - [별표4] 특수경비원 신임교육 과목 및 시간
> - 특수경비원 직무교육과목 : 직무수행에 필요한 이론·실무과목, 정신교양 등

◉ 특수경비원 신임교육기관 또는 단체의 지정 등 (시행규칙 제14조)

- ◆ 특수경비원 신임교육과정을 개설하려는 기관·단체는 [별표3]을 갖추고 경찰청장에게 지정 요청
- ◆ 요청받은 **경찰청장**은 [별표3]기준 적합시 특수경비원 신임교육기관·단체로 지정할 수 있다.
- ◆ 지정받은 기관·단체는 신임교육과정에 필요시, **관할 경찰관서장**에게 경찰관서 **시설물이용**이나 소양을 갖춘 **경찰관의 파견요청**을 할 수 있다.
- ◆ 특수경비원 교육기관 시설 및 강사기준 [별표 3]

구 분	기 준
시설기준	· 100인 이상 수용이 가능한 165㎡ 이상의 강의실
	· 감지장치, 수신장치 및 관제시설을 갖춘 132㎡ 이상의 기계경비 실습실
	· 100인 이상이 동시에 사용할 수 있는 330㎡ 이상의 체육관 또는 운동장
	· 소총에 의한 실탄사격이 가능하고 10개 사로 이상을 갖춘 사격장
강사기준	· 대학 이상 교육기관에서 교육과목 관련학과 전임강사(전문대 조교수) 이상 1년 이상 종사한 경력이 있는 사람
	· 박사학위 소지자로 교육과목 관련분야의 연구 실적이 있는 사람
	· 석사학위 소지자로 교육과목 관련분야 실무업무에 3년 이상 종사경력자 (학위 취득전 경력포함)
	· 교육과목 관련분야 공무원으로 5년 이상 종사한 경력이 있는 사람
	· 교육과목 관련분야의 실무업무에 10년 이상 종사한 경력이 있는 사람
	· 체포, 호신술과목의 경우 무도사범 자격이 있는 사람으로서 교육과목 관련분야 2년 이상 실무경력이 있는 사람 (학위 취득전 경력포함)
	· 폭발물 처리요령 및 예절교육과목의 경우 교육과목 관련분야에서 2년 이상 실무경력이 있는 사람

※ 교육시설이 교육기관 소유가 아닌 경우 임대 등을 통해 교육기간동안 이용할 수 있도록 해야 한다.

특수경비원에 대한 신임교육의 실시 등 (시행규칙 제15조)

- 특수경비원 신임교육기관·단체의 장은 신임교육과정 이수자에게 신임교육이수증을 교부하고, 신임교육이수증 교부대장에 기록해야 하며, 교육기관, 교육일, 교육이수증 교부번호 등을 포함한 신임교육 이수자현황을 경찰청장에게 통보해야한다.
- 경비업자는 특수경비원이 신임교육을 받은 때에는 경비원명부에 그 사실을 기재해야 한다.
- 시·도경찰청장 또는 경찰서장은 특수경비원 신임교육을 받은 사람이 요청하는 경우에는 신임교육 이수 확인증을 발급할 수 있다.
- 특수경비원 신임교육의 과목 및 시간 [별표 4]

구 분	과 목	시 간
이론교육 (15시간)	경비업법, 경찰관 직무집행법, 청원경찰법	8
	헌법 및 형사법 (인권, 경비관련 범죄 및 현행범체포규정 포함)	4
	범죄예방론(신고요령 포함)	3
실무교육 (69시간)	정신교육	2
	테러 대응요령	4
	폭발물 처리요령	6
	화재대처법	3
	응급처치법	3
	분사기 사용법	3
	출입통제 요령	3
	예절교육	2
	기계경비실무	3
	정보보호 및 보안업무	6
	시설경비요령(야간경비요령 포함)	4
	민방공(화생방 관련사항 포함)	6
	총기조작	3
	총검술	5
	사 격	8
	체포. 호신술	5
	관찰. 기록기법	3
기타(4시간)	입교식. 평가. 수료식	4
계		88시간

특수경비원의 직무교육 (시행규칙 제16조)

- 특수경비업자는 소속 특수경비원에게, 경비지도사가 수립한 교육계획에 따라 매월 **6시간** 이상의 **직무교육**을 받도록 해야 한다.
- **관할 경찰관서장**은 필요하다고 인정시 특수경비원 배치 경비시설에 **소속 공무원을 파견**하여 직무집행에 필요한 교육을 실시할 수 있다.
- 특수경비원에 대한 직무교육과목은 **직무수행에 필요한 이론, 실무과목, 정신교양** 등이다.

🔵 특수경비원의 직무 및 무기사용 (법 제14조)

- ◆ 특수경비업자는 특수경비원이 배치된 경비구역 안에서 **관할 경찰관서장과 시설주**의 감독을 받아 시설을 경비하고 도난·화재 그 밖의 위험발생방지 업무를 수행하게 해야 한다.
- ◆ 특수경비원은 국가중요시설 경비업무수행 중 국가중요시설의 정상적인 운영을 해치는 장해를 일으켜서는 아니 된다.
- ◆ **시·도경찰청장**은 국가중요시설 경비업무 수행에 필요하다고 인정시, **시설주의 신청**에 의해 무기를 구입한다. (시설주가 무기구입대금 지불, 구입한 무기는 국가에 기부채납)
- ◆ 시·도경찰청장은 국가중요시설 경비업무수행에 필요하다고 인정시, 관할 경찰관서장으로 하여금 시설주 신청으로 기부 채납된 무기를 대여하게 하고, 시설주는 특수경비원에게 휴대하게 할 수 있다.
(이 경우 특수경비원은 정당한 사유 없이 무기 소지, 배치된 경비구역을 벗어나서는 안 된다.)
- ◆ 시설주가 대여 받은 무기에 대해 **시설주** 및 **관할 경찰관서장**은 무기의 관리책임을 지고, 관할 경찰관서장은 시설주 및 특수경비원의 무기관리상황을 **지도·감독**해야 한다.

> ▷ **무기관리에 대한 지도·감독** (시행령 제21조)
> 관할 경찰관서장은 시설주 및 특수경비원의 무기관리상황을 매월 1회 이상 점검해야 한다.

- ◆ 관할 경찰관서장은 무기의 적정관리를 위해 무기를 대여 받은 시설주에게 필요한 명령을 발할 수 있다.
- ◆ **관리책임자의 무기관리 수칙**
    - **무기출납부 및 무기장비운영카드**를 비치·기록
    - 무기는 관리책임자가 **직접 지급·회수**
- ◆ 특수경비원은 국가중요시설 경비를 위해 무기를 사용하지 않고는 다른 수단이 없다고 인정되는 때에는 필요한 한도 안에서 무기를 사용할 수 있다.
다만, 다음의 경우를 제외 하고는 사람에게 위해를 끼쳐서는 아니 된다.

> - 무기 또는 폭발물을 소지하고 국가중요시설에 침입한 자가 특수경비원으로부터 3회 이상 투기 또는 투항을 요구받고도 이에 불응하며 계속 항거하는 경우, 이를 억제하기 위하여 무기를 사용하지 아니하고는 다른 수단이 없다고 인정되는 때
> - 국가중요시설에 침입한 무장간첩이 특수경비원으로부터 투항을 요구 받고도 이에 불응한 때

- ◆ 특수경비원의 **무기휴대, 무기종류, 그 사용기준 및 안전검사 기준 등**에 관해 필요한 사항은 **대통령령**으로 정한다.

특수경비원 무기휴대 절차 등 (시행령 제20조)

- 시설주는 특수경비원이 휴대할 무기를 대여 받을시
  무기대여신청서를 **관할 경찰관서장을 거쳐** 시·도경찰청장에게 제출하여야 한다.
- 시설주는 관할 경찰관서장으로부터 대여 받은 무기를 특수경비원에게 휴대하게 하는 경우에는
  관할 경찰관서장의 사전승인을 얻어야 한다.
- 관할 경찰관서장은 사전승인시 국가중요시설에 총기·폭발물소지자, 무장간첩의 침입우려가 있는지 여부 등을 고려하는 등 특수경비원에게 무기지급 필요성 여부를 판단해야 한다.
- 시설주는 무기지급 필요성 해소 인정 시 특수경비원으로부터 **즉시** 무기를 회수해야 한다.
- 특수경비원이 휴대할 수 있는 무기 종류는 **권총 및 소총**
- 무기안전검사기준은 **위해성 경찰장비의 사용기준 등에 관한 규정**(제18조 및 별표2) 준용
- 시설주, 관리책임자와 특수경비원은 행정안전부령이 정하는 **무기관리수칙** 준수

  ※ 위해성 경찰장비의 사용기준 등에 관한 규정 (별표 2)

경찰장비	검사내용	비고
권총, 소총, 기관총, 산탄총, 유탄발사기	1. 총열의 균열 유무 2. 방아쇠를 당길 수 있는 힘이 1kg 이상인지 여부 3. 안전장치의 작동 여부	연간 1회

무기의 관리수칙 등 (시행규칙 제18조)

- **시설주 또는 관리책임자의 무기 관리수칙 (탄약 포함)**

  - 무기관리 책임자를 지정하고 관할 경찰관서장에게 통보할 것
  - 무기고 및 탄약고는 단층에 설치하고 환기·방습·방화 및 총받침대 등의 시설을 할 것
  - 탄약고는 무기고와 사무실 등 많은 사람을 수용·많은 사람이 오고 가는 시설과 떨어진 곳에 설치
  - 무기고 및 탄약고는 이중 잠금장치, 열쇠는 관리책임자가 보관하되,
    근무시간 이후에는 열쇠를 당직 책임자에게 인계, (☞ 청원경찰은 숙직책임자) 보관시킬 것
  - 관할 경찰관서장이 정한 무기관리실태를 매월파악, 다음달 3일까지 관할 경찰관서장에게 통보
  - 무기를 빼앗기거나 분실·도난, 훼손 등 사고발생시 관할 경찰관서장에게 사유를 지체 없이 통보
  - 무기를 빼앗기거나, 분실·도난 또는 훼손시 경찰청장이 정하는 전액을 배상할 것
    (전시·사변·천재·지변, 그 밖의 불가항력사유를 시·도경찰청장 인정 시에는 예외)
  - 시설주는 자체계획을 수립, 보관하고 있는 무기를 매주 1회 이상 손질할 수 있게 할 것

- **시설주 또는 관리책임자의 특수경비원 무기 출납 시 관리수칙**

  - 관할 경찰관서장이 무기를 회수, 집중관리하도록 지시하는 경우 또는
    출납하는 탄약의 수를 증감하거나 출납을 중지하도록 지시하는 경우에는 이를 따를 것
  - 탄약출납은 소총1정당 15발 이내, 권총1정당 7발 이내 (생산 후 오래된 탄약 우선 출납)
  - 무기를 지급받은 특수경비원이 무기를 매주 1회 이상 손질하게 할 것
  - 수리가 필요한 무기는 목록과 무기장비운영카드 첨부 관할경찰관서장에게 수리 요청

◆ **특수경비원의 무기관리수칙**

- 무기지급·반납시, 무기 인수인계시 반드시 "앞에 총" 자세에서 "검사 총"을 할 것
- 무기를 지급받은 때에는 별도 지시가 없는 한 탄약은 무기로부터 분리휴대 해야 하며, 소총은 "우로 어깨 걸어 총" 자세 유지, 권총은 "권총집에 넣어 총" 자세 유지
- 지급받은 무기를 다른 사람에게 보관·휴대 또는 손질시키지 아니할 것
- 무기를 손질 또는 조작하는 때에는 총구를 반드시 공중으로 향하게 할 것
- 무기를 반납하는 때에는 손질을 철저히 한 후 반납하도록 할 것
- 근무시간 이후에는 무기를 시설주에게 반납하거나 교대근무자에게 인계할 것

◆ 시설주 또는 관리책임자는 고의·과실로 무기(부속품 포함)를 빼앗기거나 분실·도난 또는 훼손한 특수경비원에 대해 특수경비업자에게 **교체 또는 징계등 조치**를 요청할 수 있다.
　　　　　(이 경우 특수경비업자는 특별한 사유가 없는 한 응해야 한다)

◆ **특수경비원 무기 지급불가 및 무기회수 대상자**
- **형사사건**으로 인하여 조사를 받고 있는 사람
- **사직의사**를 표명한 사람
- **정신 질환자**
- 그 밖에 무기를 지급하기에 **부적합**하다고 인정되는 사람

◆ 시설주는 무기수송 시 **출발하기 전에** 관할경찰서장에게 그 사실을 통보해야 하며, 통보 받은 관할경찰서장은 **1인 이상의** 무장경찰관을 무기수송 자동차 등에 동승시킨다.

○ 특수경비원의 의무 (법 제15조)

◆ 특수경비원은 직무수행시 **시설주·관할 경찰관서장 및 소속상사**의 직무상 명령에 복종해야 한다.
◆ 특수경비원은 소속상사의 허가 또는 정당한 사유 없이 경비구역을 벗어나서는 안 된다.
◆ 특수경비원은 파업·태업 그 밖에 경비업무의 정상적 운영을 저해하는 일체의 쟁의행위를 해서는 안된다.
◆ 특수경비원이 무기를 휴대하고 경비업무 수행시 **무기의 안전사용수칙**을 지켜야 한다.
◆ **특수경비원의 무기 안전사용규칙** (법 제15조제4항)

- 특수경비원은 사람을 향해 권총 또는 소총 발사시 미리 구두 또는 공포탄사격으로 상대방에게 경고해야 한다.
  ※ 부득이 한 때 경고하지 아니할 수 있는 경우
  - 특수경비원을 급습하거나, 타인의 생명·신체에 중대한 위험야기 범행이 목전에 실행되고 있는 등 상황이 급박하여 경고할 시간적 여유가 없는 경우
  - 인질간첩 또는 테러사건에 있어서 은밀히 작전을 수행하는 경우
- 특수경비원은 범죄와 무관한 다중의 생명·신체에 위해를 가할 우려가 있을시, 무기를 사용해서는 안 된다. 다만, 무기를 사용하지 않고는 타인 또는 특수경비원의 생명·신체에 대한 중대한 위협을 방지할 수 없다고 인정되는 때에는 필요한 최소한의 범위 안에서 사용할 수 있다.
- 특수경비원은 총기 또는 폭발물을 가지고 대항하는 경우를 제외하고는 14세 미만의 자 또는 임산부에 대해 권총 또는 소총을 발사해서는 안 된다.

경비원 등의 의무 (법 제15조의2)

- 경비원은 직무수행 시 타인에게 위력을 과시하거나 물리력을 행사하는 등 경비업무의 범위를 벗어난 행위를 하여서는 아니 된다.
- 누구든지 경비원으로 하여금 경비업무의 범위를 벗어난 행위를 하게 하여서는 아니 된다.

경비원의 복장 등 (법 제16조)

- 경비업자는 경찰 또는 군인의 제복과 **색상 및 디자인 등**이 명확히 구별되는 소속경비원의 복장을 정하여 사진을 첨부, 주된 사무소 관할 **시·도경찰청장**에게 신고하여야 한다.
- 경비업자는 경비원에게 소속경비업체 표시 이름표부착 및 신고된 동일복장을 착용시키고 복장에 **소속회사를 오인**할 수 있는 표시를 하거나 **다른 회사복장**을 착용시키면 안 된다. 다만, 집단민원현장이 아닌 곳에서 신변보호업무수행 또는 경비업무 성격상 부득이한 사유로 **관할 경찰관서장이 허용**하는 경우에는 그러하지 아니하다.
- 시·도경찰청장은 제출사진 검토 후 경비업자에게 복장변경 등에 대한 **시정명령**을 할 수 있다.
- 시정명령을 받은 경비업자는 이를 이행해야 하고, 시·도경찰청장에게 **이행보고**를 해야 한다.
- 그 밖에 경비원 복장 등에 필요한 사항은 **행정안전부령**으로 정한다.

경비원의 복장 등 신고 등 (시행규칙 제19조)

- 경비원 복장신고(변경신고)를 하려는 경비업자는 소속경비원에게 복장을 착용시키기 전에 **경비원복장 등 신고서**(전자문서 포함)를 주사무소 관할 시·도경찰청장에게 제출해야 한다.
- 경비원복장 시정명령에 대해 경비업자는 **시정명령 이행보고서**(전자문서 포함)에 **이행사실 입증사진** 등의 서류를 첨부, 시정명령을 한 시·도경찰청장에게 제출해야 한다.
- 경비업자는 신고서 또는 이행보고서를 주사무소 관할 시·도경찰청장 소속 **경찰서장을 거쳐** 제출할 수 있다. (신고서 또는 이행보고서를 받은 경찰서장은 지체 없이 관할 시·도경찰청장에게 보내야 한다)
- 경비원은 업무수행시 이름표를 상의 가슴위에 부착, 이름을 외부에서 알아볼 수 있도록 한다.

경비원의 장비 등 (법 제16조의2)

- 경비원의 휴대장비 종류는 **경적 · 단봉 · 분사기 등** 행정안전부령으로 정하되, 근무 중에만 휴대할 수 있다.
- 경비업자가 경비원에게 분사기를 휴대하고 직무수행을 하게하는 경우, 「총포 · 도검 · 화약류 등의 안전관리에 관한 법률」에 따라 미리 **분사기의 소지허가**를 받아야 한다.
- 누구든지 장비를 임의개조, 통상의 용법과 달리 사용하여, 다른 사람의 생명 · 신체에 위해를 가해서는 안 된다.
- 경비원은 경비업무에 필요하다고 인정되는 상당한 이유가 있을시 필요한 최소한도에서 장비를 사용할 수 있다.
- 그 밖에 경비원의 장비 등에 관하여 필요한 사항은 **행정안전부령**으로 정한다.

경비원의 휴대장비 (시행규칙 제20조)

- 경비원은 근무 중 **경적, 단봉, 분사기, 안전방패, 무전기** 및 그 밖에 경비업무 수행에 필요한 것으로서 **공격적인 용도로 제작되지 않은 장비**를 휴대할 수 있으며, **안전모 및 방검복 등 안전장비**를 착용할 수 있다.
- **경비원 휴대장비의 구체적인 기준** [별표 5]

휴대장비	내 용
경적	금속이나 플라스틱 재질의 호루라기
단봉	금속(합금포함)이나 플라스틱 재질의 전장700mm 이하 호신용 봉
분사기	총포 · 도검 · 화약류 등의 안전관리에 관한 법률에 따른 분사기
안전방패	플라스틱재질의 폭 500mm 이하, 길이 1,000mm 이하의 방패로 경찰공무원이 사용하는 안전방패와 색상 및 디자인이 명확히 구분되어야 함
무전기	무전기 송신 시 실시간으로 수신이 가능한 것
안전모	안면을 가리지 아니하면서, 머리를 보호하는 장비로 경찰공무원이 사용하는 방석모와 색상 및 디자인이 명확히 구분되어야 함
방검복	경찰공무원이 사용하는 방검복과 색상 및 디자인이 명확히 구분되어야함

규제의 재검토 (시행규칙 제27조의2)

경찰청장은 경비원이 휴대하는 장비 등에 대해 **2014.6.8.**을 기준으로 **3년마다** (매3년이 되는 해의 6월8일 전까지) 그 타당성을 검토하여 개선 등의 조치를 하여야 한다.

출동 차량 등 (법 제16조의3)

- 경비업자는 출동차량 등의 **도색 및 표지**를 경찰차량 및 군 차량과 명확히 구별될 수 있게 해야 한다.
- 경비업자는 출동차량 등의 도색 및 표지를 정하고 이를 확인할 수 있는 **사진을 첨부**하여 주된 사무소 관할 시·도경찰청장에게 **행정안전부령**으로 정하는 바에 따라 신고해야 한다.
- 시·도경찰청장은 제출받은 사진 검토 후 경비업자에게 **도색 및 표지변경 등**에 대한 **시정명령**을 할 수 있다.
- 시정명령을 받은 경비업자는 이행해야 하고, 시·도경찰청장에게 **이행보고**를 해야 한다.
- 그 밖에 출동차량 등에 필요한 사항은 **행정안전부령**으로 정한다.

출동차량 등의 신고 등 (시행규칙 제21조)

- 경비업자는 출동차량 운행 전에 **출동차량 등 신고서**(변경신고 포함)를 주된 사무소 관할 시·도경찰청장에게 제출하여야 한다.
- 출동차량 등의 시정명령에 이행보고를 하려는 경비업자는 시정명령 이행보고서에 이행사실 입증사진 등의 서류첨부, 시정명령을 한 시·도경찰청장에게 제출해야 한다.
- 출동차량 등 신고서 및 이행보고서를 경비업자의 주된 사무소 관할 시·도경찰청장 소속의 경찰서장을 거쳐 제출할 수 있으며, 이 경우 경찰서장은 지체 없이 시·도경찰청장에게 보내야 한다.

결격사유 확인을 위한 범죄경력조회 등 (법 제17조)

- 경찰청장, 시·도경찰청장 또는 관할 경찰관서장은 **직권으로** 또는 **범죄경력조회 요청이 있는 경우**, 경비업자의 **임원, 경비지도사 또는 경비원**의 결격사유에 해당하는지를 확인하기 위해 「형의 실효 등에 관한 법률」(제6조)에 따른 **범죄경력조회**를 할 수 있다.

  > ※ **범죄경력조회 요청서류** (시행규칙 제22조)
  > 범죄경력조회 신청서(전자문서 포함) + 경비업 허가증사본 + 취업(예정자)자 범죄경력조회 동의서

- 경비업자는 선출·선임·채용·배치하려는 임원, 경비지도사, 경비원의 결격사유 해당여부 확인을 위해 **주사무소, 출장소, 배치장소** 관할 시·도경찰청장 또는 경찰관서장에게 「형의 실효 등에 관한 법률」(제6조)에 따른 **범죄경력조회**를 요청할 수 있다.
- 범죄경력조회를 요청받은 시·도경찰청장 또는 관할 경찰관서장은 경비업자에게 결과통보 시 경비업자의 임원, 경비지도사, 경비원의 **결격사유 해당여부만을 통보**
- 시·도경찰청장 또는 관할 경찰관서장은 경비업자의 임원, 경비지도사, 경비원의 **결격사유 해당 여부**를 알게 되거나, **경비업법 또는 시행령위반 시** 경비업자에게 그 사실을 통보해야 한다.

경비원의 명부와 배치허가 등 (법 제18조)

◆ 경비업자는 행정안전부령이 정하는 바에 따라 **경비원의 명부**를 작성·비치해야 한다. 다만, 집단민원현장 배치 일반경비원 명부는 **배치장소에도 작성·비치**해야 한다.

> ▷ **경비원의 명부** (시행규칙 제23조)
> 경비업자는 다음 각 호의 장소에 경비원명부를 작성·비치해 두고 항상 정리해야 한다.
> 1. 주된 사무소
> 2. 출장소 (해당 장소에 배치된 경비원명부)
> 3. 집단민원 현장 (해당장소에 배치된 경비원명부)

◆ 경비업자가 경비원을 배치(배치폐지)한 경우 관할 경찰관서장에게 신고해야 한다. 다만,
- 시설경비업무 또는 신변보호업무 중 **집단민원현장배치 일반경비원**
  배치 **48시간 전까지** 배치**허가 신청** ⇒ 관할 경찰관서장 **허가** 받은 후 배치
  (관할 경찰관서장은 배치허가 시 필요한 조건을 붙일 수 있다.)
- **집단민원현장 아닌 곳**의 신변보호업무 일반경비원과 특수경비원 : 배치하기 전까지 **신고**

◆ **경비원의 배치 및 배치폐지의 신고** (시행규칙 제24조)

> - 20일 이상 경비원을 배치하거나 그 기간연장을 하는 때에는, 경비원을 배치한 후 7일 이내에
>   → 경비원 배치신고서(전자문서 포함)를 배치장소 관할 경찰관서장에게 제출
>   ※ 다만, 집단민원현장이 아닌 신변보호 경비원 및 특수경비원은
>   → 배치하는 기간과 관계없이 경비원을 배치하기 전까지 제출
> - 특수경비원을 배치하는 경비업자는 배치신고서에 특수경비원 전원의 별지 서식의 병력(病歷)신고 및 개인정보 이용 동의서를 첨부하여 관할 경찰관서장에게 제출해야 한다.
> - 제2항에 따른 동의서를 제출받은 관할 경찰관서장은 국민건강보험공단 등 관계기관에 치료경력의 조회를 요청할 수 있다.
> - 관할 경찰관서장은 제2항에 따른 동의서의 기재내용 또는 관계기관의 조회결과를 확인하여 필요한 경우 경비업자에게 다음 각 호의 서류를 제출하도록 요청할 수 있다. 이 경우 경비업자는 해당 특수경비원의 서류(제출일 기준 6개월 이내 발급서류 한정)를 관할 경찰관서장에게 제출해야 한다.
>   - 영 제10조의2 각 호에 해당하지 않음을 증명하는 해당분야 전문의의 진단서 1부
>   - 영 제10조의2 제3호 단서 해당 시 이를 증명하는 해당분야 전문의의 진단서 1부
> - 경비원의 배치를 폐지한 때에는, 배치폐지를 한 날로부터 7일 이내에
>   → 경비원 배치폐지신고서(전자문서 포함)를 배치장소 관할 경찰관서장에게 제출
>   ※ 경비원배치신고 시 기재한 배치폐지 예정일에 경비원배치를 폐지하는 경우는 예외
> - 시·도경찰청장 또는 경찰서장은 일반경비원 또는 특수경비원이나 일반경비원 또는 특수경비원으로 근무했던 사람이 요청하는 경우에는 배치폐지 확인증을 발급할 수 있다.

◆ 관할 경찰관서장이 집단민원현장 경비원 배치허가 신청을 받은 경우, **배치허가 불허 사유**

> 1. 경비원이 경비업무의 범위를 벗어난 행위를 할 우려가 있거나, 경비원으로 하여금 경비업무의 범위를 벗어난 행위를 하게 하였을 때
> 2. 경비원중 결격사유해당자(법 제10조), 신임교육 미이수자가 21/100 이상 포함된 경우
> 3. 경비원의 복장·장비 등에 내려진 필요한 명령을 이행하지 아니한 경우

　※ 배치허가 신청을 받은 관할 경찰관서장은 해당사유 확인을 위해 소속 경찰관으로 하여금 그 배치장소를 방문하여 조사하게 할 수 있다.

◆ 배치허가 신청을 받은 관할 경찰관서장은 배치경비원 중 결격자가 있는 경우
　그 사람을 제외하고 배치허가를 해야 한다.

◆ 경비업자는 경비원을 배치하여 경비업무를 수행하게 하는 때에는 배치된 경비원의 인적사항과 배치일시·배치장소 등 **근무상황**을 기록·보관해야 한다.

> ▷ **경비원 근무상황 기록부** (시행규칙 제24조의3)
> ・경비업자는 경비원의 인적사항, 배치일시, 배치장소, 배치폐지일시, 근무여부 등 근무상황을 기록한 근무상황기록부(전자문서 포함)를 작성 주된 사무소 및 출장소에 비치해야 한다.
> ・근무상황기록부는 1년 동안 보관하여야 한다.

◆ 경비업자는 다음 죄를 범하여 벌금형을 선고받고 **5년**이 지나지 않은 자나,
　금고 이상 형을 선고받고 집행이 유예된 날부터 **5년**이 지나지 않은 자를
　집단민원현장에 일반경비원으로 배치하여서는 안 된다.

　※ 해당 범죄

> ・형법 : (존속)상해, (존속)중상해, 특수상해, (존속)폭행, 특수폭행, 특수협박(상습범 포함)
> 　　　　(존속)체포·감금, (존속)중체포·중감금(상습범, 미수범 포함)
> 　　　　특수체포·특수감금, 특수주거침입, 강요죄(제2항), 특수손괴 (미수범 포함)
> 　　　　공갈, 특수공갈(상습범만 처벌), 상해치사, 폭행치사상, 체포·감금등의 치사상
> ・폭력행위 등 처벌에 관한 법률 : 폭행 또는 집단적 폭행

◆ 경비업자는 경비원명부에 없는 자를 경비업무에 종사하게 해서는 안 되며,
　경비원을 배치하는 경우에는 **신임교육을 이수한 자를 배치**해야 한다.

◆ 관할 경찰관서장이 **배치폐지를 명할 수 있는 사유**
　・배치허가를 받지 아니하고 경비원을 배치하거나,
　　경비원명단 및 배치일시·장소 등 배치허가 신청의 내용을 거짓으로 한 때
　・결격사유(법 제18조 제6항)에 해당하는 자를 집단민원현장에 일반경비원으로 배치한 때
　・신임교육을 이수하지 아니 한 자를 제2항 각 호의 경비원으로 배치한 때
　・경비업자 또는 경비원이 위력이나 흉기 등 위험한 물건을 사용, 집단적 폭력사태를 일으킨 때
　・경비업자가 제2항 각호 외의 부분 본문을 위반, **신고하지 않고 일반경비원을 배치**한 때

집단민원현장에의 일반경비원 배치허가 신청 등 (시행규칙 제24조의2)

◆ 경비업자는 집단민원현장에 일반경비원 배치허가 신청 시,

> 집단민원현장 일반경비원 배치허가 신청서 + 배치될 일반경비원의 **신임교육 이수증** 각 1부 첨부
> (전자문서 신고서 포함)　　　　　　　　(면제대상은 신임교육면제 입증서류)
> ⇒ 관할 경찰관서장에게 제출해야 한다.

◆ 집단민원현장 배치허가 신청서를 받은 관할 경찰관서장은 경비원 **배치예정일시 前까지** 배치허가 여부를 결정, 경비업자에게 통보해야 한다.

◆ 경비업자가 일반경비원 배치기간 연장 시, 배치기간 **만료 48시간 前까지** **집단민원현장 일반경비원 배치허가 신청서**를 관할 경찰관서장에게 제출, **허가**를 받아야 한다.

◆ 경비업자가 배치허가를 받은 집단민원현장에 새로운 경비원을 배치하려는 경우, 새로운 경비원을 **배치하기 48시간 前까지** 배치허가신청서를 관할 경찰관서장에게 제출, **허가**를 받아야 한다.

◆ 경비업자가 경비원 배치폐지 시, **배치폐지를 한 날부터 48시간 이내**에 집단민원현장 일반 경비원 배치폐지신고서(전자문서 포함)를 관할경찰관서장에게 제출해야 한다.

◆ **집단민원현장배치 경비지도사 변경 시**, 변경내용을 관할 경찰관서장에게 통보해야 한다.

위반행위의 보고 · 통보 (시행령 제23조)

◆ 경비업자의 출장소 또는 경비대상시설의 관할 시 · 도경찰청장 또는 경찰관서장은 출장소의 임직원이나 경비원이 경비업법 또는 시행령위반 사실을 안 때에는 **지체 없이** 그 사실을 **서면으로** 당해 경비업을 허가한 시 · 도경찰청장에게 통보 · 보고해야 한다.

◆ 위반사실을 통보 · 보고받은 시 · 도경찰청장은 그 위반행위에 대해 **행정처분을 한 때에는** 이를 해당시 · 도경찰청장 또는 경찰관서장에게 통보해야 한다.

경비전화의 가설 (시행규칙 제25조)

◆ 관할 경찰관서장은 **시설주의 신청**에 의해 특수경비원이 배치된 국가중요시설 등에 경비전화를 가설할 수 있다. 소요경비는 **시설주의 부담**으로 한다.

갖추어 두어야 하는 장부 또는 서류 (시행규칙 제26조)

특수경비원을 배치한 시설주	특수경비원을 배치한 국가중요시설 관할 경찰관서장
1. 근무일지	1. 감독순시부
2. 근무상황카드	2. 특수경비원 전 · 출입관계철
3. 경비구역배치도	3. 특수경비원 교육훈련실시부
4. 순찰표철	4 무기탄약대여대장.
5. 무기탄약출납부	5. 그밖에 특수경비원관리상 필요장부 · 서류
6. 무기장비운영카드	
※ 장부 또는 서류의 서식은 경찰관서 사용 서식 준용	

기출문제 — 경비지도사 및 경비원

1. 경비업법령상 경비지도사의 결격사유에 해당되는 자는? (제14회)

① 만 18세인 자
② 징역 3년형의 선고를 받아 형의 집행이 종료된 날부터 5년이 지나지 아니한 자
③ 파산선고를 받고 복권된 자
④ 징역 1년에 집행유예 3년의 선고를 받고 그 유예기간이 지난 자

해설 ②의 징역형은 금고 이상의 형이므로 실형의 선고를 받고 그 집행이 종료되거나 집행이 면제된 날부터 5년이 지나지 아니한 자는 결격사유 해당된다. (법 제10조 제3호)

2. 경비업법상 일반경비원의 결격사유에 해당하지 않는 경우는? (17회)

① 만 18세인 자
② 피성년후견인
③ 1년 징역형의 집행유예선고를 받고 그 유예기간 중인 자
④ 파산선고를 받고 복권되지 아니한 자

해설 ① 만 18세 미만인 자가 맞다. (법 제10조 제1항 제1호)

3. 경비업법령상 경비지도사 및 경비원의 결격사유에 관한 설명으로 옳은 것은? (20회)

① 경비지도사의 결격사유는 일반경비원의 결격사유와 구별된다.
② 만 19세인 자는 특수경비원이 될 수 없다.
③ 금고 이상의 형의 선고유예를 받고 그 유예기간 중에 있는 자는 경비지도사가 될 수 있다.
④ 일반경비원이 되기 위해서는 팔과 다리가 완전하고 두 눈의 맨눈시력 각각 0.2 이상 또는 교정시력 각각 0.8 이상이어야 한다.

해설 ① 경비지도사와 일반경비원의 결격사유는 동일하다. (법 제10조 제1항)
② 만 18세 미만인 자는 공통 결격사유에 해당 (법 제10조 제1항 제1호, 제2항 제1호)
④ 특수경비원이 되기 위해서는 팔과 다리가 완전하고 두 눈의 맨눈시력 각각 0.2 이상 또는 교정시력 각각 0.8 이상이어야 한다. (법 제10조 제2항 제4호, 시행규칙 제7조)
③ 경비지도사, 일반경비원의 결격사유에는 해당되지 않고, 특수경비원의 결격사유에 해당됨 (법 제10조 제2항 제3호)

정답 1. ② 2. ① 3. ③

4. **경비업법상 경비원의 결격사유에 관한 설명으로 옳지 않은 것은?** (21회)
   ① 만 18세 미만 또는 만 60세 이상인 자는 일반경비원이 될 수 없다.
   ② 금고 이상의 형의 선고유예를 받고 그 유예기간 중에 있는 자는 특수경비원이 될 수 없다.
   ③ 금고 이상의 형의 집행유예를 받고 그 유예기간 중에 있는 자는 일반경비원이 될 수 없다.
   ④ 형법 제297조(강)의 죄로 금고 이상의 형을 선고 받고 그 집행이 유예된 날부터 10년이 지나지 아니한 자는 일반경비원 및 특수경비원이 될 수 없다.

   해설 만 60세 이상은 특수경비원의 결격사유

5. **경비업법령상 경비지도사 및 경비원의 결격사유에 해당하지 않는 것은?** (23회)
   ① 벌금형의 선고유예를 받고 그 유예기간이 끝난 날부터 5년이 지나지 아니한 자
   ② 징역 3년의 실형의 선고를 받고 그 집행이 면제된 날부터 5년이 지나지 아니한 자
   ③ 「형법」제114조(범죄단체 등의 조직)의 죄를 범하여 벌금형을 선고받은 날부터 5년이 지나지 아니한 자
   ④ 「형법」제297조(강간)의 죄를 범하여 치료감호를 선고받고 그 집행이 종료된 날 또는 집행이 면제된 날부터 5년이 지나지 아니한 자

   해설 ② 5년이 지나지 않았으므로 결격사유 해당 (법 제10조 제1항 제3호).
   ③ 10년이 지나지 않았으므로 결격사유 해당 (법 제10조 제1항 제5호).
   ④ 5년이 지나지 않았으므로 결격사유 해당 (법 제10조 제1항 제6호).
   ① 결격사유에 해당되지 않는다.

6. **경비업법령상 경비지도사 및 경비원의 결격사유로 옳지 않은 것은?** (24회)
   ① 「형법」제114조(범죄단체 등의 조직)의 죄를 범하여 벌금형을 선고받은 날부터 10년이 지나지 아니하거나 금고 이상의 형을 선고받고 그 집행이 종료된(종료된 것으로 보는 경우를 포함한다) 날 또는 집행이 유예·면제된 날부터 10년이 지나지 아니한 자
   ② 「형법」제330조(야간주거침입절도)의 죄를 범하여 벌금형을 선고받은 날부터 5년이 지나지 아니하거나 금고 이상의 형을 선고받고 그 집행이 유예된 날부터 5년이 지나지 아니한 자
   ③ 「아동·청소년의 성보호에 관한 법률」제7조(아동·청소년에 대한 강간·강제추행 등)의 죄를 범하여 치료감호를 선고받고 그 집행이 종료된 날 또는 집행이 면제된 날부터 10년이 지나지 아니한 자
   ④ 「성폭력범죄의 처벌 등에 관한 특례법」제3조(특수강도강간 등)의 죄를 범하여 벌금형을 선고받은 날부터 5년이 지나지 아니하거나 금고 이상의 형을 선고받고 그 집행이 유예된 날부터 5년이 지나지 아니한 자

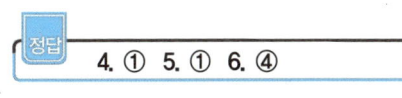

> **해설** ④ 「성폭력범죄의 처벌 등에 관한 특례법」 제3조(특수강도강간 등)는 죄를 범하여 벌금형을 선고받은 날부터 10년이 지나지 아니하거나 금고 이상의 형을 선고받고 그 집행이 유예된 날부터 10년이 지나지 아니한 자에 해당한다.(법 제10조 제5항)

7. 경비업법령상 특수경비원은 될 수 없으나 경비지도사가 될 수 있는 자는? (단, 다른 결격사유는 고려하지 않음) (17회)

① 팔과 다리가 완전하고 두 눈의 교정시력이 각각 0.8인 자
② 금고 이상의 형의 선고유예를 받고 그 유예기간 중에 있는 자
③ 금고 이상의 형의 집행유예선고를 받고 그 유예기간 중에 있는 자
④ 형법 제114조(범죄단체 등의 조직)의 죄를 범하여 벌금형을 선고받은 날부터 10년이 지나지 아니한 자

> **해설** ① 팔과 다리가 완전하고 두 눈의 맨눈시력 각각 0.2 이상 또는 교정시력 각각 0.8 이상이어야 한다.
> ③, ④ 경비지도사, 일반경비원, 특수경비원의 공통 결격사유에 해당한다.
> ② 특수경비원의 결격사유에 해당하고 경비지도사, 일반경비원의 결격사유에 해당하지 않는다.

8. 경비업법령상 특수경비원이 될 수 있는 자는? (15회)

① 만18세로서 음주운전이 적발되어 운전면허 정지기간 중에 있는 자
② 만 20세로서 징역 1년 실형을 선고 받고 그 집행이 종료된 날로부터 4년 된 자
③ 만 22세로서 금고 1년 형의 선고유예를 받고 그 유예기간 중에 있는 자
④ 만 60세로서 두 눈의 교정시력이 각각 0.6인 자

> **해설 특수경비원에게만 적용되는 결격사유** (법 제10조 제2항, 시행규칙 제7조)
> • 18세 미만이거나 60세 이상인 사람 또는 피성년후견인
> • 심신상실자, 알코올 중독자 등 대통령령으로 정하는 정신적 제약이 있는 자
>   ※ 심신상실자
>   • 마약·대마·향정신성의약품 또는 알코올 중독자
>   • 「치매관리법」 제2조제1호에 따른 치매, 조현병·조현정동장애·양극성 정동장애(조울병)·재발성 우울장애 등의 정신질환이나 정신 발육지연, 뇌전증 등이 있는 사람
>   (해당 분야 전문의가 특수경비원으로서 적합하다고 인정하는 사람 제외)
> • 금고 이상의 형의 선고유예를 받고 그 유예기간중에 있는 자
> • 행정안전부령으로 정하는 신체조건에 미달되는 자
>
> > • 두 팔과 다리가 완전하고, 두 눈의 맨눈시력이 각각 0.2 이상 또는 교정시력이 각각 0.8 이상
> > • 두 눈의 맨눈시력이 각각 0.2 이상 또는 교정시력이 각각 0.8 이상

9. 경비업법령상 경비지도사시험 등에 관한 설명으로 옳은 것은? (24회)

① 경비지도사시험은 매년 1회 이상 시행한다.
② 경비지도사시험에 관하여 필요한 사항은 행정안전부령으로 정한다.

정답 7. ② 8. ① 9. ①

③ 경찰청장은 경비지도사시험의 실시계획에 따라 시험을 실시하고자 하는 때에는 응시자격·시험과목·시험일시·시험장소 및 선발예정인원 등을 시험시행일 6개월 전까지 공고하여야 한다.
④ 「경비업법」에 따른 특수경비업무에 2년 이상 종사하고 행정안전부령으로 정하는 교육과정을 이수한 사람은 경비지도사 제1차 시험을 면제한다.

> **해설** ② 경비지도사시험은 매년 1회 이상 시행하며, 시험과목, 시험공고, 시험일부면제자의 범위 그밖에 경비지도사시험에 관해 필요한 사항은 **대통령령**으로 정한다. (법 제11조 제3항)
> ③ 경찰청장은 경비지도사시험의 실시계획에 따라 시험을 실시하고자 하는 때에는 응시자격·시험과목·시험일시·시험장소 및 선발예정인원 등을 시험시행일 **90일 전까지** 공고하여야 한다. (시행령 제11조 제2항)
> ④ 경비업법에 따른 **경비업무에 7년이상** (특수경비업무의 경우에는 3년 이상) 종사하고 행정안전부령으로 정하는 교육과정을 이수한 사람은 경비지도사 제1차 시험을 면제한다. (시행령 제13조 제4호)

10. 경비업법령상 경비지도사 시험 등에 관한 설명으로 옳은 것은? (20회)

① 경찰청장은 시험을 실시하고자 하는 때에는 시험일시 등을 시험시행일 60일 전까지 공고하여야 한다.
② 경찰청장은 경비지도사 시험의 실시계획을 매년 수립하여야 한다.
③ 「공무원임용령」에 따른 행정직군 소방직렬 공무원으로 7년 이상 재직한 사람은 1차 시험을 면제한다.
④ 경찰청장이 지정하는 기관 또는 단체에서 실시하는 44시간 이상의 경비지도사 양성 과정을 마치고 수료시험에 합격하면 1차 시험을 면제한다.

> **해설** ① 경찰청장은 응시자격·시험과목·시험일시·시험장소 및 선발예정인원 등을 시험시행일 90일 전까지 공고해야 한다. (시행령 제11조 제2항)
> ③ 「공무원임용령」에 따른 행정직군 교정직렬 공무원으로 7년 이상 재직한 사람은 경비지도사 1차 시험을 면제한다. (시행령 제13조 제8호)
> ④ 경찰청장이 지정하는 기관 또는 단체에서 실시하는 64시간 이상의 경비지도사 양성과정을 마치고 수료시험에 합격하면 1차 시험을 면제한다. (시행규칙 제10조 제2호)
> ② 시행령 제11조 제1항

11. 경비업법령에 관한 내용으로 옳은 것은? (15회)

① 금고 이상의 형의 집행유예선고를 받고 그 유예기간이 만료된 날부터 5년이 지나지 아니한 사람은 일반경비원이 될 수 없다.
② 두 눈의 맨눈 시력이 0.2 미만인 사람은 일반경비원이 될 수 없다.
③ 기계경비지도사는 기계경비업과 시설경비업에 한하여 선임·배치한다.
④ 경찰청장은 경비지도사 시험의 실시계획을 매년 수립해야 한다.

정답 10. ② 11. ④

해설 ① 금고 이상의 형의 집행유예선고를 받고 그 유예기간 중에 있는 자가 결격사유인데, 유예기간이 만료 되었으므로 결격사유에 해당되지 않는다.
② 일반경비원은 신체조건의 결격사유는 해당이 없음
③ 기계경비지도사는 기계경비업무에 한하여 선임·배치한다.
④ 시행령 제11조 제1항

12. 경비업법령상 경비지도사의 시험 등에 관한 설명으로 옳지 않은 것은? (23회)

① 경비지도사는 경비지도사의 결격사유가 없는 자로서 경찰청장이 시행하는 경비지도사 시험에 합격하고 행정안전부령으로 정하는 교육을 받은 자이어야 한다.
② 「군인사법」에 따른 각 군 전투병과 또는 군사경찰병과 부사관 이상 간부로 6년 재직한 사람은 경비지도사 제1차 시험을 면제한다.
③ 일반경비지도사의 자격을 취득한 후 기계경비지도사의 시험에 응시하는 사람은 경비지도사 제1차 시험을 면제한다.
④ 「고등교육법」에 따른 전문대학을 졸업한 사람으로서 재학 중 경비지도사 시험과목을 3과목 이상을 이수하고 졸업한 후 경비업무에 6년 종사한 사람은 경비지도사 제1차 시험을 면제한다.

해설 「군인사법」에 따른 각 군 전투병과 또는 군사경찰병과 부사관 이상 간부로 7년 재직한 사람은 경비지도사 제1차 시험을 면제한다. (시행령 제13조 제3호)

13. 경비업법령상 경비지도사 제1차 시험 면제대상에 해당되지 않는 사람은? (14회)

① 경찰공무원법에 따른 경찰공무원으로 7년 재직한 사람
② 군인사법에 따른 각 군 전투병과 또는 군사경찰병과 부사관 이상 간부로 5년 재직한 사람
③ 공무원임용령에 따른 행정직군 교정직렬 공무원으로 9년 재직한 사람
④ 대통령 등의 경호에 관한 법률에 따른 경호공무원 또는 별정직공무원으로 8년 재직한 사람

해설 **경비지도사 제1차 시험 면제자** (시행령 제13조)
- 경찰공무원으로 7년 이상 재직한 자
- 「대통령 등 경호에 관한 법률」에 따른 경호공무원 또는 별정직 공무원 7년 이상 재직한 자
- 각 군 전투병과 또는 군사경찰병과 부사관 이상 간부로 7년 이상 재직한 자
- 경비업무 7년 이상 (특수경비업무 3년) 종사하고 행정안전부령이 정하는 교육과정 이수한 자
  - 경비지도사 시험과목 3과목 이상 개설 전문대 이상 교육기관에서 1년 이상의 경비업무관련 과정 마친 자
  - 경찰청장 지정기관 또는 단체 실시 64시간 이상의 경비지도사 양성과정 마치고 수료시험 합격한 자
- 대학 졸업자로 경비지도사시험 3과목 이상 이수졸업 후, 경비업무종사경력 3년 이상인 자
- 전문대 졸업자로 경비지도사시험 3과목 이상 이수졸업 후, 경비업무종사경력 5년 이상인 자
- 일반경비지도사 자격 취득후 기계경비지도사 시험응시자
- 기계경비지도사 자격 취득후 일반경비지도사 시험응시자
- 공무원 임용령에 따른 행정직군 교정직렬 공무원 7년 이상 재직한 자

정답 12. ② 13. ②

14. 경비업법령상 경비지도사 제1차 시험면제자에 해당되지 않는 사람은? (15회)

① 경비업법에 따른 특수경비업무 분야에서 5년을 종사하고 행정안전부령으로 정하는 교육과정을 이수하고 수료시험에 합격한 사람
② 고등교육법에 따른 대학 이상의 학교를 졸업한 사람으로서 재학 중 경비지도사 시험 과목을 3과목 이상을 이수하고 졸업한 후 경비업무에 종사한 경력이 5년인 사람
③ 기계경비지도사의 자격을 취득한 후 일반경비지도사의 시험에 응시하는 사람.
④ 공무원임용령에 따른 행정직군 교정직렬 공무원으로 5년 동안 재직한 사람

해설 ④ 공무원 임용령에 따른 행정직군 교정직렬 공무원 7년 이상 재직한 자

15. 경비업법령상 경비지도사 제1차 시험의 면제 대상으로 옳은 것은? (18회)

① 경찰공무원법에 따른 경찰공무원으로 5년 이상 재직한 사람
② 경비업법에 따른 특수경비업무에 3년 이상 종사하고 행정안전부령으로 정하는 교육과정을 이수한 사람
③ 고등교육법에 따른 전문대학을 졸업한 사람으로서 재학 중 경비지도사 시험과목을 3과목 이상을 이수하고 졸업한 후 경비업무에 종사한 경력이 3년 이상인 사람
④ 공무원임용령에 따른 행정직군 교정 직렬 공무원으로 3년 이상 재직한 사람

해설 ① 경찰공무원법에 따른 경찰공무원으로 7년 이상 재직한 사람
③ 고등교육법에 따른 전문대학을 졸업한 사람으로서 재학 중 경비지도사 시험과목을 3과목 이상을 이수하고 졸업한 후 경비업무에 종사한 경력이 5년 이상인 사람
④ 공무원 임용령에 따른 행정직군 교정직렬 공무원 7년 이상 재직한 자

16. 경비업법령상 경비지도사의 1차 시험면제에 관한 내용이다. ( ) 안에 알맞은 것은? (19회)

- 고등교육법에 의한 전문대학 이상의 교육기관에서 ( )년 이상의 경비업무관련 과정을 마친 사람
- 경찰청장이 지정하는 기관 또는 단체에서 실시하는 ( )시간 이상의 경비지도사 양성과정을 마치고 수료시험에 합격한 사람

① ㄱ:1, ㄴ:64
② ㄱ:2, ㄴ:68
③ ㄱ:1, ㄴ:72
④ ㄱ:2, ㄴ:78

해설 경비업법 시행규칙 제10조
- 고등교육법에 의한 전문대학 이상의 교육기관에서 1년 이상의 경비업무관련 과정을 마친 사람
- 경찰청장이 지정하는 기관 또는 단체에서 실시하는 64시간 이상의 경비지도사 양성과정을 마치고 수료시험에 합격한 사람

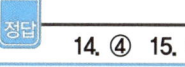

14. ④ 15. ② 16. ①

17. 경비업법령상 경비지도사시험의 일부를 면제하는 사람에 해당하지 않는 것은? (22회)

① 「대통령 등의 경호에 관한 법률」에 따른 경호공무원으로 7년 이상 재직한 사람
② 경비업무에 7년 이상 종사하고 경찰청장이 지정하는 기관에서 실시하는 44시간의 경비지도사 양성과정을 마치고 수료시험에 합격한 사람
③ 「공무원임용령」에 따른 행정직군 교정직렬 공무원으로 7년 이상 재직한 사람
④ 특수경비업무에 3년 이상 종사하고 「고등교육법」에 의한 전문대학 이상의 교육기관(경비지도사의 시험과목 3과목 이상이 개설된 교육기관)에서 1년 이상의 경비업무관련 과정을 마친 사람

해설 ② 경비업무에 7년 이상 종사하고 경찰청장이 지정하는 기관에서 실시하는 64시간의 경비지도사 양성과정을 마치고 수료시험에 합격한 사람 (시행규칙 제10조 제2호)

18. 경비업법령상 일반경비지도사를 선임·배치할 수 없는 경비업무는? (14회)

① 시설경비업 ② 신변보호업
③ 기계경비업 ④ 특수경비업

해설 ③은 기계경비지도사를 선임·배치하여야 한다.

19. 경비업법령상 경비지도사의 직무가 아닌 것은? (제14회)

① 경찰기관 및 의료기관과의 연락방법에 대한 지도
② 경비현장에 배치된 경비원에 대한 순회점검 및 감독
③ 기계경비지도사의 경우 오경보방지 등을 위한 기기관리의 감독
④ 경비원의 지도·감독·교육에 관한 계획의 수립·실시 및 그 기록의 유지

해설 경비지도사의 직무 (법 제12조 제2항) (시행령 제17조 제2항)

경비지도사 직무 및 준수사항	비고
• 경비원의 지도·감독 교육에 관한 계획의 수립·실시 및 그 기록의 유지	월 1회 이상
• 경비현장에 배치된 경비원에 대한 순회점검 및 감독	
• 기계경비업무를 위한 기계장치의 운용·감독 (기계경비지도사만 해당)	
• 오경보 방지 등을 위한 기기관리의 감독 (기계경비지도사만 해당)	
• 경찰기관 및 소방기관과의 연락방법에 대한 지도	
• 집단민원현장에 배치된 경비원에 대한 지도·감독 (시행규칙 제6조의2)	

※ 경비원에 대한 교육을 실시하고 경비원 직무교육 실시대장에 기록하여 2년간 보존(시행령 제17조 제3항)

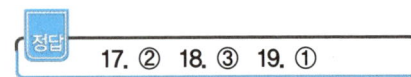

20. 경비업법령상 일반경비지도사의 직무에 관한 설명으로 옳은 것을 모두 고른 것은? (19회)

> ㄱ. 경비원의 지도·감독·교육에 관한 계획의 수립
> ㄴ. 경비현장에 배치된 경비원에 대한 순회점검 및 감독
> ㄷ. 오경보방지 등을 위한 기기관리의 감독
> ㄹ. 집단민원현장에 배치된 경비원에 대한 지도·감독

① ㄱ, ㄴ, ㄷ ② ㄱ, ㄴ, ㄹ
③ ㄱ, ㄷ, ㄹ ④ ㄴ, ㄷ, ㄹ

해설 ㄷ. 기계경비지도사의 직무에 해당함.

21. 경비업법령상 경비지도사의 직무에 관한 설명으로 옳지 않은 것은? (21회)

① 경비지도사는 집단민원현장에 배치된 경비원에 대한 지도·감독을 성실하게 수행하여야 한다.
② 경비지도사는 소방기관과의 연락방법에 대한 지도를 월 1회 이상 수행하여야 한다.
③ 경비지도사는 경비원 직무교육 실시대장에 경비원 교육 내용을 기록하여 2년간 보존하여야 한다.
④ 기계경비지도사는 오경보방지 등을 위한 기기관리의 감독을 월 1회 이상 수행하여야 한다.

해설 ② 경찰기관과 소방기관과의 연락방법에 대한 지도는 월 1회 이상 수행하는 사항이 아니다.

22. 경비업법령상 경비지도사의 직무로 규정되지 않은 것은? (24회)

① 경비업체와의 연락방법에 대한 지도
② 경비현장에 배치된 경비원에 대한 순회점검 및 감독
③ 경비원의 지도·감독·교육에 관한 계획의 수립·실시 및 그 기록의 유지
④ 집단민원현장에 배치된 경비원에 대한 지도·감독

해설 ① 경비지도사의 직무에 해당하지 않는다.

23. 경비업법령상 경비지도사에 관한 설명으로 옳지 않은 것은? (18회)

① 경비지도사는 경비원에 대한 직무교육을 실시하고, 행정안전부령으로 정하는 경비원직무교육 실시대장에 그 내용을 기록하여 2년간 보존하여야 한다.
② 일반경비지도사 자격증 취득자가 지격증 취득일부터 3년 이내에 기계경비지도사 시험에 합격하여 교육을 받을 경우에는 공통교육은 면제한다.
③ 일반경비지도사란 시설경비업무, 호송경비업무, 신변보호업무, 특수경비업무에 종사하는 경비원을 지도·감독 및 교육하는 경비지도사를 말한다.

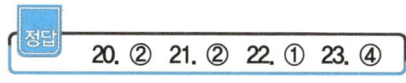
정답 20. ② 21. ② 22. ① 23. ④

④ 경비업자는 선임·배치된 경비지도사에 결원이 있거나 자격정지 등의 사유로 그 직무를 수행할 수 없는 때에는 30일 이내에 경비지도사를 새로이 충원하여야 한다.

> **해설** ① 시행령 제17조 제3항, ② 시행규칙 제9조 [별표1], ③ 법 제10조 제1호.
> ④ 경비업자는 선임·배치된 경비지도사에 결원이 있거나 자격정지 등의 사유로 그 직무를 수행할 수 없는 때에는 15일 이내에 경비지도사를 새로이 충원하여야 한다. (법 제16조 제2항)

24. 경비업법령상 경비지도사의 선임 등에 관한 설명으로 옳지 않은 것은? (23회)

① 경비현장에 배치된 경비원에 대한 순회점검 및 감독의 직무는 선임된 경비지도사의 직무에 해당한다.
② 경비업자는 선임·배치된 경비지도사가 자격정지의 사유로 그 직무를 수행할 수 없는 때에는 7일 이내에 경비지도사를 새로이 충원하여야 한다.
③ 경비지도사는 경비원에 대한 교육을 실시하고, 행정안전부령으로 정하는 경비원 직무교육 실시대장에 그 내용을 기록하여 2년간 보존하여야 한다.
④ 경비지도사가 선임·배치된 시·도경찰청의 관할구역에 인접하는 시·도경찰청의 관할 구역에 배치되는 경비원이 30인 이하인 경우에는 경비지도사를 따로 선임·배치하지 아니할 수 있다.

> **해설** ① 법 제12조 제2항 제2호, ③ 시행령 제17조 제3항, ④ 시행령 제16조 제1항. [별표3]
> ② 경비업자는 선임·배치된 경비지도사가 자격정지의 사유로 그 직무를 수행할 수 없는 때에는 15일 이내에 경비지도사를 새로이 충원하여야 한다.(시행령 제16조 제2항)

25. 경비업법령상 ( ) 안에 들어갈 숫자로 알맞은 것은? (14회)

- 경비업자는 선임·배치된 경비지도사에 결원이 있거나 자격정지 등의 사유로 그 직무를 수행할 수 없는 때에는 (ㄱ)일 이내에 경비지도사를 새로이 충원하여야 한다.
- 기계경비업자는 관제시설 등에서 경보를 수신한 때에는 경보를 수신한 때부터 늦어도 (ㄴ)분 이내에는 도착시킬 수 있는 대응체제를 갖추어야 한다.

① ㄱ:15, ㄴ:20
② ㄱ:15, ㄴ:25
③ ㄱ:20, ㄴ:20
④ ㄱ:20, ㄴ:25

> **해설** • 경비업자는 선임·배치된 경비지도사에 결원이 있거나 자격정지 등의 사유로 그 직무를 수행할 수 없는 때에는 15일 이내에 경비지도사를 새로이 충원하여야 한다.(시행령 제16조 제2항)
> • 기계경비업자는 관제시설 등에서 경보를 수신한 때에는 경보를 수신한 때부터 늦어도 25분 이내에는 도착시킬 수 있는 대응체제를 갖추어야 한다. (시행령 제7조)

정답 24. ② 25. ②

26. 경비원의 수가 다음과 같을 때, 경비업법령상 경비업자가 선임·배치하여야 하는 경비지도사의 최소 인원은? (15회)

- 서울특별시 407명
- 강원도 120명
- 제주특별자치도 30명
- 인천광역시 15명
- 경상남도 20명

① 6명 ② 7명
③ 8명 ④ 9명

해설 서울 407명 → 4명(인접구역 30명 이내로 인천포함), 강원도 120명 → 1명, 경상남도 20명 → 1명, 제주특별자치도 30명 → 1명, 계 4+1+1+1=7명이다.

27. 경비업법령상 경비지도사의 선임·배치기준에 관한 설명으로 옳지 않은 것은? (16회)

① 특수경비업의 경우 특수경비원 교육을 이수한 일반경비지도사를 선임·배치해야 한다.
② 기계경비지도사의 경우 기계경비업과 특수경비업에 한하여 선임·배치해야 한다.
③ 관할하는 시·도경찰청의 관할구역별로 경비원 200인까지는 1인씩 선임·배치해야 한다.
④ 관할하는 시·도경찰청의 관할구역별로 경비원 200인을 초과하는 경우는 100인까지 마다 1인씩을 추가로 선임·배치해야 한다.

해설 ② 기계경비지도사는 기계경비업에 한하여 선임·배치하여야 한다.

28. 경비업법령상 A회사에서 선임·배치하여야 할 일반경비지도사의 인원으로 옳은 것은? (19회)

A회사는 부산지역에 소재하는 시설경비를 전문으로 하는 경비업체이다.
현재 A회사는 부산지역에서만 경비원 400명을 배치하여 경비업무를 수행하고 있다.

① 1명 ② 2명
③ 3명 ④ 4명

해설 경비지도사의 선임·배치기준 (법 제12조 제1항, 시행령 제16조제1항, [별표 3])
- 일반경비지도사 : 시설경비업·호송경비업·신변보호업·특수경비업에 한하여 선임·배치
  - 경비원배치 영업지역의 시·도경찰청 관할별 경비원 200인까지 경비지도사 1인씩 선임·배치하되, 200인 초과 100인까지 마다 1인씩 추가 선임·배치 (특수경비업의 경우 특수경비원교육 이수한 일반경비지도사 선임·배치)
  - 시설경비업·호송경비업·신변보호업 및 특수경비업 가운데 2 이상의 경비업을 하는 경우, 경비지도사 배치는 각 경비업 종사 경비원의 수를 합산한 인원을 기준으로 한다.
- 기계경비지도사 : 기계경비업에 한하여 선임·배치 (기준은 일반경비지도사와 동일)

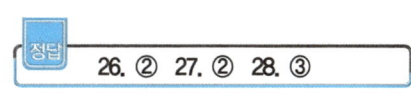

29. 경비업법령상 일반경비지도사 자격증을 취득하기 위하여 받아야 할 교육의 과목에 해당하지 않는 것은? (16회)

① 예절 및 인권교육
② 호송경비
③ 인력경비개론
④ 경찰관 직무집행법 및 청원경찰법

해설 ③ 인력경비개론은 기계경비지도사가 자격증을 취득하기 위해 받아야 할 교육과목이다.

30. 경비업법령상 기계경비지도사 자격증 취득자가 자격증 취득일부터 3년 이내에 일반경비지도사 시험에 합격하여 교육을 받을 경우, 받아야 하는 교육과목에 해당하지 않는 것은? (17회)

① 체포·호신술
② 신변보호
③ 특수경비
④ 기계경비개론

해설 ②,③,④ 경비지도사 교육과목 중 일반경비지도사의 자격의 종류별 교육에 해당.
① 경비지도사 교육과목 중 공통과목에 해당.
※ 일반경비지도사 자격증취득자 또는 기계경비지도사 자격증취득자가 자격증 취득일로부터 3년 이내에 기계경비지도사 또는 일반경비지도사 시험에 합격, 교육받을 경우에는 공통교육은 면제한다.

31. 경비업법령상 경비원과 경비지도사의 교육에 관한 설명으로 옳지 않은 것은? (단, 교육대상 제외자는 해당하지 않는다.) (19회)

① 경비지도사의 교육에 소요되는 비용은 경비업자의 부담으로 한다.
② 일반경비원의 신임교육에서 이론교육은 4시간이고 실무교육은 19시간이다.
③ 경비업자는 일반경비원을 채용한 경우 해당 일반경비원에게 경비협회에서 실시하는 신임교육을 받도록 해야 한다.
④ 일반경비지도사 자격증 취득자가 자격증 취득일부터 3년 이내에 기계경비지도사 시험에 합격하여 교육을 받을 경우 공통교육은 면제된다.

해설 ② 규칙 제12조 제1항 [별표 2], ③ 시행령 제18조 제1항, ④ 규칙 제9조 제1항, [별표 1]
① 경비지도사 교육에 소요되는 비용은 본인 부담이다.

32. 경비업법령상 경비원의 교육에 관한 설명으로 옳은 것은? (15회)

① 일반경비원이 되고자 하는 자는 스스로의 비용 부담으로 일반경비원 신임교육을 이수할 수 없다.
② 특수경비원 신임교육을 받은 후 2년 동안 경비업무에 종사하지 아니하다가 일반경비원으로 채용된 사람은 신임교육의 대상에서 제외될 수 있다.
③ 신임교육 시간을 일반경비원이 28시간이고, 특수경비원은 88시간이다.
④ 직무교육 시간은 일반경비원이 월 3시간 이상이고, 특수경비원은 월 8시간 이상이다.

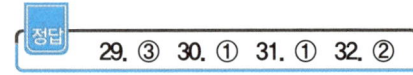

29. ③ 30. ① 31. ① 32. ②

↘해설 ① 경비원이 되려는 사람은 대통령령으로 정하는 교육기관에서 미리 일반경비원 신임교육을 받을 수 있다.
(법 제13조 제2항)
③ 신임교육 시간은 일반경비원 24시간, 특수경비원 88시간이다.
④ 직무교육시간은 일반경비원 월 4시간 이상, 특수경비원 월 6시간 이상이다.
② 일반경비원 또는 특수경비원 신임교육을 받은 사람으로서 채용 전 3년 이내에 경비업무에 종사한 경력이 있는 사람은 신임교육대상에서 제외할 수 있다. (시행령 제18조 제2항 제1호)
※ ②가 정답이나 신임교육을 받고 경비업무에 종사한 경력이 언급이 없어 논란의 소지가 있음.

33. 경비업법령상 경비원 교육에 관한 설명으로 옳은 것은? (18회)

① 일반경비원의 신임교육에서 이론교육은 6시간이고 과목은 경비업법, 범죄예방론, 형사법이다.
② 특수경비업자는 채용 전 5년 이내에 특수경비업무에 종사하였던 경력이 있는 사람을 특수경비원으로 채용한 경우에는 신임교육을 면제할 수 있다.
③ 경비업자는 소속 일반경비원에게 매월 4시간 이상의 직무교육을 받도록 하여야 한다.
④ 특수경비업자는 소속 특수경비원에게 매월 8시간 이상의 직무교육을 받도록 하여야 한다.

↘해설 ① 일반경비원의 신임교육에서 이론교육은 4시간이고 과목은 경비업법, 범죄예방론이다. (시행규칙 [별표2])
② 특수경비업자는 채용 전 3년 이내에 특수경비업무에 종사하였던 경력이 있는 사람을 특수경비원으로 채용한 경우에는 신임교육을 면제할 수 있다. (시행령 제19조 제2항)
④ 특수경비업자는 소속 특수경비원에게 매월 6시간 이상의 직무교육을 받도록 하여야 한다.
(시행규칙 제16조 제1항)
③ 시행규칙 제13조 제1항

34. 경비업법령상 일반경비원의 교육에 관한 설명으로 옳지 않은 것은? (22회)

① 경비원이 되려는 사람은 대통령령으로 정하는 교육기관에서 미리 일반경비원 신임 교육을 받을 수 있다.
② 경비업자는 소속 일반경비원에게 매월 4시간 이상의 직무교육을 받도록 하여야 한다.
③ 일반경비원의 교육 실시에 필요한 사항은 대통령령으로 정한다.
④ 일반경비원에 대한 직무교육의 과목은 일반경비원의 직무수행에 필요한 이론·실무과목, 그 밖에 정신교양 등으로 한다.

↘해설 ① 법 제13조 제2항, ② 시행령 제18조 제3항,④ 시행규칙 제13조 제2항
③ 일반경비원의 신임교육의 과목 및 시간, 직무교육의 과목 등 교육 실시에 필요한 사항은 행정안전부령으로 정한다. (시행령 제18조 제5항)

정답 33. ③ 34. ③

35. 경비업법령상 일반경비원으로 채용된 사람 중 신임교육의 대상에서 제외될 수 있는 자가 아닌 사람은?
(14회, 24회)

① 소방공무원법에 의한 소방공무원 경력을 가진 사람
② 군인사법에 의한 부사관 이상의 경력을 가진 사람
③ 경찰공무원법에 의한 경찰공무원 경력을 가진 사람
④ 대통령 등의 경호에 관한 법률에 의한 경호공무원 경력을 가진 사람

▶**해설** 신임교육대상 제외자 (시행령 제18조 제2항)
- 일반경비원 또는 특수경비원 신임교육을 받은 사람으로서 채용 전 3년 이내에 경비업무종사 有경력자
- 「경찰공무원법」에 따른 경찰공무원 근무 경력자
- 「대통령등의 경호에 관한 법률」에 의한 경호공무원·별정직공무원 근무경력자
- 「군인사법」에 따른 부사관 이상 근무 경력자
- 경비지도사 자격이 있는 사람
- 채용당시 법 제13조 제2항에 따른 일반경비원 신임교육을 받은 지 3년이 지나지 않은 사람

36. 경비업법령상 경비업자가 일반경비원 신임교육 대상에서 제외할 수 있는 사람에 해당하지 않는 자는?
(16회)

① 일반경비원 신임교육을 받은 사람으로서 채용 5년 전에 경비업무에 종사한 경력이 있는 사람
② 경찰공무원법에 따른 경찰공무원으로 근무한 경력이 있는 사람
③ 군인사법에 따른 부사관 이상으로 근무한 경력이 있는 사람
④ 대통령 등의 경호에 관한 법률에 따른 경호공무원으로 근무한 경력이 있는 사람

▶**해설** ① 일반경비원 또는 특수경비원 신임교육을 받은 사람으로서 채용 전 3년 이내에 경비업무에 종사한 경력이 있는 자

37. A경비업체에서 5개월 동안 근무한 甲이 경비업법령상 특수경비원으로서 받았어야 할 신임교육과 직무교육의 시간을 합하면 최소 몇 시간인가?
(17회)

① 69 ② 88
③ 94 ④ 118

▶**해설** 특수경비원 신임교육 88시간, 직무교육 매월 6시간 이상.
88시간+(6시간×5개월)=118시간

38. 경비업법령상 특수경비원 교육기관이 갖추어야 할 시설기준으로 옳지 않은 것은?
(19회)

① 100인 이상 수용이 가능한 165제곱미터 이상의 강의실
② 감지장치·수신장치 및 관제시설을 갖춘 123제곱미터 이상의 체육관 또는 운동장
③ 100인 이상이 동시에 사용할 수 있는 330제곱미터 이상의 체육관 또는 운동장
④ 소총에 의한 실탄사격이 가능하고 10개 사로 이상을 갖춘 사격장

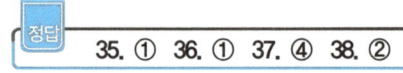

35. ① 36. ① 37. ④ 38. ②

해설 **특수경비원 교육기관 시설 기준** (시행규칙 제14조제1항, [별표 3])
- 100인 이상 수용이 가능한 165㎡이상의 강의실
- 감지장치·수신장치 및 관제시설을 갖춘 132㎡이상의 기계경비 실습실
- 100인 이상이 동시에 사용할 수 있는 330㎡이상의 체육관 또는 운동장
- 소총에 의한 실탄사격이 가능하고 10개 사로 이상을 갖춘 사격장

39. 경비업법령상 경비지도사 교육과 특수경비원 신임교육의 공통적인 교육과목에 해당하는 것을 모두 고른 것은? (22회)

| ㄱ. 범죄예방론 | ㄴ. 분사기 사용법 | ㄷ. 화재대처법 |
| ㄹ. 테러 대응요령 | ㅁ. 교육기법 | |

① ㄱ, ㄴ, ㄷ ② ㄱ, ㄴ, ㅁ
③ ㄴ, ㄷ, ㄹ ④ ㄷ, ㄹ, ㅁ

해설 ㄱ. 일반경비원, 특수경비원 신임교육 과목 (이론교육)
ㅁ. 경비지도사 교육과목 (공통교육)

40. 경비업법령상 경비원의 교육에 관한 설명으로 옳은 것을 모두 고른 것은? (21회)

ㄱ. 경비업자는 일반경비원을 채용한 경우 해당 일반경비원에게 경비업자의 부담으로 일반경비원 신임교육을 받도록 하여야 한다.
ㄴ. 경비업자는 경비지도사 자격이 있는 사람을 일반경비원으로 채용한 경우에는 해당 일반 경비원을 일반경비원 신임교육 대상에서 제외할 수 있다.
ㄷ. 특수경비업자는 소속 특수경비원에게 관할경찰관서장이 수립한 교육계획에 따라 매월 6시간 이상의 직무교육을 받도록 하여야 한다.
ㄹ. 경비업자는 특수경비원 신임교육을 받은 사람이 요청하는 경우에는 신임교육 이수 확인증을 발급할 수 있다.

① ㄱ, ㄴ ② ㄱ, ㄷ
③ ㄴ, ㄹ ④ ㄷ, ㄹ

해설 ㄱ : **채용 전** : 경비원이 되려는 사람은 대통령령으로 정하는 교육기관에서 누구든지 미리 일반경비원 신임교육을 받을 수 있다. (법 제13조 제2항)
  채용 후 : 경비원을 채용한 경우 일반경비업자의 부담으로 신임교육을 받게 하여야 한다. (시행령 제18조)
ㄴ : 경비지도사 자격증이 있는 사람을 일반경비원으로 채용한 경우 일반경비원 신임교육 대상에서 제외할 수 있다. (시행령 제18조 제2항 제5호)
ㄷ : 특수경비업자는 소속 특수경비원에게 선임한 경비지도사가 수립한 교육계획에 따라 매월 6시간 이상의 직무교육을 받도록 하여야 한다. (시행령 제19조 제3항)
ㄹ : 시·도경찰청장 또는 경찰서장은 특수경비원 신임교육을 받은 사람이 요청하는 경우에는 신임 교육 이수확인증을 발급할 수 있다. (시행규칙 제15조 제4항)

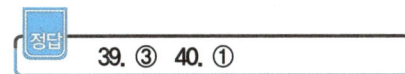
39. ③ 40. ①

41. 경비업법령상 경비원의 교육 등에 관한 설명으로 옳은 것은? (20회)

① 특수경비원이 되려는 사람은 대통령령으로 정하는 교육기관에서 미리 경비원 신임교육을 받을 수 있다.
② 경비협회는 특수경비원 신임교육 법정교육기관이다.
③ 「경찰공무원 교육훈련규정」에 따른 경찰교육기관에서도 일반경비원 신임교육이 가능하다.
④ 경비업무관련 학과가 개설된 대학 등 경비원에 대한 교육을 전문적으로 수행할 수 있는 인력과 시설을 갖춘 기관은 지정·고시 이전이라도 일반경비원 신임교육을 할 수 있다.

해설 신임교육 기관 및 단체 (시행령 제18조, 제19조)

구분	신임교육 기관 및 단체	비고
일반경비원	• 경비협회 • 「경찰공무원 교육훈련규정」(제2조제3호)에 따른 경찰교육기관 • 경비업무관련학과 개설 대학 등 경비원교육을 전문적으로 수행할 수 있는 인력·시설을 갖춘 기관 중 경찰청장 지정·고시 기관 또는 단체	시행령 제18조
특수경비원	• 「경찰공무원 교육훈련규정」(제2조제3호)에 따른 경찰교육기관 • 행정안전부령이 정하는 기준에 적합한 기관·단체 중 경찰청장 지정·고시 기관 또는 단체	시행령 제19조

① 경비원이 되려는 사람은 대통령령으로 정하는 교육기관에서 누구든지 미리 일반경비원 신임교육을 받을 수 있다. (경비업법 제13조 제2항)

42. 경비업법령상 특수경비원에 대한 교육에 관한 설명으로 옳은 것은? (14회)

① 특수경비업자는 특수경비원의 경력이 없는 사람으로서 특수경비원으로 채용된 사람에 대하여는 특수경비원의 부담으로 특수경비원신임교육을 받게 하여야 한다.
② 특수경비원의 교육시에는 관할경찰서 소속 경찰공무원의 입회 및 지도·감독을 요하지 아니한다.
③ 특수경비업자는 소속 특수경비원에 대하여 매년 6시간의 직무교육을 실시하여야 한다.
④ 관할경찰관서장은 필요하다고 인정하는 경우에는 특수경비원이 배치된 경비대상시설에 소속공무원을 파견하여 직무집행에 필요한 교육을 실시할 수 있다.

해설 ① 특수경비업자는 특수경비원을 채용한 경우 해당 특수경비원에게특수경비업자의 부담으로 특수경비원 신임교육을 받도록 하여야 한다. (법 제13조 제3항)
② 특수경비원 교육시 관할경찰서 소속 경찰공무원이 교육기관에 입회하여 지도·감독하여야 한다. (법 제13조 제4항)
③ 특수경비업자는 소속 특수경비원에게 선임한 경비지도사가 수립한 교육계획에 따라 매월 행정안전부령으로 정하는 시간(6시간) 이상의 직무교육을 받도록 하여야 한다. (시행령 제19조 제3항)
④ 시행규칙 제16조 제2항

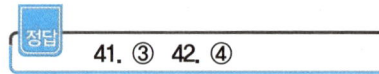

43. 경비업법령상 일반경비원과 특수경비원의 신임교육과목으로 공통된 과목이 아닌 것은? (14회)

① 경비업법
② 청원경찰법
③ 범죄예방론
④ 기계경비실무

> **해설** 일반경비원과 특수경비원의 신임교육 공통과목 (시행규칙 제12조 제1항, [별표 2])
> 경비업법, 범죄예방론, 기계경비실무, 예절교육, 테러대응요령, 화재대처법, 응급처치법, 체포·호신술, 관찰·기록기법

44. 경비업법령상 경비원의 교육 등에 관한 설명으로 옳은 것은? (23회)

① 경비업자는 일반경비원 신임교육을 받은 사람으로서 채용 전 3년 이내에 경비업무에 종사한 경력이 있는 사람을 일반경비원 신임교육 대상에서 제외할 수 있다.
② 경비원이 되려는 사람은 경비협회에서 미리 일반경비원 신임교육을 받을 수 없다.
③ 특수경비업자는 특수경비원으로 하여금 특수경비원 신임교육을 받게 하여서는 아니 된다.
④ 특수경비원의 교육시 경비업자가 교육기관에 입회하여 행정안전부령이 정하는 바에 따라 지도·감독하여야 한다.

> **해설** ② 경비원이 되려는 사람은 대통령령이 정하는 교육기관에서 미리 일반경비원 신임교육을 받을 수 있다.
> (법 제13조 제2항)
> ③ 특수경비업자는 특수경비원 채용시 특수경비업자 부담으로 특수경비원 신임교육을 받도록 하여야 한다.
> (시행령 제19조 제1항)
> ④ 특수경비원의 교육시 관할경찰서 소속 경찰공무원이 교육기관에 입회하여 대통령령이 정하는 바에 따라 지도·감독하여야 한다. (법 제13조 제4항)

45. 경비업법령상 특수경비원의 직무 및 무기사용에 관한 설명으로 옳지 않은 것은? (14회)

① 특수경비업자는 특수경비원으로 하여금 배치된 경비구역안에서 관할 경찰관서장과 국가중요시설의 시설주의 감독을 받아 시설을 경비하게 하여야 한다.
② 경비업자의 신청에 의하여 시·도경찰청장이 무기를 구입한 경우, 경비업자는 그 무기의 구입대금을 지불하고, 구입한 무기를 국가에 기부채납하여야 한다.
③ 특수경비원이 휴대할 수 있는 무기종류는 권총 및 소총으로 한다.
④ 관할경찰관서장은 시설주 및 특수경비원의 무기관리 상황을 매월 1회 이상 점검하여야 한다.

> **해설** ② 시·도경찰청장은 국가중요시설에 대한 경비업무의 수행을 위하여 필요하다고 인정하는 때에는 시설주의 신청에 의하여 무기를 구입한다. 이 경우 시설주는 그 무기의 구입대금을 지불하고, 구입한 무기를 국가에 기부채납하여야 한다. (법 제14조 제3항)

정답 43. ② 44. ① 45. ②

46. 경비업법령상 특수경비원의 직무 및 무기사용에 관한 설명으로 옳지 않은 것은? (15회)

① 사람을 향하여 권총 또는 소총을 발사하고자 하는 때에는 미리 구두 또는 공포탄에 의한 사격으로 상대방에게 경고해야 함이 원칙이다.
② 테러사건에 있어서 은밀히 작전을 수행하는 경우로서 부득이한 때에는 경고 없이 사람을 향하여 권총 또는 소총을 발사할 수 있다.
③ 범죄와 무관한 다중의 생명·신체에 위해를 가할 우려가 있는 때에는 무기를 사용해서는 아니 됨이 원칙이다.
④ 칼을 가지고 대항하는 14세 미만의 자에 대하여 권총 또는 소총을 발사할 수 있다.

해설 ④ 총기 또는 폭발물을 가지고 대항하는 경우를 제외하고는 14세 미만의 자 또는 임산부에 대하여 권총 및 소총을 발사하여서는 아니된다. (법 제15조 제4항 제3호)

47. 경비업법령상 특수경비원의 직무 및 무기사용에 관한 설명으로 옳지 않은 것은? (17회)

① 관할 경찰서장은 경비업자 및 특수경비원의 무기관리 상황을 수시로 점검하여야 한다.
② 관할 경찰관서장은 무기의 적정한 관리를 위하여 무기를 대여받은 시설주에 대하여 필요한 명령을 발할 수 있다.
③ 특수경비원은 국가중요시설 경비를 위하여 무기를 사용하지 아니하고는 다른 수단이 없다고 인정되는 때에는 필요한 한도 안에서 무기를 사용할 수 있다.
④ 시·도경찰청장은 국가중요시설에 대한 경비업무의 수행을 위하여 필요하다고 인정하는 때에는 관할 경찰관서장으로 하여금 시설주의 신청에 의하여 시설주로부터 국가에 기부채납된 무기를 대여하게 할 수 있다.

해설 ② 법 제14조 제6항, ③ 법 제14조 제8항, ④ 법 제14조 제4항.
① 관할 경찰관서장은 시설주 및 특수경비원의 무기관리상황을 매월 1회 이상 점검하여야 한다.(시행령 제21조)

48. 경비업법령상 무기의 휴대 및 사용에 관한 설명으로 옳은 것은? (14회)

① 일반경비원과 특수경비원은 권총을 휴대할 수 있다.
② 관할 경찰관서장으로부터 대여받은 무기를 특수경비원에게 휴대하게 하는 경우 시설주는 관할경찰관서장의 사후승인을 얻어야 한다.
③ 시·도경찰청장은 국가중요시설에 대한 경비업무의 수행을 위하여 필요하다고 인정하는 때에는 시설주의 신청에 의하여 무기를 구입하고, 그 구입대금은 시설주가 지불한다.
④ 관할 경찰서장은 무기지급의 필요성이 해소되었다고 인정되는 때에는 특수경비원으로부터 즉시 무기를 회수하여야 한다.

해설 ①은 특수경비원만 무기(권총, 소총)를 휴대할 수 있다. (법 제14조 제4항)
② 관할 경찰관서장으로부터 대여받은 무기를 특수경비원에게 휴대하게 하는 경우 시설주는 관할 경찰관서장의 사전승인을 얻어야 한다. (시행령 제20조 제2항)

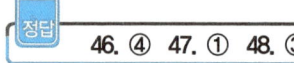

④ 시설주는 무기지급의 필요성이 해소되었다고 인정되는 때에는 특수경비원으로부터 즉시 무기를 회수하여야 한다. (시행령 제20조 제4항)
③ 법 제14조 제3항

49. 경비업법령상 무기관리 수칙에 관한 설명으로 옳은 것은? (15회)

① 무기를 대여 받은 국가중요시설의 시설주는 무기의 관리실태를 매월 파악하여 다음 달 5일까지 관할 경찰관서장에게 통보해야 한다.
② 시설주로부터 무기를 지급받은 특수경비원은 근무시간 이후에는 시설주에게 반납하거나 교대근무자에게 무기를 인계해야 한다.
③ 무기를 대여 받은 시설주가 특수경비원에게 무기를 출납하고자 하는 때에는 탄약의 출납은 소총에 있어서는 1정당 20발 이내로 해야 한다.
④ 경비원으로부터 무기 수송의 통보를 받은 관할 경찰서장은 2인 이상의 무장경찰관을 무기를 수송하는 자동차 등에 타도록 해야 한다.

해설 ① 무기를 대여 받은 국가중요시설의 시설주는 무기의 관리실태를 매월 파악하여 다음 달 3일까지 관할경찰관서장에게 통보해야 한다. (시행규칙 제18조 제1항 제5호)
③ 무기를 대여 받은 시설주가 특수경비원에게 무기를 출납하고자 하는 때에는 탄약의 출납은 소총에 있어서는 1정당 15발 이내, 권총에 있어서는 1정당 7발 이내로 해야 한다. (시행규칙 제18조 제3항 제2호)
④ 시설주로부터 무기 수송의 통보를 받은 관할 경찰서장은 1인 이상의 무장경찰관을 무기를 수송하는 자동차 등에 타도록 해야 한다. (시행규칙 제18조 제6항)
② 법 제18조 제4항 제6호

50. 경비업법령상 특수경비원의 직무 및 무기사용 등에 관한 설명으로 옳은 것은? (20회)

① 무기는 관리책임자가 직접 지급·회수하여야 한다.
② 시·도경찰청장은 필요한 경우에 관할 경찰관서장의 신청에 의하여 시설주로부터 국가에 기부채납된 무기를 대여하게 할 수 있다.
③ 관할 경찰관서장은 무기지급의 필요성이 해소되었다고 인정되는 때에는 특수경비원으로부터 즉시 무기를 회수하여야 한다.
④ 국가중요시설에 대한 경비업무의 수행을 위하여 필요한 경우에 시설주는 경찰청장의 승인에 의하여 무기를 구입한다.

해설 ② 시·도경찰청장은 국가중요시설에 대한 경비업무 수행을 위하여 필요하다고 인정하는 때에는 관할 경찰관서장으로 하여금 시설주의 신청에 의하여 시설주로부터 국가에 기부채납된 무기를 대여하게 하고, 시설주는 이를 특수경비원으로 하여금 휴대하게 할 수 있다. (법 제14조 제4항)
③ 시설주는 무기지급의 필요성이 해소되었다고 인정되는 때에는 특수경비원으로부터 즉시 무기를 회수하여야 한다. (시행령 제20조 제4항)
④ 시·도경찰청장은 국가중요시설에 대한 경비업무의 수행을 위하여 필요하다고 인정하는 때에는 시설주의 신청에 의하여 무기를 구입한다. (법 제14조 제3항)
① 법 제14조 제7항 제2호

49. ② 50. ①

51. 경비업법령상 시설주가 무기를 지급할 수 있는 특수경비원은? (18회)

① 민사재판에 증인으로 출석 예정인 특수경비원
② 형사사건으로 인하여 조사를 받고 있는 특수경비원
③ 사직의사를 표명한 특수경비원
④ 정신질환자인 특수경비원

↘•해설 특수경비원 무기 지급불가 및 무기회수 대상자 (시행규칙 제18조 제5항)
• 형사사건으로 인하여 조사를 받고 있는 사람
• 사직의사를 표명한 사람
• 정신 질환자
• 그 밖에 무기를 지급하기에 부적합하다고 인정되는 사람

52. 경비업법령상 시설주 또는 관리책임자가 준수하여야 할 무기관리수칙에 관한 설명으로 옳지 않은 것은? (20회)

① 무기의 관리를 위한 책임자를 지정하고 관할 경찰관서장에게 이를 통보하여야 한다.
② 무기고 및 탄약고의 열쇠는 관리책임자가 보관하되, 근무시간 이후에는 당직책임자에게 인계하여 보관시킨다.
③ 무기의 관리 실태를 매월 파악하여 다음 달 3일까지 관할 경찰관서장에게 통보하여야 한다.
④ 대여 받은 무기를 빼앗긴 때에는 시·도경찰청장이 정하는 바에 의하여 그 전액을 배상하여야 한다.

↘•해설 ① 시행규칙 제18조 제1항 제1호, ② 시행규칙 제18조 제1항 제4호, ③ 시행규칙 제18조 제1항 제5호,
④ 대여 받은 무기를 빼앗긴 때에는 시·도경찰청장이 정하는 바에 의하여 그 전액을 배상하여야 한다.
(시행규칙 제18조 제1항 제7호)

53. 경비업법상 특수경비원의 무기사용 등에 관한 설명으로 옳지 않은 것은? (19회)

① 특수경비원은 경비업무 수행 중 국가중요시설의 정상적인 운영을 해치는 장해를 일으켜서는 안된다.
② 특수경비원의 무기휴대, 무기종류, 그 사용기준 등에 관하여 필요한 사항은 대통령령으로 정한다.
③ 시·도경찰청장은 무기의 적정한 관리를 위하여 무기를 대여 받은 시설주에 대하여 필요한 명령을 발할 수 있다.
④ 시·도경찰청장은 국가중요시설에 대한 경비업무의 수행을 위하여 필요하다고 인정하는 때에는 시설주의 신청에 의하여 무기를 구입한다.

↘•해설 ① 법 제14조 제2항, ② 법 제14조 제9항, ④ 법 제14조 제3항
③ 관할 경찰관서장은 무기의 적정한 관리를 위하여 무기를 대여받은 시설주에 대하여 필요한 명령을 발할 수 있다. (법 제14조 제6항)

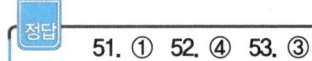

54. 경비업법령상 특수경비원이 경고하지 아니하고 사람을 향하여 권총을 발사할 수 있는 부득이 한 때가 아닌 것은? (21회)

① 특수경비원이 급습을 받아 상황이 급박하여 경고할 시간적 여유가 없는 경우
② 타인의 생명·신체에 대한 중대한 위험을 야기하는 범행이 목전에 실행되고 있는 등 상황이 급박하여 경고할 시간적 여유가 없는 경우
③ 경비업무 수행 중 절도범과 마주친 경우
④ 테러사건에 있어서 은밀히 작전을 수행하는 경우

> **해설** 특수경비원이 구두 또는 공포탄으로 경고하지 않고 사격할 수 있는 경우 (법 제15조 제4항)
> • 특수경비원을 급습하거나, 타인의 생명·신체에 중대한 위험을 야기하는 범행이 목전에 실행되고 있는 등 상황이 급박하여 경고할 시간적 여유가 없는 경우
> • 인질·간첩 또는 테러사건에 있어서 은밀히 작전을 수행하는 경우

55. 경비업법령상 특수경비원에 관한 내용으로 옳지 않은 것은? (18회)

① 특수경비원은 소속 상사의 허가 또는 정당한 사유 없이 경비구역을 벗어나서는 아니 된다.
② 특수경비원의 교육 시 관할 경찰서 소속 경찰공무원이 교육기관에 입회하여 대통령령이 정하는 바에 따라 지도·감독하여야 한다.
③ 특수경비원은 국가중요시설에 대한 경비업무 수행 중 국가중요시설의 정상적인 운영을 해치는 장해를 일으켜서는 아니 된다.
④ 특수경비원은 총기 또는 폭발물을 가지고 대항하는 경우를 제외하고는 18세 미만의 자에 대하여는 권총을 발사하여서는 아니 된다.

> **해설** ① 법 제15조 제2항, ② 법 제13조 제4항, ③ 법 제14조 제2항
> ④ 특수경비원은 총기 또는 폭발물을 가지고 대항하는 경우를 제외하고는 14세 미만의 자 또는 임산부에 대하여는 권총을 발사하여서는 아니 된다. (법 제15조 제4항 제3호)

56. 경비업법령상 특수경비원의 무기사용 및 무기관리수칙에 관한 설명으로 옳지 않은 것은? (21회)

① 관할 경찰관서장은 시설주 및 특수경비원의 무기관리상황을 매월 1회 이상 점검하여야 한다.
② 국가중요시설의 시설주는 자체계획을 수립하여 보관하고 있는 무기를 매주 1회 이상 손질할 수 있게 하여야 한다.
③ 국가중요시설에 침입한 무장간첩이 특수경비원으로부터 투항을 요구 받고도 이에 불응한 때에는 무기를 사용하여 위해를 끼칠 수 있다.
④ 국가중요시설의 시설주는 수리가 필요한 무기가 있는 때에는 그 목록과 무기장비운영 카드를 첨부하여 시·도경찰청장에게 수리를 요청하여야 한다.

> **해설** ① 시행령 제21조, ② 시행규칙 제18조 제1항 제8호, ③ 법 제14조 제8항 제2호
> ④ 국가중요시설의 시설주는 수리가 필요한 무기가 있는 때에는 그 목록과 무기장비운영카드를 첨부하여 관할 경찰관서장에게 수리를 요청하여야 한다. (시행규칙 제18조 제3항 제4호)

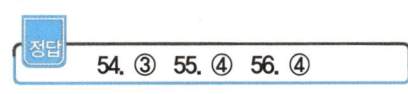
정답 54. ③ 55. ④ 56. ④

57. 경비업법령상 특수경비원의 무기휴대 및 관리에 관한 설명으로 옳은 것은? (22회)

① 시설주는 특수경비원이 휴대할 무기를 대여 받고자 하는 때에는 무기대여신청서를 관할 경찰관서장을 거쳐 경찰청장에게 제출하여야 한다.
② 시설주는 무기의 관리를 위한 책임자를 지정하고 관할 경찰관서장에게 이를 통보하여야 한다.
③ 특수경비원이 휴대할 수 있는 무기종류는 권총에 한한다.
④ 시설주는 자체계획을 수립하여 보관하고 있는 무기를 매월 1회 이상 손질할 수 있게 하여야 한다.

> **해설** ① 시설주는 특수경비원이 휴대할 무기를 대여 받고자 하는 때에는 무기대여신청서를 관할경찰관서장을 거쳐 시·도경찰청장에게 제출하여야 한다. (시행령 제20조 제1항)
> ③ 특수경비원이 휴대할 수 있는 무기종류는 권총 및 소총으로 한다. (시행령 제20조 제5항)
> ④ 시설주는 자체계획을 수립하여 보관하고 있는 무기를 매월 1회 이상 손질할 수 있게 하여야 한다. (시행규칙 제18조 제1항 제8호)
> ② 시행규칙 제18조 제1항 제1호

58. 경비업법령상 특수경비원의 직무 및 무기사용 등에 관한 설명으로 옳은 것은? (23회)

① 시·도경찰청장은 국가중요시설에 대한 경비업무의 수행을 위하여 필요하다고 인정하는 때에는 경비업자의 신청에 의하여 무기를 구입한다.
② 시설주가 대여받은 무기에 대하여 시설주 및 관할 경찰관서장은 무기의 관리책임을 지고, 관할 경찰관서장은 시설주 및 특수경비원의 무기관리상황을 대통령령이 정하는 바에 따라 지도·감독하여야 한다.
③ 시설주는 무기지급의 필요성이 해소되었다고 인정되는 때에는 특수경비원으로부터 24시간 이내에 무기를 회수하여야 한다.
④ 관할 경찰관서장은 시설주 및 특수경비원의 무기관리상황을 매주 1회 이상 점검하여야 한다.

> **해설** ① 시·도경찰청장은 국가중요시설에 대한 경비업무의 수행을 위하여 필요하다고 인정하는 때에는 시설주의 신청에 의하여 무기를 구입한다.(법 제14조 제3항)
> ③ 시설주는 무기지급의 필요성이 해소되었다고 인정되는 때에는 특수경비원으로부터 무기를 회수하여야 한다. (시행령 제20조 제4항)
> ④ 관할 경찰관서장은 시설주 및 특수경비원의 무기관리상황을 매월 1회 이상 점검하여야 한다. (시행령 제21조)
> ② 법 제14조 제5항

정답 57. ② 58. ②

59. 경비업법령상 특수경비원의 무기 관리수칙 등에 관한 설명으로 옳은 것은? (24회)

① 무기를 대여받은 국가중요시설의 시설주는 무기를 지급받은 특수경비원으로 하여금 무기를 매주 1회 이상 손질하게 하여야 한다.
② 무기를 대여받은 국가중요시설의 시설주는 특수경비원에게 무기를 출납하고자 하는 때에는 탄약의 출납은 권총에 있어서는 1정당 15발 이내, 소총에 있어서는 1정당 7발이내로 하여야 한다.
③ 무기를 대여받은 국가중요시설의 시설주는 고의 또는 과실로 무기(부속품을 포함한다)를 빼앗기거나 무기가 분실·도난 또는 훼손되도록 한 특수경비원에 대하여 특수경비업자에게 교체 또는 징계 등의 조치를 요청하여야 한다.
④ 무기를 대여받은 국가중요시설의 시설주는 무기를 수송하는 때에는 출발하기 전에 관할 경찰서장에게 그 사실을 통보하여야 하며, 통보를 받은 관할경찰서장은 2인 이상의 무장경찰관을 무기를 수송하는 자동차 등에 함께 타도록 하여야 한다.

> **해설** ② 탄약의 출납은 소총에 있어서는 1정당 15발 이내, **권총에 있어서는 1정당 7발이내**로 하되, 생산된 후 오래된 탄약을 우선적으로 출납할 것 (시행규칙 제18조 제3항 제2호)
> ③ 시설주 또는 관리책임자는 고의 또는 과실로 무기(부속품을 포함한다)를 빼앗기거나 무기가 분실·도난 또는 훼손되도록 한 특수경비원에 대하여 특수경비업자에게 교체 또는 징계 등의 조치를 요청할 수 있다. (시행규칙 제18조 제2항)
> ④ 시설주는 무기를 수송하는 때에는 출발하기 전에 관할 경찰서장에게 그 사실을 통보하여야 하며, 통보를 받은 관할경찰서장은 1인 이상의 무장경찰관을 무기를 수송하는 자동차 등에 함께 타도록 하여야 한다. (시행규칙 제18조 제6항)
> ① 시행규칙 제18조 제3항 제3호

60. 경비업법령상 특수경비원의 의무에 관한 설명으로 옳지 않은 것은? (14회)

① 특수경비원은 소속상사의 허가 또는 정당한 사유없이 경비구역을 벗어나서는 아니된다.
② 특수경비원은 직무를 수행함에 있어 시설주·관할 경찰관서장 및 소속상사의 직무상 명령에 복종하여야 한다.
③ 특수경비원이 무기를 휴대하고 경비업무를 수행하는 때에는 14세 미만의 자가 총기를 가지고 대항하는 경우에도 그에 대하여 권총을 발사하여서는 아니된다.
④ 특수경비원은 파업·태업 그 밖에 경비업무의 정상적인 운영을 저해하는 일체의 쟁의행위를 하여서는 아니된다.

> **해설** ③ 특수경비원은 총기 또는 폭발물을 가지고 대항하는 경우를 제외하고는 14세 미만의 자 또는 임산부에 대하여 권총 또는 소총을 발사하여서는 아니 된다. (법 제15조 제4항 제3호)

정답 59. ① 60. ③

61. 경비업법령상 특수경비원의 의무를 설명하고 있는 것이 아닌 것은? (15회)

① 경비업무의 정상적인 운영을 저해하는 일체의 쟁의행위를 하여서는 아니 된다.
② 도급을 의뢰받은 경비업무가 위법 또는 부당한 것일 때에는 이를 거부해야 한다.
③ 직무를 수행함에 있어 시설주 등의 직무상 명령에 복종해야 한다.
④ 소속상사의 허가없이 경비구역을 벗어나서는 아니 된다.

해설 ②는 경비업자의 의무이다. (법 제7조제2항)

62. 경비업법령상 특수경비원의 의무에 관한 설명으로 옳은 것은? (23회)

① 소속상사의 허가 또는 정당한 사유 없이 경비구역을 벗어나서는 아니 된다.
② 사람을 향하여 권총 또는 소총을 발사하고자 하는 때에는 인질사건에 있어서 은밀히 작전을 수행하는 경우로서 부득이한 때에도 공포탄에 의한 사격으로 상대방에게 경고하여야 한다.
③ 무기를 사용하지 아니하고는 타인의 생명·신체에 대한 중대한 위협을 방지할 수 없다고 인정되는 때에는 필요한 최대한의 범위 안에서 이를 사용하여야 한다.
④ 임산부가 총기 또는 폭발물을 가지고 대항하는 경우에도 임산부에 대하여 소총을 발사하여서는 아니 된다.

해설 특수경비원의 무기 안전사용수칙 (법 제15조 제4항)
- 특수경비원은 사람을 향해 권총 또는 소총 발사 시 미리 구두 또는 공포탄사격으로 상대방에게 경고해야 한다.
  ※ 부득이 한 때 경고하지 아니할 수 있는 경우
  - 특수경비원을 급습하거나, 타인의 생명·신체에 중대한 위험야기 범행이 목전에 실행되고 있는 등 상황이 급박하여 경고할 시간적 여유가 없는 경우
  - 인질간첩 또는 테러사건에 있어서 은밀히 작전을 수행하는 경우
- 특수경비원은 범죄와 무관한 다중의 생명·신체에 위해를 가할 우려가 있는 때는 무기를 사용해서는 안 된다. 다만, 무기를 사용하지 않고는 타인 또는 특수경비원의 생명·신체에 대한 중대한 위험을 방지할 수 없다고 인정되는 때에는 필요한 최소한의 범위 안에서 사용할 수 있다.
- 특수경비원은 총기 또는 폭발물을 가지고 대항하는 경우를 제외하고는 14세 미만의 자 또는 임산부에 대해 권총 또는 소총을 발사해서는 아니 된다.
① 법 제15조 제2항

63. 경비업법령상 특수경비원의 의무에 관한 설명으로 옳은 것은? (16회)

① 쟁의행위 유형 중 태업은 할 수 있지만, 파업은 할 수 없다.
② 관할 경찰관서장의 허가없이 경비구역을 벗어나서는 아니 된다.
③ 직무를 수행함에 있어 시설주·관할 경찰관서장 및 소속상사의 직무상 명령에 복종해야 한다.
④ 사람을 향하여 권총을 발사하고자 하는 때에는 구두에 의한 경고가 아닌 공포탄 사격에 의한 경고가 선행되어야 한다.

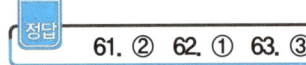
정답 61. ② 62. ① 63. ③

해설 ① 특수경비원은 파업·태업 그 밖에 경비업무의 정상적인 운영을 저해하는 일체의 쟁의행위를 하여서는 아니 된다. (법 제15조 제3항)
② 소속상사의 허가 또는 정당한 사유없이 경비구역을 벗어나서는 아니된다. (법 제15조 제2항)
④ 특수경비원은 사람을 향하여 권총 또는 소총을 발사하고자 하는 때에는 미리 구두 또는 공포탄에 의한 사격으로 상대방에게 경고하여야 한다. (법 제15조 제4항 제1호)
③ 법 제15조 제1항

64. 경비업법령상 특수경비원의 의무에 관한 설명으로 옳은 것은? (17회)

① 특수경비원은 시설주의 허가 또는 정당한 사유 없이 경비구역을 벗어나서는 아니 된다.
② 인질사건에 있어서 작전을 수행하는 경우라도 권총 또는 소총을 발사하고자 하는 때에는 반드시 미리 구두로 경고를 하여야 한다.
③ 특수경비원은 총기 또는 폭발물을 가지고 대항하는 경우에도 14세 미만의 자 또는 임산부에 대하여는 권총 또는 소총을 발사하여서는 아니 된다.
④ 특수경비원은 파업·태업 그 밖에 경비업무의 정상적인 운영을 저해하는 일체의 쟁의행위를 하여서는 아니 된다.

해설 ① 특수경비원은 소속상사의 허가 또는 정당한 사유 없이 경비구역을 벗어나서는 안 된다. (법 제15조 제2항)
② 특수경비원은 사람을 향하여 권총 또는 소총을 발사하고자 하는 때에는 미리 구두 또는 공포탄에 의한 사격으로 상대방에게 경고하여야 한다. 다만 인질·간첩 또는 테러사건에 있어서 은밀히 작전을 수행하는 경우 경고하지 아니할 수 있다. (법 제15조 제4항 제1호)
③ 특수경비원은 총기 또는 폭발물을 가지고 대항하는 경우를 제외하고는 14세 미만의 자 또는 임산부에 대하여는 권총 또는 소총을 발사하여서는 아니된다. (법 제15조 제4항 제3호)
④ 법 제15조 제3항

65. 경비업법령상 특수경비원의 권리와 의무에 관한 설명으로 옳은 것은? (20회)

① 특수경비원은 총기 또는 폭발물을 가지고 대항하는 경우를 제외하고는 18세 미만의 자에 대하여는 권총을 발사하여서는 아니 된다.
② 특수경비원은 단결권을 행사할 수 없다.
③ 시설주는 고의 또는 과실로 무기를 분실한 특수경비원에 대하여 특수경비업자에게 징계 등의 조치를 요청할 수 있다.
④ 테러사건에 있어서 은밀히 작전을 수행하는 경우에는 부득이한 때에도 미리 상대방에게 경고한 후 권총을 사용하여야 한다.

해설 ① 특수경비원은 총기 또는 폭발물을 가지고 대항하는 경우를 제외하고는 14세 미만의 자에 대하여는 권총을 발사하여서는 아니 된다. (제15조 제4항 제3호)
② 헌법 제33조 제1항에서는 근로자의 단결권, 단체교섭권 및 단체행동권을 보장하고 있는바, 현행 헌법에서 공무원 및 법률이 정하는 주요방위산업체에 종사하는 근로자와는 달리 특수경비원에 대해서는 단체행동권 등 근로3권의 제한에 관한 개별적 제한규정을 두고 있지 않다고 하더라도, 헌법 제37조 제2항의 일반유보 조항에 따른 기본권 제한의 원칙에 의하여 특수경비원의 근로3권 중 하나인 단체행동권을 제한할 수 있다. (2009.10.29. 헌재판결내용 中)

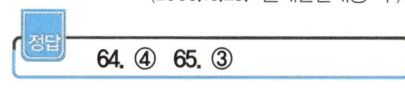

정답 64. ④ 65. ③

④ 특수경비원은 사람을 향해 권총 또는 소총 발사시 미리 구두 또는 공포탄사격으로 상대방에게 경고해야 한다. 다만, 다음의 경우로서 부득이 한 때에는 경고하지 아니할 수 있다.
　가. 특수경비원을 급습하거나, 타인의 생명·신체에 중대한 위험야기 범행이 목전에 실행되고 있는 등 상황이 급박하여 경고할 시간적 여유가 없는 경우
　나. 인질강첩 또는 테러사건에 있어서 은밀히 작전을 수행하는 경우 (경비업법 제15조 제4항 제호)
③ 시행규칙 제18조 제2항

66. 경비업법령상 특수경비원의 의무에 관한 설명으로 옳은 것은? (24회)

① 특수경비원은 직무를 수행함에 있어 시설주·관할 경찰관서장 및 소속상사의 직무상명령에 복종하여야 한다.
② 특수경비원은 시설주의 허가 또는 정당한 사유없이 경비구역을 벗어나서는 아니 된다.
③ 특수경비원은 경비업무의 정상적인 운영을 저해한다 하더라도 파업·태업이 아닌 다른 방법에 의한 쟁의행위는 가능하다.
④ 특수경비원은 14세 미만의 자 또는 임산부에 대하여는 어떠한 경우라도 소총을 발사하여서는 아니 된다.

해설 ② 특수경비원은 소속상사의 허가 또는 정당한 사유없이 경비구역을 벗어나서는 아니된다. (법 제15조 제2항)
③ 특수경비원은 파업·태업 그 밖에 경비업무의 정상적인 운영을 저해하는 일체의 쟁의행위를 하여서는 아니된다. (법 제15조 제3항)
④ 특수경비원은 총기 또는 폭발물을 가지고 대항하는 경우를 제외하고는 14세 미만의 자 또는 임산부에 대하여는 권총 또는 소총을 발사하여서는 아니된다. (법 제15조 제4항 제3호)
① 법 제15조 제1항

67. 경비업법령상 특수경비원이 직무상 복종하여야 하는 명령권자로 명시되지 않은 자는? (22회)

① 시·도경찰청장　　② 관할 경찰관서장
③ 시설주　　　　　　④ 소속상사

해설 특수경비원은 직무를 수행함에 있어 시설주·관할 경찰관서장 및 소속상사의 직무상 명령에 복종하여야 한다. (법 제15조 제1항)

68. 경비업법령상 경비원 등의 의무에 관한 내용이다. ( ) 안에 들어갈 내용이 옳은 것은? (21회)

> 경비원은 직무를 수행함에 있어 타인에게 ( )을 과시하거나 물리력을 행사하는 등 경비업무의 범위를 벗어난 행위를 하여서는 아니 된다.

① 위력　　　　　　　② 권력
③ 사술(詐術)　　　　④ 공권력

해설 경비원은 직무를 수행함에 있어 타인에게 위력을 과시하거나 물리력을 행사하는 등 경비업무의 범위를 벗어난 행위를 하여서는 아니 된다. (법 제15조의2 제1항)

66. ① 67. ① 68. ①

69. 경비업법령상 관할 경찰관서장의 직무를 설명하고 있는 것이 아닌 것은? (15회)

① 경비업자가 규정을 위반하여 신고를 하지 아니하고 일반경비원을 배치한 경우에 배치폐지를 명할 수 있다.
② 경비원이 결격사유에 해당하게 된 사실을 알게 된 때에는 경비업자에게 그 사실을 통보해야 한다.
③ 무기의 적정한 관리를 위하여 무기를 대여받은 시설주에 대하여 필요한 명령을 발할 수 있다.
④ 국가중요시설에 대한 경비업무의 수행을 위하여 필요하다고 인정하는 때에는 시설주의 신청에 의하여 무기를 구입한다.

▶해설 ① 법 제1 제8항 제5호, ② 법 제17조 제4항, ③ 법 제14조 제6항
④ 시·도경찰청장은 국가중요시설에 대한 경비업무의 수행을 위하여 필요하다고 인정하는 때에는 시설주의 신청에 의하여 무기를 구입한다. (법 제14조 제3항)

70. 경비업법령에 관한 내용으로 옳지 않은 것은? (14회)

① 경비원은 근무중 경적, 단봉, 분사기, 안전방패, 무전기 및 그밖에 경비업무수행에 필요한 것으로서 공격적인 용도로 제작되지 아니하는 장비를 휴대할 수 있다.
② 경비원은 근무중 안전모 및 방검복 등 안전장비를 착용할 수 있다.
③ 경비업자는 경비원에게 복장을 착용토록 하기 전에 경비원 복장 등 신고서를 주사무소 관할 경찰관서장에게 제출하여야 한다.
④ 시설주는 무기를 수송하는 때에는 출발하기 전에 관할경찰서장에게 그 사실을 통보하여야 한다.

▶해설 ③ 경비업자는 경비원에게 복장을 착용토록 하기 전에 경비원 복장 등 신고서를 주사무소 관할 시·도경찰청장에게 제출하여야 한다. (시행규칙 제19조 제1항)

71. 경비업법령상 경비원의 복장에 관한 내용이다. ( ) 안에 들어갈 내용이 바르게 연결된 것은? (21회)

> 경비업자는 경찰공무원 또는 군인의 제복과 색상 및 디자인 등이 명확히 구별되는 소속 경비원의 복장을 정하고 이를 확인할 수 있는 사진을 첨부하여 주된 사무소를 관할하는 (ㄱ)에게 행정안전부령으로 정하는 바에 따라 신고하여야 한다. (ㄱ)은 제출받은 사진을 검토한 후 경비업자에게 복장 변경 등에 대한 (ㄴ)을 할 수 있다.

① ㄱ: 경찰서장, ㄴ: 시정명령
② ㄱ: 경찰서장, ㄴ: 이행명령
③ ㄱ: 시·도경찰청장, ㄴ: 이행명령
④ ㄱ: 시·도경찰청장, ㄴ: 시정명령

해설 **경비원의 복장** (법 제16조 제1항, 제3항)
- 경비업자는 경찰공무원 또는 군인의 제복과 색상 및 디자인 등이 명확히 구별되는 소속 경비원의 복장을 정하고 이를 확인할 수 있는 사진을 첨부하여 주된 사무소를 관할하는 시·도경찰청장에게 행정안전부령으로 정하는 바에 따라 신고하여야 한다.
- 시·도경찰청장은 제출받은 사진을 검토한 후 경비업자에게 복장변경 등에 대한 시정명령을 할 수 있다.

72. 경비업법령상 경비원의 복장 및 장비 등에 관한 설명으로 옳은 것은? (15회)

① 경비원의 복장은 경찰공무원과 유사해야 하며, 일반인과 비교하여 경비원임이 식별될 수 있는 복장이어야 한다.
② 경비업자는 시설경비원을 동일한 배치장소에 2인 이상을 배치할 경우 각각 다른 복장을 착용하게 하여 식별이 가능하도록 해야 한다.
③ 경비원의 장구 중 경적·단봉·분사기 등은 근무 중에 한하여 이를 휴대 할 수 있다.
④ 기계경비업자는 출동차량의 도색 및 표지를 정한 때에는 그 도색 및 표지를 확인할 수 있는 사진을 주된 사무소를 관할하는 경찰서장에게 제출해야 한다.

해설 ① 경비원의 제복은 경찰공무원 또는 군인의 제복과 색상 및 디자인 등이 명확하게 구별되어야 한다. (법 제16조 제1항)
② 경비업자는 경비업무수행시 경비원에게 소속 경비업체를 표시한 이름표를 부착하도록 하고, 신고된 동일복장을 착용하게 하여야 하며, 복장에 소속회사를 오인할 수 있는 표시를 하거나 다른 회사의 복장을 착용하게 하여서는 아니된다. (법 제16조 제2항)
④ 경비업자는 출동차량의 도색 및 표지를 정하고 이를 확인할 수 있는 사진을 첨부하여 주된 사무소를 관할하는 시·도경찰청장에게 신고하여야 한다. 한다. (법 제16조 제1항)
③ 법 제16조의2 제1항

73. 경비업법령상 경비원의 복장·장비 등에 관한 설명으로 옳지 않은 것은? (16회)

① 경비원은 근무 중 경비업무 수행에 필요한 것으로서 공격적인 용도로 제작된 장비를 휴대할 수 있다.
② 경비업자가 경비원으로 하여금 분사기를 휴대하여 직무를 수행하게 하는 경우에는 「총포·도검·화약류 등의 안전관리에 관한 법률」에 따라 미리 분사기의 소지허가를 받아야 한다.
③ 경비원은 경비업무 수행 시 이름표를 경비원복장의 상의 가슴 부위에 부착하여 경비원의 이름을 외부에서 알아볼 수 있도록 해야 한다.
④ 경비업자는 출동차량 등의 도색 및 표지를 정하고 이를 확인할 수 있는 사진을 첨부하여 운행하기 전에 주된 사무소를 관할하는 시·도경찰청장에게 신고해야 한다.

해설 ② 법 제16조의2 제2항, ③ 시행규칙 제19조 제4항, ④ 법 제16조의3 제2항
① 경비원은 근무 중 경적, 단봉, 분사기, 안전방패, 무전기 및 그 밖에 경비업무 수행에 필요한 것으로서 공격적인 용도로 제작되지 아니하는 장비를 휴대할 수 있으며, 안전모 및 방검복 등 안전장비를 착용할 수 있다. (시행규칙 제20조 제1항)

72. ③ 73. ①

74. 경비업법령상 경비원의 복장·장비 등에 관한 설명으로 옳지 않은 것은? (17회)

① 경비업자는 경찰공무원 또는 군인의 제복과 색상 및 디자인 등이 명확히 구별되는 소속 경비원의 복장을 정하여 주된 사무소를 관할하는 경찰서장에게 신고하여야 한다.

② 경비원은 근무 중 경적, 단봉, 분사기, 안전방패, 무전기 및 그 밖에 경비업무 수행에 필요한 것으로서 공격적인 용도로 제작되지 아니한 장비를 휴대할 수 있다.

③ 경비업자가 경비원으로 하여금 분사기를 휴대하여 직무를 수행하게 하는 경우에는 「총포·도검·화약류 등의 안전관리에 관한 법률」에 따라 미리 분사기의 소지허가를 받아야 한다.

④ 장비를 임의로 개조하여 통상의 용법과 달리 사용함으로써 다른 사람의 생명·신체에 위해를 가하여서는 아니 된다.

↘**해설** ② 시행규칙 제20조 제1항, ③ 법 제16조의2 제2항, ④ 법 제16조의2 제3항.
① 경비업자는 경찰공무원 또는 군인의 제복과 색상 및 디자인 등이 명확히 구별되는 소속 경비원의 복장을 정하여 주된 사무소를 관할하는 시·도경찰청장에게 신고하여야 한다. (법 제16조 제1항)

75. 경비업법령상 경비원의 장비 등에 관한 설명으로 옳지 않은 것은? (18회)

① 경비원이 휴대할 수 있는 장비의 종류는 경적·단봉·분사기 등 대통령령으로 정하되, 근무시간 이외에도 이를 휴대할 수 있다.

② 경비업자가 경비원으로 하여금 분사기를 휴대하여 직무를 수행하게 하는 경우에는 「총포·도검·화약류 등의 안전관리에 관한 법률」에 따라 미리 분사기의 소지허가를 받아야 한다.

③ 누구든지 경비원의 장비를 임의로 개조하여 통상의 용법과 달리 사용함으로써 다른 사람의 생명·신체에 위해를 가하여서는 아니 된다.

④ 경비원은 경비업무를 위하여 필요하다고 인정되는 상당한 이유가 있을 때에는 필요한 최소한도에서 경비원의 장비를 사용할 수 있다.

↘**해설** ② 법 제16조의2 제2항, ③ 법 제16조의2 제3항, ④ 법 제16조의2 제4항.
① 경비원이 휴대할 수 있는 장비의 종류는 경적·단봉·분사기 등 행정안전부령으로 정하되, 근무 중에만 이를 휴대할 수 있다.(경비업법 제16조의2 제1항)

정답 74. ① 75. ①

76. 경비업법령상 경비원의 복장 및 장비 등에 관한 설명으로 옳은 것은? (20회)

① 경비원은 근무 중 경비업무 수행에 필요한 것으로서 공격적인 용도로 제작되지 아니하는 장비를 휴대할 수 있다.
② 경비업자는 경비업무 수행상 필요한 경우 경비원에게 소속 경비업체를 표시한 이름표를 부착하도록 할 수 있다.
③ 집단민원현장에서 신변보호를 수행하는 경우에 경비업자는 신고된 동일한 복장과 다른 복장을 경비원에게 착용하게 할 수 있다.
④ 경비업무 수행 시 경비원의 이름표는 경비업자가 지정한 부위에 부착하여야 한다.

> **해설** ②,③ 경비업자는 경비원에게 소속 경비업체를 표시한 이름표를 부착하도록 하고, 신고된 동일한 복장을 착용하게 하여야 하며, 복장에 소속회사를 오인할 수 있는 표시를 하거나 다른 회사복장을 착용시키면 아니 된다. 다만, 집단민원현장이 아닌 곳에서 신변보호업무수행 또는 경비업무 성격상 부득이한 사유로 관할 경찰관서장이 허용하는 경우에는 그러하지 아니하다. (법 제16조 제2항)
> ④ 경비원은 경비업무 수행 시 이름표를 경비원 복장의 상의 가슴 부위에 부착하여 경비원의 이름을 외부에서 알아볼 수 있도록 하여야 한다. (시행규칙 제19조 제4항)
> ① 시행규칙 제20조제1항

77. 경비업법령상 경비원의 복장과 장비에 관한 설명으로 옳지 않은 것은? (24회)

① 경비업자는 경찰공무원 또는 군인의 제복과 색상 및 디자인 등이 명확히 구별되는 소속 경비원의 복장을 정하여야 한다.
② 경비업자는 집단민원현장이 아닌 곳에서 신변보호업무를 수행하는 경비원에게도 소속 경비업체를 표시한 이름표를 부착하도록 해야 한다.
③ 누구든지 경비원이 휴대할 수 있는 장비를 임의로 개조하여 통상의 용법과 달리 사용함으로써 다른 사람의 생명·신체에 위해를 가하여서는 아니 된다.
④ 경비원은 경비업무를 위하여 필요하다고 인정되는 상당한 이유가 있을 때에는 필요한 최소한도에서 경비업법령에서 정한 장비를 사용할 수 있다.

> **해설** ① 법 제16조 제1항, ③ 법 제16조의2 제3항, ④ 법 제16조의2 제4항
> ② 경비업자는 경비업무 수행 시 경비원에게 소속 경비업체를 표시한 이름표를 부착하도록 하고, 신고된 동일한 복장을 착용하게 하여야 하며, 복장에 소속회사를 오인할 수 있는 표시를 하거나 다른 회사의 복장을 착용하게 하여서는 아니 된다. 다만, 집단민원현장이 아닌 곳에서 신변보호 업무를 수행하는 경우 또는 경비업무의 성격상 부득이한 사유가 있어 관할 경찰관서장이 허용하는 경우에는 그러하지 아니하다. (법 제16조 제2항)

정답 76. ① 77. ②

78. 경비업법령상 경비원의 휴대장비의 구체적 기준으로 옳지 않은 것은? (22회)

① 경적 : 금속이나 플라스틱 재질의 호루라기
② 단봉 : 금속(합금 포함)이나 플라스틱 재질의 전장 700mm 이하의 호신용 봉
③ 분사기 : 「경찰관 직무집행법」에 따른 분사기
④ 안전방패 : 플라스틱 재질의 폭 500mm 이하, 길이 1,000mm 이하의 방패로 경찰공무원이 사용하는 안전방패와 색상 및 디자인이 명확히 구분되어야 함

해설 경비원 휴대장비의 구체적인 기준 (시행규칙제20조 제2항, [별표 5])

휴대장비	내 용
1. 경적	금속이나 플라스틱 재질의 호루라기
2. 단봉	금속(합금포함)이나 플라스틱재질의 전장 700mm 이하 호신용 봉
3. 분사기	「총포·도검·화약류 등의 안전관리에 관한 법률」에 따른 분사기
4. 안전방패	플라스틱재질의 폭 500mm 이하, 길이 1,000mm 이하의 방패로 경찰공무원이 사용하는 안전방패와 색상 및 디자인이 명확히 구분되어야 함
5. 무전기	무전기 무전기 송신 시 실시간으로 수신이 가능한 것
6. 안전모	안면을 가리지 아니하면서, 머리를 보호하는 장비로 경찰공무원이 사용하는 방석모와 색상 및 디자인이 명확히 구분되어야 함
7. 방검복	경찰공무원이 사용하는 방검복과 색상 및 디자인이 명확히 구분되어야함

79. 경비업법령상 경비업자가 경비원으로 하여금 직무를 수행하게 하는 경우, 총포·도검·화약류 등의 안전관리에 관한 법률(총포·도검·화약류 등 단속법)에 따라 미리 소지허가를 받아야 하는 것은? (21회)

① 경적
② 단봉
③ 분사기
④ 안전방패

해설 경비업자가 경비원에게 분사기를 휴대하여 직무를 수행하게 하는 경우, 「총포·도검·화약류 등 단속법」에 따라 미리 분사기의 소지허가를 받아야 한다. (법 제16조의2 제2항)

80. 경비업법령상 경비원의 복장, 장비, 출동차량 등에 관한 설명으로 옳지 않은 것은? (23회)

① 경비원은 근무 중 경적, 단봉, 분사기 등 장비를 휴대할 수 있다.
② 경비업자는 경비업무 수행 시 경비원에게 소속 경비업체를 표시한 이름표를 부착하도록 하여야 한다.
③ 집단민원현장에서 신변보호업무를 수행하는 경우에는 동일한 복장을 착용하지 아니할 수 있다.
④ 경비업자는 출동차량 등의 도색 및 표지를 경찰차량 및 군 차량과 명확히 구별될 수 있게 하여야 한다.

해설 ① 법 제16조의2 제1항, ② 법 제16조 제2항, ④ 법 제16조의3 제1항
③ 집단민원현장이 아닌 곳에서 신변보호업무를 수행 또는 경비업무 성격상 부득이한 사유로 관할 경찰관서장이 허용하는 하는 경우에는 동일한 복장을 착용하지 아니할 수 있다. (법 제16조 제2항)

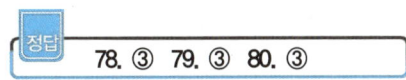

81. 경비업법령상 경비원의 장비 및 출동차량 등에 관한 설명으로 옳은 것은? (16회)

① 경비원이 휴대할 수 있는 장비는 근무 외에도 휴대할 수 있다.
② 경비원은 시·도경찰청장의 허가를 받아 장비를 임의로 개조하여 통상의 용법과 달리 사용할 수 있다.
③ 경비원이 사용하는 방검복의 경우는 경찰공무원이 사용하는 방검복과 그 디자인이 구분될 필요가 없다.
④ 시·도경찰청장은 경비업자로부터 제출받은 출동차량 등의 사진을 검토한 후 경비업자에게 그 도색 및 표지 변경 등에 대한 시정명령을 할 수 있다.

해설 ① 경비원이 휴대할 수 있는 장비의 종류는 경적·단봉·분사기 등 행정안전부령으로 정하되 근무 중에만 이를 휴대할 수 있다. (법 제16조의2 제1항)
② 누구든지 장비를 임의로 개조하여 통상의 용법과 달리 사용함으로써 다른 사람의 생명·신체에 위해를 가하여서는 아니 된다. (법 제16조의2 제3항)
③ 경비원이 사용하는 방검복은 경찰공무원이 사용하는 방검복과 색상 및 디자인이 명확히 구분되어야 한다. (시행규칙 제20조 제2항, [별표5])
④ 법 제16조의3 제3항

82. 경비업법령상 출동차량에 관한 내용이다. ( )에 들어갈 내용으로 옳은 것은? (24회)

> 경비업자는 출동차량 등의 도색 및 표지를 (ㄱ)차량 및 (ㄴ)차량과 명확히 구별될 수 있게 하여야 한다.

① ㄱ: 소방, ㄴ: 군　　　　② ㄱ: 소방, ㄴ: 구급
③ ㄱ: 경찰, ㄴ: 군　　　　④ ㄱ: 경찰, ㄴ: 구급

해설 경비업자는 출동차량 등의 도색 및 표지를 경찰차량 및 군차량과 명확히 구별될 수 있게 하여야 한다. (법 제16조의3 제1항)

83. 경비업법령상 결격사유의 조회에 관한 설명으로 옳은 것은? (16회)

① 시·도경찰청장은 직권으로 경비업자의 임원이 결격사유에 해당하는지를 확인하기 위하여 「형의 실효 등에 관한 법률」에 따른 범죄경력조회를 할 수 있다.
② 경비업자는 선임하려는 경비지도사가 결격사유에 해당하는지를 확인하기 위하여 시·도경찰청장에게 채무자회생 및 파산에 관한 법률에 따른 채무내역을 요청할 수 있다.
③ 관할 경찰관서장은 경비업자로부터 요청받아 선임하려는 경비지도사의 범죄경력조회 결과를 경비업자에게 통보할 때에는, 결격사유에 관한 한 제한없이 통보해야 한다.
④ 시·도경찰청장은 경비업자의 임원이 결격사유에 해당하는 사실을 알게 된 때에는 경비업법에 따른 경비업자의 요청이 없는 한 그 사실을 통보해서는 아니 된다.

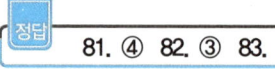
81. ④ 82. ③ 83. ①

▶해설 ② 경비업자는 선출·선임·채용 또는 배치하려는 임원, 경비지도사 또는 경비원이 결격사유에 해당하는지를 확인하기 위하여 주된 사무소, 출장소 또는 배치장소를 관할하는 시·도경찰청장 또는 경찰관서장에게 「형의 실효 등에 관한 법률」제6조에 따른 범죄경력조회를 요청할 수 있다. (법 제17조 제2항)
③ 범죄경력조회를 요청받은 시·도경찰청장 또는 관할 경찰관서장은 경비업자에게 그 결과를 통보할 때에는 경비업자의 임원, 경비지도사 또는 경비원이 결격사유에 해당하는지 여부만을 통보하여야 한다. (법 제17조 제3항)
④ 시·도경찰청장 또는 관할 경찰관서장은 경비업자의 임원, 경비지도사 또는 경비원이 결격사유에 해당하는 사실을 알게 되거나 경비업법 또는 경비업법에 따른 명령을 위반한 때에는 경비업자에게 그 사실을 통보하여야 한다. (법 제17조 제4항)
① 법 제17조 제1항

84. 경비업법령상 경비원 등의 결격사유 확인을 위한 범죄경력조회 등에 관한 설명으로 옳지 않은 것은? (18회)

① 경찰청장, 시·도경찰청장 또는 관할 경찰관서장은 직권으로 또는 경비업자의 범죄경력조회 요청이 있는 경우 경비업자의 임원, 경비지도사 또는 경비원이 경비업법상 결격사유에 해당하는지를 확인하기 위하여 범죄경력조회를 할 수 있다.
② 범죄경력조회 요청을 받은 시·도경찰청장 또는 관할 경찰관서장은 경비업자에게 그 결과를 통보할 때에는 경비업자의 임원, 경비지도사 또는 경비원이 경비업법상의 결격사유에 해당하는지 여부만을 통보하여야 한다.
③ 시·도경찰청장 또는 관할 경찰관서장은 경비업자의 임원, 경비지도사 또는 경비원이 경비업법상의 결격사유에 해당하는 사실을 알게 된 때에는 경비업자에게 그 사실을 통보하여야 한다.
④ 범죄경력조회 요청은 범죄경력조회 신청서(전자문서 포함) 또는 구두로 한다.

▶해설 ① 법 제17조 제1항, ② 법 제17조 제3항, ③ 법 제17조 제4항
④ 범죄경력조회 요청은 범죄경력조회 신청서(전자문서 포함)에 경비업 허가증 사본과 취업(예정)자 범죄경력조회 동의서를 첨부하여야 한다. (시행규칙 제22조)

85. 경비업법령상 범죄경력조회 등에 관한 설명으로 옳은 것은? (20회)

① 경찰청장은 범죄경력조회 요청이 있는 경우에만 경비업자의 임원에 대한 범죄경력조회를 할 수 있다.
② 시·도경찰청장은 직권으로 경비지도사에 대한 범죄경력조회를 할 수 없다.
③ 경비업자는 선출하려는 임원이 결격사유에 해당하는지를 확인하기 위하여 범죄경력 조회를 요청할 수 있다.
④ 관할 경찰관서장이 경비업자에게 범죄경력조회 결과를 통보할 때에는 결격사유에 해당하는 일정한 범죄사실을 통보하여야 한다.

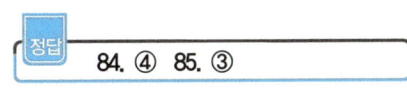

↘해설 **결격사유 확인을 위한 범죄경력조회** (법 제17조)
- 경찰청장, 시·도경찰청장 또는 관할 경찰관서장은 직권으로 또는 범죄경력조회 요청이 있는 경우, 경비업자의 임원, 경비지도사 또는 경비원의 결격사유에 해당하는지를 확인하기 위해 「형의 실효 등에 관한 법률」(제6조)에 따른 범죄경력조회를 할 수 있다.
- 경비업자는 선출·선임·채용·배치하려는 임원, 경비지도사, 경비원의 결격사유 해당여부 확인을 위해 주사무소, 출장소, 배치장소 관할 시·도경찰청장 또는 경찰관서장에게 「형의 실효 등에 관한 법률」(제6조)에 따른 범죄경력조회를 요청할 수 있다.
- 범죄경력조회를 요청받은 시·도경찰청장 또는 관할 경찰관서장은 경비업자에게 결과통보 시 경비업자의 임원, 경비지도사, 경비원의 결격사유 해당여부만을 통보
- 시·도경찰청장 또는 관할 경찰관서장은 경비업자의 임원, 경비지도사, 경비원의 결격사유 해당여부를 알게 되거나, 경비업법 또는 시행령위반 시 경비업자에게 그 사실을 통보해야 한다.

86. 경비업법령상 경비원 등의 결격사유 확인을 위한 범죄경력조회 등에 관한 설명으로 옳지 않은 것은?   (22회)

① 관할 경찰관서장은 직권으로 경비업자의 임원, 경비지도사 또는 경비원이 결격사유에 해당하는지를 확인하기 위하여 「형의 실효 등에 관한 법률」에 따른 범죄경력조회를 할 수 있다.
② 관할 경찰관서장은 경비업자의 임원, 경비지도사 또는 경비원이 결격사유에 해당하는 사실을 알게 된 때에는 경비업자의 요청이 있는 경우에만 그 사실을 통보하여야 한다.
③ 경비업자는 범죄경력조회를 요청하는 경우 경비업 허가증 사본과 취업자 또는 취업예정자 범죄경력조회 동의서를 첨부하여야 한다.
④ 범죄경력조회 요청을 받은 관할 경찰관서장은 경비업자에게 그 결과를 통보할 때에는 경비업자의 임원, 경비지도사 또는 경비원이 결격사유에 해당하는지 여부만을 통보하여야 한다.

↘해설 ② 시·도경찰청장 또는 관할 경찰관서장은 경비업자의 임원, 경비지도사, 경비원의 결격사유 해당여부를 알게 되거나, 경비업법 또는 시행령위반 시 경비업자에게 그 사실을 통보해야 한다.

87. 경비업법령상 결격사유 확인을 위한 범죄경력조회 등에 관한 설명으로 옳지 않은 것은?   (24회)

① 관할 경찰관서장은 범죄경력조회 요청이 있는 경우에만 범죄경력조회를 할 수 있다.
② 경비업자는 선출하려는 임원이 결격사유에 해당하는지를 확인하기 위하여 범죄경력조회를 요청할 수 있다.
③ 범죄경력조회 요청을 받은 시·도경찰청장 또는 관할 경찰관서장은 경비업자에게 그 결과를 통보할 때에는 결격사유에 해당하는지 여부만을 통보하여야 한다.
④ 시·도경찰청장 또는 관할 경찰관서장은 경비업자의 임원, 경비지도사 또는 경비원이 결격사유에 해당하는 사실을 알게 된 때에는 경비업자에게 그 사실을 통보하여야 한다.

86. ② 87. ①

> **해설** ② 법 제17조 제2항, ③ 법 제17조 제3항, ④ 법 제17조 제4항
> ① **경찰청장, 시·도경찰청장 또는 관할 경찰관서장은** 직권으로 또는 범죄경력조회 요청이 있는 경우, 경비업자의 임원, 경비지도사 또는 경비원의 결격사유에 해당하는지를 확인하기 위해 「형의 실효 등에 관한 법률」(제6조)에 따른 범죄경력조회를 할 수 있다. (법 제17조 제1항)

88. 경비업법령상 경비원의 명부와 배치 등에 관한 설명으로 옳은 것은? (16회)

① 경비업자는 주된 사무소, 출장소, 집단민원현장에 경비원의 명부를 작성·비치하여 두고 이를 항상 정리해야 한다.
② 경비업자는 경비원을 배치하여 경비업무를 수행하게 하는 때에는 근무상황기록부를 작성하여 2년 동안 보관해야 한다.
③ 경비업자는 형법상 상해죄 또는 폭행죄를 범하여 벌금형을 선고받고 7년이 지나지 아니한 자를 집단민원현장에 일반경비원으로 배치하여서는 아니 된다.
④ 관할 경찰관서장은 경비원이 위력이나 흉기 또는 그 밖의 위험한 물건을 사용하여 집단적 폭력사태를 일으킨 때에는 경비업의 허가를 취소해야 한다.

> **해설** ② 경비업자는 경비원을 배치하여 경비업무를 수행하게 하는 때에는 근무상황기록부를 작성하여 1년 동안 보관하여야 한다. (시행규칙 제24조의3 제2항)
> ③ 7년이 아니라 5년이 맞다. (법 제18조 제6항)
> ④ 허가취소사유가 아니라 배치폐지 사유이다. (법 제18조 제8항)
> ① 시행규칙 제23조 제1항

89. 경비업법령상 경비원의 명부와 배치허가 등에 관한 설명으로 옳지 않은 것은? (18회)

① 관할 경찰관서장은 신임교육을 받지 아니한 경비원이 100분의 21 이상인 경우 배치허가를 하여서는 아니 된다.
② 경비업자가 특수경비원을 배치한 경우에는 대통령령이 정하는 바에 따라 경비원을 배치하기 48시간 전까지 관할 경찰관서장에게 신고하여야 한다.
③ 경비업자 또는 경비원이 위력이나 흉기 또는 그 밖의 위험한 물건을 사용하여 집단적 폭력사태를 일으킨 때에는 관할 경찰관서장은 배치폐지를 명할 수 있다.
④ 경비업자는 상해죄를 범하여 벌금형을 선고받고 5년이 지나지 아니한 자를 집단민원현장에 일반경비원으로 배치하여서는 아니 된다.

> **해설** ① 법 제18조 제3항 제2호, ③ 법 제18조 제8항 제4호, ④ 법 제18조 제6항 제1호
> ② 경비업자가 시설경비업무 또는 신변보호업무 중 집단민원현장에 배치된 일반경비원의 경우에는 경비원을 배치하기 48시간 전까지 행정안전부령이 정하는 바에 따라 관할 경찰관서장의 배치허가를 받은 후에 경비원을 배치하여야 한다. (법 제18조 제2항 단서조항)

정답 88. ① 89. ②

90. 경비업법령상 경비원 배치의 신고에 관한 다음 설명 중 ( ) 안에 들어갈 숫자로 알맞은 것은?

(14회)

> 경비업자는 경비업무를 수행하기 위하여 (ㄱ)일 이상 경비원을 배치하거나 그 기간을 연장하고자 하는 때에는 경비원을 배치 한 후 (ㄴ)일 이내에 경비원 배치신고서를 배치지의 관할경찰관서장에게 제출하여야 한다.

① ㄱ : 10, ㄴ : 3
② ㄱ : 15, ㄴ : 5
③ ㄱ : 20, ㄴ : 7
④ ㄱ : 25, ㄴ : 9

해설 경비업자는 경비업무를 수행하기 위하여 20일 이상 경비원을 배치하거나 그 기간을 연장하고자 하는 때에는 경비원을 배치 한 후 7일 이내에 경비원 배치신고서를 배치지의 관할경찰관서장에게 제출하여야 한다.

(시행규칙 제24조 제1항)

91. 경비업법령상 경비원의 배치 및 배치폐지의 신고에 관한 내용이다. ( ) 안에 들어갈 내용을 순서대로 나열한 것은?

(15회, 17회)

> 경비업자는 경비업법 제18조 제2항의 규정에 의하여 경비업무를 수행하기 위하여 20일 이상 경비원을 배치하거나 그 기간을 연장하고자 하는 때에는 경비원을 배치한 후 ( )일 이내에 경비원 배치신고서를 배치지의 ( )에게 제출하여야 한다.

① 7, 관할 경찰관서장
② 7, 시·도경찰청장
③ 14, 관할 경찰관서장
④ 14, 시·도경찰청장

해설 경비업자는 경비업법 제18조 제2항의 규정에 의하여 경비업무를 수행하기 위하여 20일 이상 경비원을 배치하거나 그 기간을 연장하고자 하는 때에는 경비원을 배치한 후 7일 이내에 경비원 배치신고서를 배치지의 관할 경찰관서장에게 제출하여야 한다. (시행규칙 제24조 제1항)

92. 경비업법령상 집단민원현장에 배치된 일반경비원에 관한 설명으로 옳지 않은 것은?

(16회)

① 경비업자는 경비원을 배치하기 48시간 전까지 배치허가를 신청하고, 관할 경찰관서장의 배치허가를 받은 후에 경비원을 배치해야 한다.
② 집단민원현장에 배치되는 일반경비원의 명부는 그 경비원이 배치되는 장소에도 작성·비치해야 한다.
③ 관할 경찰관서장은 배치허가를 함에 있어 필요한 조건을 붙일 수 없다.
④ 관할 경찰관서장은 배치허가 신청을 받은 경우, 불허가사유에 해당하는 때에는 이를 확인하기 위하여 소속 경찰관으로 하여금 그 배치장소를 방문하여 조사하게 할 수 있다.

해설 ①,③ 집단민원현장에 경비원을 배치하려는 경우에는 경비원을 배치하기 48시간 전까지 행정안전부령으로 정하는 바에 따라 배치허가를 신청하고, 관할 경찰관서장의 배치허가를 받은 후에 경비원을 배치하여야 하며, 이 경우 관할 경찰관서장은 배치허가를 함에 있어 필요한 조건을 붙일 수 있다. (법 제18조 제2항)
② 법 제18조 제1항, ④ 법 제18조 제3항

정답 90. ③ 91. ① 92. ③

93. 경비업법령상 관할 경찰관서장이 경비원의 배치폐지를 명할 수 있는 경우가 아닌 것은?

(16회)

① 경비업법상 배치허가를 필요로 하는 경우 배치허가 신청의 내용을 거짓으로 한 경우
② 경비업자가 경비업법을 위반하여 신고를 하지 아니하고 일반경비원을 배치한 경우
③ 경비원 신임교육을 이수하지 아니한 자를 경비원으로 배치한 경우
④ 형법상 사기죄로 기소된 자를 경비원으로 배치한 경우

> **해설** 관할 경찰관서장이 배치폐지를 명할 수 있는 사유 (법 제18조 제8항)
> 1. 배치허가를 받지 아니하고 경비원을 배치하거나, 경비원명단 및 배치일시·장소 등 배치허가 신청의 내용을 거짓으로 한 때
> 2. 법 제18조 제6항에 해당하는 자를 집단민원현장에 일반경비원으로 배치한 때
> 3. 신임교육을 이수하지 아니 한 자를 경비원으로 배치한 때
> 4. 경비업자 또는 경비원이 위력이나 흉기 등 위험한 물건을 사용, 집단적 폭력사태를 일으킨 때
> 5. 경비업자가 법 제18조 제2항 부분 본문을 위반, 신고하지 않고 일반경비원을 배치한 때

94. 경비업법상 경비원의 명부와 배치허가 등에 관한 설명으로 옳지 않은 것은?

(19회)

① 경비업자는 행정안전부령으로 정하는 바에 따라 경비원의 명부를 작성·비치하여야 한다.
② 경비업자가 경비원의 배치를 폐지한 경우에는 관할 경찰관서장에게 신고하여야 한다.
③ 경비업자는 경비원을 배치하여 경비업무를 수행하게 하는 때에는 행정안전부령으로 정하는 바에 따라 배치된 경비원의 인적사항과 배치일시·배치장소 등 근무상황을 기록하여 보관하여야 한다.
④ 경비업자는 금고 이상의 형을 선고받고 그 집행이 유예된 날로부터 5년이 지나지 아니한 자를 집단민원현장에 일반경비원으로 배치할 수 있다.

> **해설** ① 법 제18조제1항, ② 법 제18조제2항, ③ 법 제18조제5항
> ④ 경비업자는 다음 죄를 범하여 벌금형을 선고받고 5년이 지나지 않은 자나, 금고이상 형을 선고받고 집행이 유예된 날부터 5년이 지나지 않은 자를 집단민원현장에 일반경비원으로 배치하여서는 안 된다. (법 18조 제6항)
>
> - 형법 : (존속)상해, (존속)중상해, 특수상해, (존속)폭행, 특수폭행, 특수협박 (상습범 포함) (존속)체포·감금, (존속)중체포·중감금(상습범, 미수범 포함), 특수체포·특수감금, 특수주거침입, 강요(단체·다중 위력, 위험한 물건 휴대), 특수손괴(미수범 포함), 공갈, 특수공갈(상습범만 처벌), 상해치사, 폭행치사상, 체포·감금등의 치사상
> - 폭력행위 등 처벌에 관한 법률 : 폭행 또는 집단적 폭행

정답 93. ④ 94. ④

95. 경비업법령상 관할 경찰관서장이 경비업자에 대하여 경비원 배치폐지를 명할 수 있는 경우로 명시되지 않은 것은? (22회)

① 경비원의 복장·장비 등에 대하여 내려진 필요한 명령을 이행하지 아니한 때
② 경비원 명단 및 배치일시·배치장소 등 배치허가 신청의 내용을 거짓으로 한 때
③ 결격사유에 해당하는 자를 집단민원현장에 일반경비원으로 배치한 때
④ 경비업자 또는 경비원이 위력이나 흉기 또는 그 밖의 위험한 물건을 사용하여 집단적 폭력 사태를 일으킨 때

➤해설 관할 경찰관서장이 배치폐지를 명할 수 있는 사유 (법 제18조 제8항)
- 배치허가를 받지 아니하고 경비원을 배치하거나, 경비원명단 및 배치일시·장소 등 배치허가 신청의 내용을 거짓으로 한 때
- 법 제18조 제6항의 결격사유에 해당하는 자를 집단민원현장에 일반경비원으로 배치한 때
- 신임교육을 이수하지 아니 한 자를 제2항 각 호의 경비원으로 배치한 때
- 경비업자 또는 경비원이 위력이나 흉기 등 위험한 물건을 사용, 집단적 폭력사태를 일으킨 때
- 경비업자가 경비원배치·배치폐지신고의무를 위반, 신고하지 않고 일반경비원을 배치한 때
① 배치허가 신청시 불허사유에 해당되는 내용 (법 제18조 제3항 제3호)

96. 경비업법령상 경비원 배치 등에 관한 설명으로 옳지 않은 것은? (22회)

① 시설경비업무에 배치되는 일반경비원은 경비원을 배치하기 48시간 전까지 관할 경찰관서장에게 배치허가를 받아야 한다.
② 경비업자는 시설경비업무를 수행하기 위하여 20일 이상 경비원을 배치하거나 그 기간을 연장하려는 때에는 경비원을 배치한 후 7일 이내에 배치지를 관할하는 경찰관서장에게 배치신고서를 제출하여야 한다.
③ 특수경비원을 배치하는 경우에는 경비원을 배치하는 기간과 관계없이 경비원을 배치하기 전까지 배치지를 관할하는 경찰관서장에게 배치신고서를 제출하여야 한다.
④ 경비업무범위 위반 및 신임교육 유무 등을 확인하기 위해 관할 경찰관서장은 그 배치 장소를 방문하여 조사하여야 한다.

➤해설 ②,③ 시행규칙 제24조 제1항
① 시설경비업무 또는 신변보호업무 중 집단민원현장에 배치되는 일반경비원은 경비원을 배치 하기 48시간 전까지 관할 경찰관서장에게 배치허가를 신청하고 관할 경찰관서장의 배치허가를 받은 후에 경비원을 배치하여야 한다. (법 제18조 제2항)
④ 배치허가 신청을 받은 경우 관할 경찰관서장은 경비업무범위 위반 및 신임교육 유무 등을 확인하기 위하여 소속 경찰관으로 하여금 그 배치장소를 방문하여 조사하게 할 수 있다. (법 제18조 제3항)

97. 경비업법령상 경비원의 명부를 작성·비치하여 두어야 하는 장소가 아닌 것은? (22회)

① 집단민원현장　　　　　　② 관할 경찰관서
③ 주된 사무소　　　　　　　④ 신설 출장소

95. ①　96. ①, ④　97. ②

해설 경비업자는 다음 각 호의 장소에 경비원명부를 작성·비치해 두고 항상 정리해야 한다. (시행규칙 제23조)
1. 주된 사무소   2. 출장소   3. 집단민원 현장

98. 경비업법령상 경비원의 배치에 관한 설명으로 옳지 않은 것은? (23회)

① 시설경비업무 중 집단민원현장에 일반경비원을 배치하는 경우에는 배치하기 48시간 전까지 배치허가를 신청하여야 한다.
② 신변보호업무 중 집단민원현장에 일반경비원을 배치하는 경우에는 배치하기 전까지 배치허가를 신청하여야 한다.
③ 집단민원현장이 아닌 곳에서 신변보호업무를 수행하는 일반경비원을 배치하는 경우에는 경비원을 배치하기 전까지 신고하여야 한다.
④ 특수경비원을 배치하는 경우에는 경비원을 배치하기 전까지 신고하여야 한다.

해설 경비업자가 경비원을 배치(배치폐지)한 경우 관할 경찰관서장에게 신고해야 한다. 다만,
• 시설경비업무 또는 신변보호업무 중 집단민원현장배치 일반경비원 → 배치 48시간 전까지 배치허가를 신청하고 관할 경찰관서장의 허가를 받은 후 배치하여야 하며,
• 집단민원현장 아닌 곳의 신변보호업무 일반경비원과 특수경비원 → 경비원을 배치하기 전까지 신고하여야 한다. (법 제18조 제2항)

99. 경비업법령상 관할 경찰관서장이 집단민원현장에 일반경비원 배치허가 신청을 받은 경우에 배치허가를 하여서는 아니 되는 경우로 옳지 않은 것은? (23회)

① 경비업무의 범위를 벗어난 행위를 할 우려가 있는 경우
② 결격자가 100분의 21 이상 포함되어 있는 경우
③ 경비원의 복장·장비 등에 대하여 내려진 필요한 명령을 이행하지 아니하는 경우
④ 직무교육을 받지 아니한 사람이 대통령령으로 정하는 기준 이상으로 포함되어 있는 경우

해설 집단민원현장 경비원 배치허가 신청시 관할 경찰관서장의 배치불허 사유 (법 제18조 제3항)
1. 경비업무의 범위를 벗어난 행위를 할 우려가 있는 경우
2. 경비원 중 결격사유(법 제10조)해당자, 신임교육 미이수자가 21/100 이상 포함된 경우
3. 경비원의 복장·장비 등에 내려진 필요한 명령을 이행하지 아니한 경우

100. 경비업법령상 경비원 명부 등에 관한 설명으로 옳지 않은 것은? (20회)

① 경비업자는 배치되는 일반경비원의 명부를 그 경비원이 배치되는 모든 장소에 작성·비치하여야 한다.
② 경비업자는 경비원의 근무상황기록부를 1년 동안 보관하여야 한다.
③ 관할 경찰관서장은 시설주의 신청에 의하여 특수경비원이 배치된 국가중요시설 등에 경비전화를 가설할 수 있다.
④ 경비전화를 가설하는 경우의 소요경비는 시설주의 부담으로 한다.

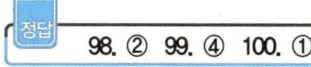

98. ② 99. ④ 100. ①

해설 ② 시행규칙 제24조의3 제2항, ③,④ 시행규칙 제25조
① 경비업자는 다음 각 호의 장소에 경비원명부를 작성·비치해 두고 항상 정리해야 한다. (시행규칙 제23조)
1. 주된 사무소
2. 출장소 (해당 장소 배치된 경비원명부)
3. 집단민원 현장 (해당장소 배치된 경비원명부)

101. 경비업법령상 경비업자가 경비원 배치 48시간 전까지 행정안전부령에 따라 배치허가를 신청하고 관할 경찰관서장의 배치허가를 받은 후에 경비원을 배치하여야 하는 경우는? (21회)

① 시설경비업무 중 집단민원현장에 일반경비원을 배치한 경우
② 특수경비업무 중 집단민원현장에 특수경비원을 배치한 경우
③ 기계경비업무 중 집단민원현장에 일반경비원을 배치한 경우
④ 호송경비업무 중 집단민원현장에 일반경비원을 배치한 경우

해설 시설경비업무 또는 신변보호업무 중 집단민원현장배치 일반경비원의 경우 경비원을 배치하기 48시간 전까지 행정안전부령으로 정하는 바에 따라 배치허가를 신청하고 관할 경찰관서장의 배치허가를 받은 후에 경비원을 배치하여야 한다. (법 제18조 제2항)

102. 경비업법령상 경비원의 명부와 배치허가 등에 관한 설명으로 옳지 않은 것은? (24회)

① 경비업자는 시설경비업무 또는 신변보호업무 중 집단민원현장에 일반경비원을 배치하는 경우에는 경비원을 배치하기 24시간 전까지 행정안전부령으로 정하는 바에 따라 배치허가를 신청하여야 한다.
② 경비업자가 집단민원현장이 아닌 곳에서 신변보호업무를 수행하는 일반경비원을 배치하는 경우에는 경비원을 배치하기 전까지 관할 경찰관서장에게 신고하여야 한다.
③ 경비업자가 특수경비원을 배치하는 경우에는 경비원을 배치하기 전까지 관할 경찰관서장에게 신고하여야 한다.
④ 경비업자는 경비원을 배치하여 경비업무를 수행하게 하는 때에는 배치된 경비원의 인적사항과 배치일시·배치장소 등 근무상황을 기록하여 보관하여야 한다.

해설 ②,③ 법 제18조 제2항, ④ 법 제18조 제5항
① 경비업자는 시설경비업무 또는 신변보호업무 중 집단민원현장에 일반경비원을 배치하는 경우에는 경비원을 배치하기 48시간 전까지 행정안전부령으로 정하는 바에 따라 배치허가를 신청하고, 관할 경찰관서장의 배치허가를 받은 후에 경비원을 배치하여야 한다. (법 제18조 제2항)

정답 101. ① 102. ①

103. 경비업법령상 경비원의 배치신고에 관한 내용이다. (   )에 들어갈 숫자로 옳은 것은? (24회)

> 경비업자는 경비업무를 수행하기 위하여 (ㄱ)일 이상 경비원을 배치하거나 그 기간을 연장하려는 때에는 경비원을 배치한 후 (ㄴ)일 이내에 경비원 배치신고서를 배치지를 관할하는 경찰관서장에게 제출해야 한다.

① ㄱ: 10, ㄴ: 7
② ㄱ: 15, ㄴ: 10
③ ㄱ: 20, ㄴ: 7
④ ㄱ: 30, ㄴ: 10

해설 경비업자는 경비업무를 수행하기 위하여 20일 이상 경비원을 배치하거나 그 기간을 연장하려는 때에는 경비원을 배치한 후 7일 이내에 경비원 배치신고서를 배치지를 관할하는 경찰관서장에게 제출해야 한다.
(시행규칙 제24조 제1항)

104. 경비업법령상 특수경비원을 배치한 시설주가 갖추어 두어야 할 장부 및 서류에 해당하지 않는 것은? (14회)

① 경비구역배치도
② 특수경비원 전·출입관계철
③ 무기탄약출납부
④ 근무상황카드

해설 ② 관할 경찰관서장이 갖추어 두어야 할 장부 및 서류

105. 경비업법령상 특수경비원을 배치한 시설주가 갖추어 두어야 하는 장부 또는 서류에 해당하지 않는 것은? (16회)

① 근무일지
② 무기·탄약대여대장
③ 순찰표철
④ 경비구역배치도

해설 ②는 특수경비원을 배치한 국가중요시설의 관할 경찰관서장이 갖추어야 할 서류

106. 경비업법령상 특수경비원을 배치한 시설주가 갖추어 두어야 할 장부 및 서류로 옳지 않은 것은? (19회)

① 감독순시부
② 순찰표철
③ 근무상황카드
④ 무기장비운영카드

해설 갖추어 두어야 하는 장부 또는 서류 (시행규칙 제26조)

특수경비원을 배치한 시설주	특수경비원을 배치한 국가중요시설 관할 경찰관서장
1. 근무일지	1. 감독순시부
2. 근무상황카드	2. 특수경비원 전출·입관계철
3. 경비구역배치도	3. 특수경비원 교육훈련실시부
4. 순찰표철	4. 무기탄약대여대장
5. 무기탄약출납부	5. 그밖에 특수경비원관리상 필요장부·서류
6. 무기장비운영카드	

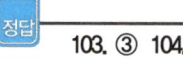

Chapter 5 행정처분

○ 행정처분 기준 (영 제24조) [별표4]

1. 일반기준
◆ 영업정지의 경우 **위반행위의 동기, 내용 및 위반의 정도 등을 고려**, 가중·경감할 수 있다.
◆ 위반행위가 2 이상인 경우,

> · 각각의 처분기준이 다른 경우 : 그 중 중한 처분기준.
> · 처분기준이 같은 영업정지인 경우 : 중한처분 기준의 2분의 1까지 가중, (각 처분기준 합산기간 초과 할 수 없다)

◆ 위반행위 횟수에 따른 행정처분기준은 **최근 2년간** 같은 위반행위로 행정처분 받은 경우에 적용(기준적용일은 위반행위의 행정처분일과 그 처분後 위반행위가 다시 적발된 날 기준)
◆ 영업정지처분 위반행위가 적발된 날 이전 **최근 2년간** 같은 위반행위로 **2회 영업정지처분**을 받은 경우, 기준 불구, **허가취소** 한다.

2. 개별기준

위 반 행 위	해당 법조문	행정처분기준		
		1차위반	2차위반	3차 이상위반
가. 법 제4조제1항 후단을 위반, 시·도경찰청장의 허가 없이 경비업무를 변경한 때	법 제19조 제2항 제1호	경고	영업정지 6개월	허가취소
나. 법 제7조제2항 위반, 도급의뢰 받은 경비업무가 위법한 것 임에도 이를 거부하지 아니한 때	법 제19조 제2항 제2호	영업정지 1개월	영업정지 3개월	허가취소
다. 법 제7조제6항을 위반하여 경비지도사를 집단민원 현장에 선임·배치하지 않은 때	법 제19조 제2항 제3호	영업정지 1개월	영업정지 3개월	허가취소
라. 법 제8조를 위반하여 경비대상시설에 관한 경보 대응체제를 갖추지 않은 때	법 제19조 제2항 제4호	경고	경고	영업정지 1개월
마. 법 제9조제2항을 위반하여 관련서류를 작성·비치하지 아니한 때	법 제19조 제2항 제5호	경고	경고	영업정지 1개월
바. 법 제10조제3항을 위반, 결격사유 해당하는 경비원 배치, 경비지도사 선임·배치한 때	법 제19조 제2항 제6호	영업정지 1개월	영업정지 3개월	허가취소
사. 법 제12조제1항을 위반하여 경비지도사를 선임한 때	법 제19조 제2항 제7호	영업정지 1개월	영업정지 3개월	허가취소
아. 법 제13조를 위반하여 경비원으로 하여금 교육을 받게 하지 않은 때	법 제19조 제2항 제8호	경고	경고	영업정지 1개월

위반행위	해당 법조문	1차	2차	3차
자. 법 제16조에 따른 경비원의 복장 등에 관한 규정을 위반한 때	법 제19조 제2항 제9호	경고	영업정지 1개월	영업정지 3개월
차. 법 제16조의2에 따른 경비원의 장비 등에 관한 규정을 위반한 때	법 제19조 제2항 제10호	경고	영업정지 1개월	영업정지 3개월
카. 법 제16조의3에 따른 경비원의 출동차량 등에 관한 규정을 위반한 때	법 제19조 제2항 제11호	경고	영업정지 1개월	영업정지 3개월
타. 법 제18조제1항 단서위반, 집단민원현장에 일반경비원명부를 작성·비치하지 않은 때	법 제19조 제2항 제12호	영업정지 1개월	영업정지 3개월	허가취소
파. 법 제18조제2항 각호外 부분단서 위반, 배치허가 받지 않고 경비원배치, 경비원명단, 배치일시, 배치장소 등 배치허가 신청내용을 거짓으로 한 때	법 제19조 제2항 제13호	영업정지 1개월	영업정지 3개월	허가취소
하. 법 제18조제6항을 위반, 결격사유 해당 일반경비원을 집단민원현장에 배치한 때	법 제19조 제2항 제14호	영업정지 1개월	영업정지 3개월	허가취소
거. 법 제24조에 따른 감독상 명령에 따르지 아니한 때	법 제19조 제2항 제15호	경고	영업정지 3개월	허가취소
너. 법 제26조를 위반하여 손해를 배상하지 아니한 때	법 제19조 제2항 제16호	경고	영업정지 3개월	영업정지 6개월

◯ 경비지도사자격의 취소 등 (법 제20조)

자격 취소사유	・결격사유에 해당하게 된 때 ・허위 그 밖에 부정한 방법으로 경비지도사 자격증을 교부받은 때 ・경비지도사 자격증을 다른 사람에게 빌려주거나 양도한 때 ・자격정지 기간 중에 경비지도사로 선임되어 활동한 때
1년 범위 내 자격 정지사유	・법 제12조제3항 위반, 직무를 성실하게 수행하지 아니한 때 ・법 제24조 위반, 경찰청장 또는 시·도경찰청장의 명령을 위반한 때

※ 경찰청장은 경비지도사 자격취소시 ▶ 자격증회수
　　　　　　　　　　　자격정지시 ▶ 정지기간 동안 자격증회수 보관

◯ 경비지도사 자격정지 행정처분 기준 [영 별표 5] ☞ 성삼 육십이, 명일 육구

위 반 행 위	행정처분기준		
	1차위반	2차위반	3차 이상 위반
법 제12조3항의 규정에 위반하여 직무를 성실하게 수행하지 아니한 때	자격정지 3월	자격정지 6월	자격정지 12월
법 제24조의 규정에 의한 경찰청장, 시·도경찰청장의 명령을 위반한 때	자격정지 1월	자격정지 6월	자격정지 9월

※ 위반행위의 횟수에 따른 행정처분의 기준은
　당해 위반행위 이전 최근 2년간 같은 위반행위로 행정처분을 받은 경우 적용

청문의 실시 (법 제21조)

경찰청장 또는 시·도경찰청장은 **경비업 허가의 취소** 또는 **영업정지, 경비지도사자격의 취소 또는 정지 처분**을 하는 경우에는 청문을 실시하여야 한다.

허가의 취소사유 (법 제19조제1항)

- 허위 그 밖에 부정한 방법으로 허가를 받은 때
- 허가받은 경비업무外의 업무에 경비원을 종사하게 한 때
  ※ '시설경비업무'에 관한 부분은 2024. 12.31한 입법시 까지 적용중지(헌재 2023. 3.23 헌법불합치 결정)
- 경비업 및 경비관련업外의 영업을 한 때 (특수경비업자만 해당)
- 정당한 사유 없이 허가받은 날부터 2년 이내에 경비 도급실적 없거나 계속 1년 이상 휴업한 때
- 정당한 사유 없이 최종 도급계약 종료일의 다음날부터 2년 이내에 경비도급실적이 없을 때
- 영업정지 처분을 받고 계속하여 영업을 한 때
- 소속경비원으로 하여금 경비업무의 범위를 벗어난 행위를 하게 한 때
- 관할 경찰관서장의 배치폐지 명령에 따르지 아니한 때

행정처분기준 허가 취소, 영업정지 사유(6개월이내 기간 영업의 전부 또는 일부) (법 제19조제2항)

- 시·도경찰청장 허가 없이 경비업무를 변경한 때
- 도급을 의뢰받은 경비업무가 위법한 것임에도 이를 거부하지 아니한 때
- 경비지도사를 집단민원현장에 선임·배치하지 아니한 때
- 경비대상 시설에 관한 경보 대응체제를 갖추지 아니한 때 (기계경비업자)
- 관련서류를 작성·비치하지 아니한 때 (기계경비업자)
- 결격사유 해당 경비원배치, 결격사유 해당 경비지도사 선임·배치
- 법 제12조 1항을 위반하여 경비지도사를 선임한 때
- 경비원으로 하여금 교육을 받게 하지 아니한 때
- 경비원의 복장 등에 관한 규정을 위반한 때
- 경비원의 장비 등에 관한 규정을 위반한 때
- 경비원의 출동차량 등에 관한 규정을 위반한 때
- 집단민원현장에 일반경비원명부를 작성·비치하지 아니한 때
- 배치허가를 받지 않고 경비원을 배치하거나 경비원명단 및 배치일시·배치장소 등 배치허가신청의 내용을 거짓으로 한 때

- ◆ 법 제18조 6항을 위반하여 결격사유 해당 일반경비원을 집단민원현장에 배치한 때
- ◆ 법 제24조에 따른 감독상 명령에 따르지 아니한 때
- ◆ 법 제 26조를 위반하여 손해를 배상하지 아니한 때

  ※ 허가취소 또는 영업정지처분을 하는 때에는 경비업자가 허가받은 경비업무 중 허가취소 또는 영업정지사유에 해당되는 경비업무에 한하여 처분을 하여야 한다.
  단, 제1항 제2호 및 제 7호에 해당하여 허가취소를 하는 경우에는 그러하지 아니하다.

  > ▷ 제19조 제1항 제2호 : 허가받은 경비업무외의 업무에 경비원을 종사하게 한 때
  >   ※ '시설경비업무'에 관한 부분은 2024. 12.31한 입법시 까지 적용중지(헌재 2023. 3.23 헌법불합치 결정)
  > ▷ 제19조 제1항 제7호 : 소속 경비원으로 하여금 경비업무의 범위를 벗어난 행위를 하게한 때

기출문제 행정처분

1. 경비업법령상 행정처분의 일반기준에 관한 설명으로 옳은 것은? (16회)

① 위반행위가 2 이상인 경우로서 그에 해당하는 각각의 처분기준이 다른 경우에는 그 중 경한 처분기준에 따른다.
② 2 이상의 처분기준이 동일한 영업정지인 경우에는 중한 처분기준의 3분의 1까지 가중할 수 있다.
③ 위반행위의 횟수에 따른 행정처분 기준은 최근 1년간 같은 위반행위로 행정처분을 받은 경우에 적용한다.
④ 영업정지처분에 해당하는 위반행위가 적발된 날 이전 최근 2년간 같은 위반행위로 2회 영업정지처분을 받은 경우에는 그 위반행위에 대한 행정처분기준은 허가취소로 한다.

> **해설** 행정처분 일반기준 (시행령 제24조) [별표4]
> • 영업정지의 경우 위반행위의 동기, 내용 및 위반의 정도 등을 고려, 가중·경감할 수 있다.
> • 위반행위가 2 이상인 경우,
>   – 각각의 처분기준이 다른 경우 : 그 중 중한 처분기준.
>   – 처분기준이 같은 영업정지인 경우 : 중한처분 기준의 2분의 1까지 가중.
>   (각 처분기준 합산기간 초과 할 수 없다)
> • 위반행위 횟수에 따른 행정처분기준은 최근 2년간 같은 위반행위로 행정처분 받은 경우에 적용
>   (기준적용일은 위반행위의 행정처분일과 그 처분後 위반행위가 다시 적발된 날 기준)
> • 영업정지처분 위반행위가 적발된 날 이전 최근 2년간 같은 위반행위로 2회 영업정지처분을 받은 경우, 기준불구, 허가취소 한다.

2. 경비업법령상 행정처분의 일반기준에 관한 설명으로 옳은 것은? (23회)

① 행정처분이 영업정지인 경우에는 가중하거나 감경할 수 없다.
② 위반행위가 2 이상인 경우로서 그에 해당하는 각각의 처분기준이 다른 경우에는 그 중 경한 처분기준에 따른다.
③ 위반행위의 횟수에 따른 행정처분 기준 적용일은 위반행위에 대한 행정처분일과 그 처분 후의 위반행위가 다시 적발된 날을 기준으로 한다.
④ 영업정지처분에 해당하는 위반행위가 적발된 날 이전 최근 2년간 같은 위반행위로 3회 이상 영업정지처분을 받은 경우에는 그 위반행위에 대한 행정처분기준은 허가취소로 한다.

> **해설** ① 영업정지의 경우 위반행위의 동기, 내용 및 위반의 정도 등을 고려, 가중·경감할 수 있다.
> ② 위반행위가 2 이상인 경우,
>   • 각각의 처분기준이 다른 경우 : 그 중 중한 처분기준.
>   • 처분기준이 같은 영업정지인 경우 : 중한처분 기준의 2분의 1까지 가중.
>   (각 처분기준 합산기간을 초과 할 수 없다)
> ④ 영업정지처분 위반행위가 적발된 날 이전 최근 2년간 같은 위반행위로 2회 영업정지처분을 받은 경우, 기준 불구, 허가취소 한다.

 1. ④ 2. ③

3. 경비업법령상 경비업자의 행위에 대한 행정처분기준으로 옳지 않은 것은? (단, 행정처분 기준의 경감이나 가중은 고려하지 않는다.) (15회)

① 시·도경찰청장의 허가 없이 경비업무를 변경한 경우 2차 위반에 대하여는 영업정지 3월이다.
② 경비원이 업무수행 중 고의로 발생한 손해를 배상하지 아니한 경우 3차 위반에 대하여는 영업정지 6월이다.
③ 경비원의 복장·장비 및 출동차량에 관한 규정을 위반한 경우 3차 위반에 대하여는 영업정지 3월이다.
④ 경비원으로 하여금 규정에 의한 교육을 받게 하지 아니한 경우 3차 위반에 대하여는 영업정지 1월이다.

> **해설** ① 1차위반 : 경고, 2차위반 : 영업정지 6월, 3차 이상 위반 : 허가 취소처분

4. 경비업법령상 행정처분의 일반기준에 관한 설명으로 옳지 않은 것은? (18회)

① 행정처분이 영업정지인 경우에는 위반행위의 동기, 내용 및 위반의 정도 등을 고려하여 가중하거나 감경할 수 있다.
② 위반행위가 2 이상인 경우로서 그에 해당하는 각각의 처분기준이 다른 경우에는 그 중 중한 처분기준에 따른다.
③ 위반행위가 2 이상인 경우로서 2 이상의 처분기준이 동일한 영업정지인 경우에는 각 처분기준을 합산한 기간으로 한다.
④ 영업정지 처분에 해당하는 위반행위가 적발된 날 이전 최근 2년간 같은 위반행위로 2회 영업정지처분을 받은 경우에는 개별기준에도 불구하고 그 위반행위에 대한 행정처분기준은 허가취소로 한다.

> **해설** 과태료 부과처분위반행위가 2 이상인 경우로서, 처분기준이 같은 영업정지인 경우에는 중한처분 기준의 2분의 1까지 가중한다. (각 처분기준 합산기간을 초과 할 수 없다)

5. 경비업법령상 허가관청이 경비업 허가를 취소해야 하는 경우가 아닌 것은? (14회)

① 허가받은 경비업무외의 업무에 경비원을 종사하게 한 때
② 소속 경비원으로 하여금 경비업무의 범위를 벗어난 행위를 하게 한 때
③ 정당한 사유 없이 최종 도급계약 종료일로부터 1년 이내에 경비 도급실적이 없을 때
④ 영업정지처분을 받고 계속하여 영업을 한 때

> **해설 허가의 취소사유** (법 제19조 제1항)
> • 허위 그 밖에 부정한 방법으로 허가를 받은 때
> • 허가받은 경비업무외의 업무에 경비원을 종사하게 한 때
>   ※ '시설경비업무'에 관한 부분은 2024. 12.31한 입법시 까지 적용중지(헌재 2023. 3.23 헌법불합치 결정)

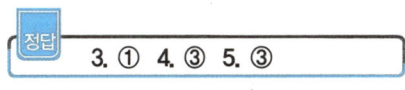

- 경비업 및 경비관련업外의 영업을 한 때 (특수경비업자만 해당)
- 정당한 사유 없이 허가받은 날부터 2년 이내에 경비 도급실적 없거나 계속 1년 이상 휴업한 때
- 정당한 사유 없이 최종 도급계약 종료일의 다음날부터 2년 이내에 경비도급실적이 없을 때
- 영업정지 처분을 받고 계속하여 영업을 한 때
- 소속경비원으로 하여금 경비업무의 범위를 벗어난 행위를 하게한 때
- 관할 경찰관서장의 배치폐지 명령에 따르지 아니한 때

6. 다음은 경비업법 시행령 별표에서 정한 행정처분의 개별기준이다. (   ) 안에 들어갈 내용으로 옳은 것은?

(17회)

위반행위	1차 위반	2차 위반	3차이상 위반
경비업법 제4조제1항 후단을 위반하여 시·도경찰청장의 허가 없이 경비업무를 변경한 때	(ㄱ)	(ㄴ)	(ㄷ)

① ㄱ : 경고, ㄴ : 영업정지 1개월, ㄷ : 영업정지 3개월
② ㄱ : 경고, ㄴ : 영업정지 6개월, ㄷ : 허가취소
③ ㄱ : 영업정지 1개월, ㄴ : 영업정지 3개월, ㄷ : 영업정지 6개월
④ ㄱ : 영업정지 1개월, ㄴ : 영업정지 3개월, ㄷ : 허가취소

해설 시·도경찰청장의 허가 없이 경비업무를 변경한 때
1차 위반 : 경고, 2차 위반 : 영업정지 6개월, 3차 위반 : 허가 취소 (시행령 [별표4])

7. 경비업법령상 행정처분기준 중 개별기준에 관한 다음 표의 (   ) 안의 내용으로 알맞은 것은?

(14회)

위반행위	1차위반	2차위반	3차이상 위반
경비업법 제 24조의 규정에 의한 경찰청장·시·도경찰청장 또는 관할경찰관서장의 감독상 명령에 따르지 아니한 경우	(ㄱ)	영업정지 3월	(ㄴ)
경비업법 제26조의 규정에 위반하여 경비업자가 경비원이 업무 수행 중 고의 또는 과실로 발생한 손해를 배상하지 아니한 경우			(ㄷ)

① ㄱ : 영업정지 1월, ㄴ : 영업정지 6월, ㄷ : 영업정지 6월
② ㄱ : 영업정지 1월, ㄴ : 영업정지 6월, ㄷ : 허가취소
③ ㄱ : 경고, ㄴ : 허가취소, ㄷ : 허가취소
④ ㄱ : 경고, ㄴ : 허가취소, ㄷ : 영업정지 6월

해설
- 경찰청장·시·도경찰청장 또는 관할경찰관서장의 감독상 명령에 따르지 아니한 경우
  1차 위반 : 경고, 2차 위반 : 영업정지 3월, 3차 이상 위반 : 허가취소
- 경비업자가 경비원이 업무수행중 고의 또는 과실로 발생한 손해를 배상하지 아니한 경우
  1차 위반 : 경고, 2차 위반 : 영업정지 3월, 3차 이상 위반 : 영업정지 6월

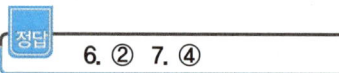

6. ② 7. ④

8. 경비업법상 경비업 허가취소 대상에 해당하는 것을 〈보기〉에서 모두 고른 것은? (17회)

> ㄱ. 허위 그 밖의 부정한 방법으로 허가를 받은 때
> ㄴ. 허가받은 경비업무 외의 업무에 경비원을 종사하게 한 때
> ㄷ. 정당한 사유없이 최종 도급계약 종료일의 다음 날부터 2년 이내에 경비도급 실적이 없을 때
> ㄹ. 영업정지 처분을 받고 계속하여 영업을 한 때

① ㄱ, ㄴ
② ㄷ, ㄹ
③ ㄱ, ㄴ, ㄹ
④ ㄱ, ㄴ, ㄷ, ㄹ

해설 ㄴ. 허가받은 경비업무 외의 업무에 경비원을 종사하게 한 때
※ '시설경비업무'에 관한 부분은 2024. 12.31한 입법시 까지 적용중지(헌재 2023. 3.23 헌법불합치 결정)

9. 경비업법상 경비업의 영업정지를 명할 수 있는 경우가 아닌 것은? (18회)

① 특수경비업자가 시·도경찰청장의 감독상 명령에 따르지 아니한 경우
② 특수경비업자가 경비관련업 외의 영업을 한 경우
③ 특수경비업자가 도급을 의뢰받은 경비업무가 위법한 것임에도 이를 거부하지 아니한 경우
④ 특수경비업자가 신임교육을 받지 아니한 사람을 경비원으로 배치한 경우

해설 ② 허가 취소사유이다. (법 제19조 제1항 제3호)

10. 경비업법령상 경비업 허가취소처분 사유에 해당하지 않는 것은? (19회)

① 경비업자가 집단민원현장에 경비지도사를 선임·배치하여야 함에도 불구하고 이를 3차례 위반한 때
② 경비업자가 특수폭행죄를 범하여 벌금형을 선고받고 5년이 지나지 아니한 자를 일반경비원으로 집단민원현장에 배치해서는 아니됨에도 불구하고 이를 2차례 위반한 때
③ 경비업자가 영업정지처분을 받고 계속하여 영업을 한 때
④ 경비업자가 관할 경찰관서장의 배치폐지명령에 따르지 아니한 때

해설 ① 1차위반 : 영업정지 1개월, 2차위반 : 영업정지 3개월, 3차이상위반 : 허가취소 (법 제19조 제2항 제3호)
③ 법 제19조제1항 제6호, ④ 법 제19조제1항 제8호
② 1차위반 : 영업정지 1개월, 2차위반 : 영업정지 3개월, 3차이상위반 : 허가취소 (법 제19조 제2항 제14호)

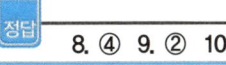
8. ④ 9. ② 10. ②

11. 경비업법령상 경비업 허가의 필요적 취소 사유에 해당하는 경우는? (20회)

① 정당한 사유 없이 허가를 받은 날부터 1년 이내에 경비 도급 실적이 없거나 계속하여 1년간 휴업한 때
② 정당한 사유 없이 최종 도급계약 종료일의 다음 날부터 1년 이내에 경비 도급 실적이 없을 때
③ 경비원 명단 및 배치 일시·장소 등 배치허가 신청의 내용을 거짓으로 한 때
④ 소속 경비원으로 하여금 경비업무의 범위를 벗어난 행위를 하게 한 때

해설 ① 정당한 사유 없이 허가를 받은 날부터 2년 이내에 경비 도급 실적이 없거나 계속하여 1년간 휴업한 때
② 정당한 사유 없이 최종 도급계약 종료일의 다음 날부터 2년 이내에 경비 도급 실적이 없을 때
③ 1차위반 : 영업정지 1월, 2차위반 : 영업정지 3월, 3차 이상 위반 : 허가취소 (법 제19조 제2항 제3호)
④ 법 제19조 제1항 제7호

12. 경비업법령상 경비업 허가의 취소사유가 아닌 것은? (21회)

① 경비업자가 허가받은 경비업무 외의 업무에 경비원을 종사하게 한 때
② 경비업자가 정당한 사유 없이 최종 도급계약 종료일의 다음 날부터 1년 이내에 경비 도급실적이 없을 때
③ 경비업자가 소속 경비원으로 하여금 경비업무의 범위를 벗어난 행위를 하게 한 때
④ 경비업자가 관할 경찰관서장의 배치폐지 명령에 따르지 아니한 때

해설 ③ 법 제19조 제1항 제7호, ④ 법 제19조 제1항 제8호,
② 정당한 사유 없이 최종 도급계약 종료일의 다음 날부터 2년 이내에 경비 도급실적이 없을 때
① '시설경비업무'에 관한 부분은 2024. 12.31한 입법시 까지 적용중지(헌재 2023. 3.23 헌법불합치 결정)

13. 경비업법령상 경비업 허가의 취소 사유에 해당하지 않는 것은? (22회)

① 허가받은 경비업무외의 업무에 경비원을 종사하게 한 때
② 정당한 사유없이 계속하여 15개월 동안 휴업한 때
③ 정당한 사유없이 최종 도급계약 체결일부터 2년 이내에 경비 도급실적이 없을 때
④ 영업정지처분을 받고 계속하여 영업한 때

해설 ③ 정당한 사유 없이 최종 도급계약 종료일의 다음 날부터 2년 이내에 경비 도급실적이 없을 때
① '시설경비업무'에 관한 부분은 2024. 12.31한 입법시 까지 적용중지(헌재 2023. 3.23 헌법불합치 결정)

정답 11. ④ 12. ①,② 13. ①,③

14. 경비업법령상 6개월 이내의 기간을 정하여 영업의 전부 또는 일부에 대하여 경비업자에게 영업정지를 명할 수 있는 사유로 명시되지 않은 것은? (22회)

① 경비원의 출동차량 등에 관한 규정을 위반한 때
② 배치 경비원 인원 및 배치시간 등 배치허가 신청의 내용을 과실로 누락한 때
③ 경비원으로 하여금 교육을 받게 하지 아니한 때
④ 경비원의 복장·장비에 관한 규정을 위반한 때

> **해설** ② 배치허가를 받지 아니하고 경비원을 배치하거나 경비원 명단 및 배치일시·장소 등 시간 등 배치허가 신청의 내용을 거짓으로 한 때
> 1차 위반 : 영업정지 1월, 2차위반 : 영업정지 3월, 3차이상 위반 : 허가취소 (법 제19조 제2항 제13호)

15. 경비업법령상 허가관청이 의무적으로 경비업 허가를 취소해야 하는 사유가 아닌 것은? (23회)

① 도급을 의뢰받은 경비업무가 위법한 것임에도 이를 거부하지 아니한 때
② 정당한 사유 없이 허가를 받은 날부터 2년 이내에 경비 도급실적이 없거나 계속하여 1년 이상 휴업한 때
③ 소속 경비원으로 하여금 경비업무의 범위를 벗어난 행위를 하게 한 때
④ 관할 경찰관서장의 배치폐지 명령에 따르지 아니한 때

> **해설** ① 1차위반 : 영업정지 1월, 2차위반 : 영업정지 3월, 3차위반 : 허가취소 (법 제19조 제2항 제2호)

16. 경비업법령상 경비업 허가의 취소사유로 옳지 않은 것은? (24회)

① 경비업자가 허가받은 경비업무외의 업무에 경비원을 종사하게 한 때
② 특수경비업자가 경비업 및 경비관련업외의 영업을 한 때
③ 경비업자가 소속 경비원으로 하여금 경비업무의 범위를 벗어난 행위를 하게 한 때
④ 경비업자가 정당한 사유없이 최종 도급계약 종료일의 다음 날부터 1년 이내에 경비도급 실적이 없을 때

> **해설** ① '시설경비업무'에 관한 부분은 2024. 12.31한 입법시 까지 적용중지(헌재 2023. 3.23 헌법불합치 결정)
> ④ 정당한 사유없이 최종 도급계약 종료일의 다음 날부터 2년 이내에 경비도급 실적이 없을 때

정답 14. ② 15. ① 16. ①,④

17. 다음 표는 경비업법 시행령 별표에서 정한 경비지도사 자격정지처분 기준이다. ( ) 안에 들어갈 내용으로 옳은 것은?

(16회)

위 반 행 위	1차 위반	2차 위반	3차 이상 위반
법 제12조3항의 규정에 위반하여 직무를 성실하게 수행하지 아니한 때	자격정지 3월	자격정지 (ㄱ)월	자격정지 (ㄴ)월
법 제24조의 규정에 의한 경찰청장. 시·도경찰청장의 명령을 위반한 때	자격정지 (ㄷ)월	자격정지 6월	자격정지 9월

① ㄱ:6, ㄴ:9, ㄷ:1
② ㄱ:6, ㄴ:9, ㄷ:3
③ ㄱ:6, ㄴ:12, ㄷ:1
④ ㄱ:9, ㄴ:12, ㄷ:3

해설 경비지도사 자격정지 행정처분 기준 (시행령 제25조, [별표5])

위 반 행 위	행정처분기준		
	1차 위반	2차 위반	3차 이상 위반
법 제12조3항의 규정에 위반하여 직무를 성실하게 수행하지 아니한 때	자격정지 3월	자격정지 6월	자격정지 12월
법 제24조의 규정에 의한 경찰청장. 시·도경찰청장의 명령을 위반한 때	자격정지 1월	자격정지 6월	자격정지 9월

18. 경비업법령상 경찰청장이 경비지도사의 자격을 취소해야 하는 경우에 해당하지 않는 것은?

(16회)

① 경비지도사로서의 결격사유에 해당하게 된 때
② 허위로 경비지도사자격증을 교부받은 때
③ 경비지도사자격증을 다른 사람에게 빌려준 때
④ 경찰청장이 경비업무의 적정한 수행을 위하여 경비지도사를 지도·감독하며 내린 필요한 명령을 경비지도사가 위반한 때

해설 경비지도사자격의 취소 등 (법 제20조)

자격 취소사유	• 결격사유에 해당하게 된 때 • 허위 그 밖에 부정한 방법으로 경비지도사 자격증을 교부받은 때 • 경비지도사 자격증을 다른 사람에게 빌려주거나 양도한 때 • 자격정지 기간 중에 경비지도사로 선임되어 활동한 때
자격 정지사유 (1년 범위내)	• 법 제12조제3항 위반, 직무를 성실하게 수행하지 아니한 때 • 법 제24조 위반, 경찰청장 또는 시·도경찰청장의 명령을 위반한 때

정답 17. ③ 18. ④

19. 경비업법령상 경비지도사 자격의 취소사유에 해당하는 것을 모두 고른 것은? (14회)

ㄱ. 피성년후견인의 선고를 받은 경우
ㄴ. 경비지도사자격증을 다른 사람에게 빌려주거나 양도한 경우
ㄷ. 허위 그 밖의 부정한 방법으로 경비지도사자격증을 교부 받은 경우
ㄹ. 경비업무의 적절한 수행을 위한 경찰청장 또는 시·도경찰청장의 감독상의 명령을 위반한 경우

① ㄱ, ㄴ
② ㄴ, ㄷ
③ ㄱ, ㄴ, ㄷ
④ ㄴ, ㄷ, ㄹ

해설 ㄹ : 1차 위반 : 경고, 2차 위반 : 영업정지 6월, 3차 이상 위반 : 영업정지 9월 (시행령 [별표5])

20. 경비업법상 경비지도사 자격을 정지시킬 수 있는 경우는? (18회)

① 집단민원현장에 배치된 경비원에 대한 지도·감독 직무를 성실하게 수행하지 아니한 때
② 자격정지 기간 중에 경비지도사로 선임되어 활동한 때
③ 허위 그 밖의 부정한 방법으로 경비지도사 자격증을 교부받은 때
④ 경비지도사 자격증을 다른 사람에게 빌려주거나 양도한 때

해설 ②,③,④ 1회 적발로 경비지도사 자격이 취소되는 사유이다.

21. 경비업법령상 경비지도사가 경찰청장, 시·도경찰청장의 명령을 1차 위반할 때의 행정처분 기준으로 옳은 것은? (18회)

① 자격정지 1월
② 자격정지 3월
③ 자격정지 6월
④ 자격취소

해설 경찰청장 또는 시·도경찰청장의 명령을 위반한 때
1차위반 : 자격정지 1월, 2차위반 : 자격정지 6월, 3차이상 위반 : 자격정지 9월

22. 경비업법령상 경비지도사에 대한 자격정지처분의 사유에 해당하는 것은? (19회)

① 경비지도사 갑(甲)은 자격정지 기간 중에 경비지도사로 선임되어 활동하였다.
② 경비지도사 을(乙)은 허위 그 밖의 부정한 방법으로 경비지도사자격증을 교부 받았다.
③ 경비지도사 병(丙)은 시·도경찰청장의 적정한 경비업무수행을 위하여 필요한 지도·감독상 명령을 위반하였다.
④ 경비지도사 정(丁)은 경비지도사 자격증을 무(戊)에게 빌려주거나 양도하였다.

해설 ①,②,④ 자격취소 사유
③ 1차위반 : 자격정지 1월, 2차위반 :자격정지 6월, 3차이상 위반 : 자격정지 9월

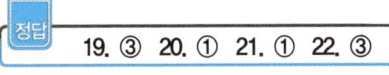
정답 19. ③ 20. ① 21. ① 22. ③

23. 경비업법령상 경비지도사가 경찰청장의 명령을 위반한 때 부과되는 자격정지 처분 기준으로 옳은 것은? (20회)

① 1차위반 : 1월, 2차위반 : 3월 ② 1차위반 : 1월, 2차위반 : 6월
③ 1차위반 : 3월, 2차위반 : 6월 ④ 1차위반 : 3월, 2차위반 : 9월

> **해설** 법 제24조의 규정에 의한 경찰청장, 시·도경찰청장의 명령을 위반한 때
> 1차위반 : 자격정지 1월, 2차위반 : 자격정지 6월, 3차 이상 위반 : 자격정지 9월

24. 경비업법령상 경비지도사가 직무를 성실하게 수행하지 아니한 경우, 1차 위반 시 행정처분 기준으로 옳은 것은? (21회)

① 경비도사 자격정지 1월 ② 경비도사 자격정지 3월
③ 경비도사 자격정지 6월 ④ 경비도사 자격정지 9월

> **해설** 법 제12조3항의 규정에 위반하여 직무를 성실하게 수행하지 아니한 때
> 1차위반 : 자격정지 3월, 2차위반 : 자격정지 6월, 3차이상 위반 : 자격정지 12월

25. 경비업법령상 경비지도사 자격취소처분의 사유가 아닌 것은? (21회)

① 허위 그 밖의 부정한 방법으로 경비지도사자격증을 교부받은 때
② 경비지도사자격증을 다른 사람에게 빌려주거나 양도한 때
③ 자격정지 기간 중에 경비지도사로 선임되어 활동한 때
④ 「경비업법」 제24조의 규정에 의한 경찰청장 또는 시·도경찰청장의 명령을 위반한 때

> **해설** ①,②,③ 자격취소 사유
> ④ 1회 위반 : 자격정지 1월, 2회 위반 : 자격정지 6월, 3회 이상 위반 : 자격정지 9월

26. 경비업법령상 경비지도사자격의 취소와 정지에 관한 설명으로 옳지 않은 것은? (22회)

① 경찰청장은 경비지도사가 자격정지 기간 중에 경비지도사로 선임되어 활동한 때에는 1년의 범위 내에서 정지 기간을 연장시킬 수 있다.
② 경찰청장은 경비지도사가 허위로 경비지도사자격증을 교부받은 때에는 그 자격을 취소하여야 한다.
③ 경찰청장은 경비지도사가 시·도경찰청장의 명령을 위반한 때에는 1년의 범위 내에서 그 자격을 정지시킬 수 있다.
④ 경찰청장은 경비지도사의 자격을 정지한 때에는 그 정지기간 동안 경비지도사자격증을 회수하여 보관하여야 한다.

> **해설** ① 자격정지 기간 중에 경비지도사로 선임되어 활동한 때에는 허가 취소사유이다. (법 제20조 제4항)

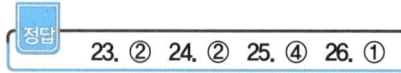
정답 23. ② 24. ② 25. ④ 26. ①

27. 경비업법령상 경비지도사 자격정지처분 기준에 관한 설명으로 옳은 것은? (22회)

① 위반행위의 횟수에 따른 행정처분의 기준은 당해 위반행위가 있은 이전 최근 1년간 같은 위반행위로 행정처분을 받은 경우에 적용한다.
② 위반행위의 횟수에 따른 행정처분의 기준은 당해 위반행위가 있은 이전 최근 2년간 동일성 여부와 관계없이 위반행위로 행정처분을 받은 누적 횟수에 적용한다.
③ 경찰청장의 명령을 1차 위반한 때 행정처분기준은 자격정지 6월이다.
④ 시·도경찰청장의 명령을 2차 위반한 때 행정처분기준은 자격정지 6월이다

해설 경비지도사 자격정지 행정처분 기준 (시행령 제25조, [별표 5])

위 반 행 위	행정처분기준		
	1차 위반	2차 위반	3차 이상 위반
법 제12조3항의 규정에 위반하여 직무를 성실하게 수행하지 아니한 때	자격정지 3월	자격정지 6월	자격정지 12월
법 제24조의 규정에 의한 경찰청장. 시·도경찰청장의 명령을 위반한 때	자격정지 1월	자격정지 6월	자격정지 9월

※ 위반행위의 횟수에 따른 행정처분의 기준은 당해 위반행위가 있은 이전 최근 2년간 같은 위반행위로 행정처분을 받은 경우에 적용한다.

28. 경비업법령상 행정처분의 기준이 3차 위반시 영업정지 3개월인 위반행위에 해당하는 것은? (23회)

① 집단민원현장에 일반경비원 명부를 작성·비치하지 않은 때
② 경비원의 복장 등에 관한 규정을 위반한 때
③ 손해를 배상하지 않은 때
④ 경비대상시설에 관한 경보대응체제를 갖추지 않은 때

해설 ① 1차위반 : 영업정지 1월, 2차위반 : 영업정지 3월, 3차위반 : 허가취소
③ 1차위반 : 경고, 2차위반 : 영업정지 3월, 3차위반 : 영업정지 6월
④ 1차위반 : 경고, 2차위반 : 경고, 3차위반 : 영업정지 1월
② 1차위반 : 경고, 2차위반 : 영업정지 1월, 3차위반 : 영업정지 3월

29. 경비업법령상 경비지도사자격의 취소사유에 해당하지 않는 것은? (23회)

① 허위 그 밖의 부정한 방법으로 경비지도사자격증을 교부받은 때
② 경비지도사자격증을 다른 사람에게 빌려주거나 양도한 때
③ 경찰청장 또는 시·도경찰청장의 명령을 위반한 때
④ 자격정지 기간 중에 경비지도사로 선임되어 활동한 때

해설 ①,②,④ 자격취소 사유
③ 1차위반 : 자격정지 1월, 2차위반 : 자격정지 6월, 3차이상 위반 : 자격정지 9월

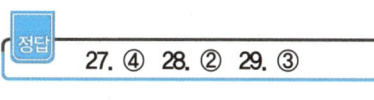

30. 경비업법령상 경비지도사자격의 취소 등에 관한 설명으로 옳지 않은 것은? (24회)

① 경찰청장은 기계경비지도사가 오경보방지 등을 위한 기기관리 감독의 직무를 위반하여 직무를 성실하게 수행하지 아니한 때에는 1년의 범위 내에서 그 자격을 정지시킬 수 있다.
② 경찰청장은 경비지도사의 자격을 정지한 때에는 그 정지기간동안 경비지도사자격증을 회수하여 보관하여야 한다.
③ 경찰청장은 경비지도사가 경찰청장 또는 시·도경찰청장의 명령을 위반한 때에는 1년의 범위 내에서 그 자격을 정지시킬 수 있다.
④ 경찰청장은 경비지도사가 자격정지 기간 중에 경비지도사로 선임되어 활동한 때에는 1년의 범위 내에서 그 자격을 정지시킬 수 있다.

해설 ④ 자격정지 기간 중에 경비지도사로 선임되어 활동한 때에는 허가 취소사유이다. (법 제20조 제4항)

31. 경비업법령상 청문절차를 반드시 거쳐야 하는 경우가 아닌 것은? (15회)

① 현장배치 경비원에 대한 감독을 수행하지 않아 받은 경비지도사의 자격정지처분
② 경비원의 업무수행중 제3자에게 입힌 손해에 대한 경비업자의 배상
③ 허가 없이 경비업무를 변경하여 받은 경비업의 영업정지처분
④ 결격사유에 해당되는 경비원 채용이 적발되어 받은 경비업 허가의 취소처분

해설 경찰청장 또는 시·도경찰청장은 경비업 허가의 취소 또는 정지, 경비지도사 자격의 취소 또는 정지처분을 하는 경우에는 청문을 실시하여야 한다. (법 제21조)

32. 경비업법령상 경찰청장 또는 시·도경찰청장이 청문을 실시해야 하는 경우에 해당하지 않는 것은? (16회)

① 경비업 법인의 임원선임 취소
② 경비지도사자격의 정지
③ 경비업 영업정지
④ 경비업 허가의 취소

해설 경찰청장 또는 시·도경찰청장은 경비업 허가의 취소 또는 정지, 경비지도사 자격의 취소 또는 정지처분을 하는 경우에는 청문을 실시하여야 한다. (법 제21조)

33. 경비업법령상 경찰청장 또는 시·도경찰청장이 해당 처분을 하기 위해 청문을 실시하여야 하는 경우가 아닌 것은? (17회)

① 특수경비원의 징계
② 경비지도사 자격의 취소
③ 경비지도사 자격의 정지
④ 경비업 허가의 취소 또는 영업정지

해설 특수경비원의 징계는 청문대상이 아니다.

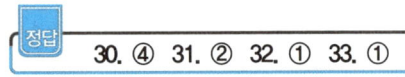

30. ④ 31. ② 32. ① 33. ①

34. 경비업에 관한 설명으로 옳지 않은 것은? (18회)

① 시·도경찰청장이 경비업 허가의 취소 또는 영업정지를 하고자 하는 경우에는 청문을 실시하여야 한다.
② 시·도경찰청장은 경비지도사의 자격을 정지하는 때에는 청문을 실시하지 않는다.
③ 경찰청장이 경비지도사의 자격을 정지한 때에는 그 정지기간 동안 경비지도사 자격증을 회수하여 보관하여야 한다.
④ 허가관청은 경비업자가 영업정지처분을 받고 계속하여 영업을 한 때에는 그 허가를 취소하여야 한다.

해설 ① 법 제21조, ③ 법 제20조 제3항, ④ 법 제19조 제1항 제6호
② 경찰청장 또는 시·도경찰청장은 경비업 허가의 취소 또는 영업정지, 경비지도사 자격의 취소 또는 정지 처분을 하는 경우에는 청문을 실시하여야 한다. (법 제21조)

35. 경비업법령상 청문을 실시하여야 하는 행정처분에 해당하지 않는 것은? (19회, 21회)

① 경비업 허가취소처분
② 경비업 영업정지처분
③ 경비지도사 자격정지처분
④ 경비업자에 대한 과태료 부과처분

해설 과태료 부과처분은 청문대상이 아니다.

36. 경비업법령상 청문을 실시하여야 하는 경우로 옳지 않은 것은? (20회)

① 관할 경찰관서장의 배치폐지 명령에 따르지 아니하여 경비업 허가의 취소 처분을 하고자 하는 경우
② 경비업자가 집단민원현장에 특수경비원 명부를 작성·비치하지 않아 9개월 영업정지 처분을 하고자 하는 경우
③ 경비지도사가 자격정지 기간 중에 경비지도사로 선임되어 활동하다가 적발되어 경비지도사 자격취소 처분을 하고자 하는 경우
④ 경비현장에 배치된 경비원에 대한 순회점검 및 감독을 수행하지 않아 경비지도사 자격정지 처분을 하고자 하는 경우

해설 경찰청장 또는 시·도경찰청장은 경비업 허가의 취소 또는 영업정지, 경비지도사자격의 취소 또는 정지처분을 하는 경우에는 청문을 실시하여야 한다. (법 제21조)
② 집단민원현장에 특수경비원을 배치할 수 없고, 일반경비원명부를 비치하지 않은 경우에는 1차 위반시 영업정지 1개월, 2차 위반시 영업정지 3개월, 3차 이상 위반 시 허가취소 사항이다.

정답 34. ② 35. ④ 36. ②

37. 경비업법령상 경찰청장 또는 시·도경찰청장이 청문을 실시해야 하는 행정처분에 해당하는 것을 모두 고른 것은? (24회)

| ㄱ. 경비업 허가의 취소 | ㄴ. 경비업 영업정지 |
| ㄷ. 경비지도사자격의 취소 | ㄹ. 경비지도사자격의 정지 |

① ㄱ, ㄷ
② ㄴ, ㄹ
③ ㄱ, ㄴ, ㄷ
④ ㄱ, ㄴ, ㄷ, ㄹ

해설 전부 해당된다.

38. 경비업법령상 경찰청장 또는 시·도경찰청장이 처분을 하고자 하는 경우에 청문을 실시하여야만 하는 경우가 아닌 것은? (14회)

① 허위의 방법으로 받은 경비업 허가의 취소
② 경비업법에 위반하여 받은 경비업의 영업 정지
③ 경비지도사자격증의 양도로 인한 경비지도사 자격의 취소
④ 경비업의 영업허가

해설 ④ 영업허가는 청문 대상이 아니다.

정답 37. ④ 38. ④

Chapter 6 경비협회

○ 경비협회 설립 (법 제22조)
- ◆ **설립요건** : 경비업자가 경비협회를 설립하려는 경우에는 정관을 작성하여야 한다.
- ◆ **회비** : 협회는 정관이 정하는 바에 따라 회원으로부터 회비를 징수할 수 있다
- ◆ 경비협회는 **법인**으로 한다. (경비업법에 특별한 규정 제외하고, **민법 중 사단법인 규정** 준용)

○ 경비협회의 업무 (법 제22조 제3항)
- ◆ 경비업무의 연구
- ◆ 경비원 교육·훈련 및 그 연구
- ◆ 경비원의 후생·복지에 관한 사항
- ◆ 경비진단에 관한 사항
- ◆ 그 밖에 경비업무의 건전한 운영과 육성에 관하여 필요한 사항

○ 경비협회의 공제사업 (법 제23조)
- ◆ 경비협회는 다음 각 호의 공제사업을 할 수 있다.
  1. 법 제26조에 따른 경비업자의 손해배상책임을 보장하기 위한 사업
  2. 경비업자가 경비업을 운영할 때 필요한 입찰보증, 계약보증(이행보증 포함), 하도급 보증을 위한 사업
  3. 경비원의 복지향상과 업무상 재해로 인한 손실을 보상하는 사업
  4. 경비업무와 관련한 연구 및 경비원 교육·훈련에 관한 사업
- ◆ 경비협회는 공제사업을 하고자 하는 때에는 **공제규정**을 제정하여야 한다.
- ◆ 공제규정에는 **공제사업의 범위, 공제계약의 내용, 공제금, 공제료 및 공제금에 충당하기 위한 책임준비금 등** 공제사업 운영에 필요한 사항을 정해야 한다.
- ◆ 경찰청장은 공제사업의 건전한 육성과 가입자의 보호를 위해 공제사업의 감독에 관한 기준을 정할 수 있다.
- ◆ 경찰청장은 공제규정을 승인하거나 공제사업의 감독에 관한 기준을 정하는 경우에는 미리 금융위원회와 협의하여야 한다.
- ◆ 경찰청장은 공제사업에 대하여「금융위원회의 설치 등에 관한 법률」에 따른 금융감독원의 원장에게 검사를 요청할 수 있다.
- ※ 공제사업의 회계는 다른 사업의 회계와 구분하여 경리하여야 한다. (영 제27조)

기출문제 경비협회

1. 경비업법령상 경비협회에 관한 설명으로 옳은 것은? (16회)

① 경비업자는 5인 이상이 발기인이 되어 경비협회를 설립할 수 있다.
② 경비협회에 관하여 경비업법에 특별한 규정이 있는 것을 제외하고는 민법 중 재단법인에 관한 규정을 준용한다.
③ 경비협회는 경비업자의 손해배상책임 보장과 소속 경비원의 고용안정 보장을 위하여 공제사업을 운영할 수 있다.
④ 경비협회의 업무에는 경비원의 후생·복지에 관한 사항 외에도 경비진단에 관한 사항도 포함된다.

> **해설** ① 2014. 12.30 개정시 삭제됨
> ② 경비협회에 관하여 경비업법에 특별한 규정이 있는 것을 제외하고는 민법 중 재단법인에 관한 규정을 준용한다. (법 제22조 제4항)
> ③ 경비업자의 손해배상책임 보장하기 위한 사업은 공제사업 대상이나, 소속 경비원의 고용안정 보장은 공제사업 대상에 해당되지 않는다.
> ④ 법 제22조 제3항 제3호, 4호

2. 경비업법령상 경비협회의 업무에 해당되지 않는 것은? (14회)

① 경비업무의 연구
② 경비진단에 관한 사항
③ 경비원의 후생·복지에 관한 사항
④ 경비지도사 및 경비원의 신분증명서의 발급

> **해설** **경비협회의 업무** (법 제22조 제3항)
> • 경비업무의 연구
> • 경비원 교육·훈련 및 그 연구
> • 경비원의 후생·복지에 관한 사항
> • 경비진단에 관한 사항
> • 그 밖에 경비업무의 건전한 운영과 육성에 관하여 필요한 사항

3. 경비업법령상 경비협회에 관한 설명으로 옳은 것은? (17회)

① 경비협회를 설립하려면 경비업자 10인 이상으로 구성된 발기인을 필요로 한다.
② 경비협회의 업무에는 경비진단에 관한 사항도 포함된다.
③ 경비협회는 공익법인이므로 회원으로부터 회비를 징수하여서는 아니 된다.
④ 경비협회에 관하여 경비업법에 특별한 규정이 있는 것을 제외하고는 「민법」 중 재단법인에 관한 규정을 준용한다.

정답 1. ④ 2. ④ 3. ②

↘**해설** ① 경비협회 설립시 경비업자 5인 이상의 발기인을 필요로 하는 조항은 법 개정으로 삭제됨
　　　　③ 협회는 정관이 정하는 바에 따라 회원으로부터 회비를 징수할 수 있다. (시행령 제26조 제2항)
　　　　④ 경비협회에 관하여 경비업법에 특별한 규정이 있는 것을 제외하고는 「민법」 중 사단법인에 관한 규정을 준용한다. (법 제22조 제4항)
　　　　② 법 제22조 제3항 제4호

4. 경비업법상 경비협회의 업무에 해당되지 않는 것은? (19회)

① 경비원의 후생·복지에 관한 사항　　② 경비진단에 관한 사항
③ 경비지도사의 지도·감독　　　　　　④ 경비원 교육·훈련 및 그 연구

↘**해설** ③ 경비지도사의 지도·감독은 경비협회 업무에 해당되지 않는다.

5. 경비업법령상 경비협회에 관한 설명으로 옳지 않은 것은? (20회)

① 경비업자가 경비협회를 설립하려는 경우에는 정관을 작성하여야 하며, 협회는 행정안전부령에 따라 회비를 징수할 수 있다.
② 경비업자는 경비업무의 건전한 발전과 경비원의 자질 향상 및 교육훈련 등을 위하여 대통령령이 정하는 바에 따라 경비협회를 설립할 수 있다.
③ 경비협회의 업무에는 경비원의 후생·복지, 경비 진단에 관한 사항 등도 포함된다.
④ 경비업법에 특별한 규정이 있는 것을 제외하고는 「민법」 중 사단법인에 관한 규정을 준용한다.

↘**해설** ② 법 제22조 제1항, ③ 법 제22조 제3항 제3호, ④ 법 제22조 제4항
　　　　① 경비업자가 경비협회를 설립하려는 경우에는 정관을 작성하여야 한다. 협회는 정관이 정하는 바에 의하여 회원으로부터 회비를 징수할 수 있다. (시행령 제26조)

6. 경비업법령상 경비협회에 관한 설명으로 옳지 않은 것은? (21회)

① 경비업자는 경비업무의 건전한 발전과 경비원의 자질향상 및 교육훈련 등을 위하여 대통령령이 정하는 바에 따라 경비협회를 설립할 수 있다.
② 경비협회는 정관이 정하는 바에 의하여 회원으로부터 회비를 징수 할 수 있다.
③ 경비협회의 업무에는 경비업무의 연구도 포함된다.
④ 경비협회에 관하여 「경비업법」에 특별한 규정이 있는 것을 제외하고는 「민법」 중 재단법인에 관한 규정을 준용한다.

↘**해설** ① 법 제22조 제1항, ② 시행령 제26조 제2항, ③ 법 제22조 제3항 제1호
　　　　④ 경비협회에 관하여 「경비업법」에 특별한 규정이 있는 것을 제외하고는 「민법」 중 사단법인에 관한 규정을 준용한다. (법 제22조 제4항)

정답　4. ③　5. ①　6. ④

7. 경비업법령상 경비협회에 관한 설명으로 옳지 않은 것은? (19회)
   ① 경비협회는 행정안전부령이 정하는 바에 의하여 회원으로부터 회비를 징수할 수 있다.
   ② 경비협회는 경비업자의 손해배상책임을 보장하기 위한 사업의 공제사업을 할 수 있다.
   ③ 경비협회에 관하여 경비업법에 특별한 규정이 있는 것을 제외하고는 민법상 사단법인에 관한 규정을 준용한다.
   ④ 경비협회가 공제사업을 하고자 하는 때는 공제규정을 제정하여야 하고, 경찰청장이 공제규정을 승인하는 경우는 미리 금융감독위원회와 협의를 하여야 한다.

   해설 ② 법 제23조 제1항 제1호, ③ 법 제22조 제4항, ④ 법 제23조 제2항, 제5항
   ① 협회는 정관이 정하는 바에 의하여 회원으로부터 회비를 징수할 수 있다. (시행령 제26조 제2항)
   ④ 금융감독원(FSS) : 금융감독 업무를 위해 설립된 금융위원회 산하 특수법인
   금융감독위원회(FSC) : 금융정책, 외국환업무 취급기관의 건전성 감독 및 금융감독에 관한 사무를 담당하는 중앙행정기관으로 2008. 2. 20 금융위원회로 개편되어 폐지됨
   (①,④복수정답 처리되어야 할 사안이나 ①만 정답처리 됨)

8. 경비업법령상 경비협회의 업무 등에 관한 내용으로 옳지 않은 것은? (18회)
   ① 경비협회의 업무에는 경비원의 후생·복지에 관한 사항이 포함된다.
   ② 경비협회는 경비업자가 경비업을 운영할 때 필요한 이행보증을 포함한 계약보증을 위한 공제사업을 할 수 있다.
   ③ 경비업자는 경비업무의 건전한 발전과 경비원의 자질향상 및 교육훈련 등을 위하여 행정안전부령이 정하는 바에 따라 경비협회를 설립할 수 있다.
   ④ 경찰청장은 경비업법에 따른 공제사업의 건전한 육성과 가입자의 보호를 위하여 공제사업의 감독에 관한 기준을 정할 수 있다.

   해설 ③ 경비업자는 경비업무의 건전한 발전과 경비원의 자질향상 및 교육훈련 등을 위하여 **대통령령**이 정하는 바에 따라 경비협회를 설립할 수 있다. (법 제22조 제1항)

9. 경비업법령상 경비협회의 공제사업에 관한 설명으로 옳지 않은 것은? (15회)
   ① 공제사업의 회계는 다른 사업의 회계와 구분하여 경리해야 한다.
   ② 경비업자의 후생·복지를 위한 목적으로 공제사업을 운영할 수 있다.
   ③ 공제사업을 하고자 하는 때에는 공제규정을 제정해야 한다.
   ④ 공제규정에는 공제사업의 범위와 공제계약의 내용 등 공제사업의 운영에 관하여 필요한 사항을 정해야 한다.

   해설 **경비협회의 공제사업** (법 제23조 제1항)
   • 법 제26조에 따른 경비업자의 손해배상책임을 보장하기 위한 사업
   • 경비업자가 경비업을 운영할 때 필요한 입찰보증, 계약보증(이행보증 포함), 하도급보증을 위한 사업
   • 경비원의 복지향상과 업무상 재해로 인한 손실을 보상하는 사업
   • 경비업무와 관련한 연구 및 경비원 교육·훈련에 관한 사업

   정답 7. ① 8. ③ 9. ②

10. 경비업법상 경비협회가 할 수 있는 공제사업에 해당되지 않는 것은?
(제17회)

① 경비지도사의 손해배상책임과 형사책임을 보장하기 위한 사업
② 경비원의 복지향상과 업무상 재해로 인한 손실을 보상하는 사업
③ 경비업무와 관련한 연구 및 경비원 교육·훈련에 관한 사업
④ 경비업자가 경비업을 운영할 때 필요한 입찰보증, 계약보증, 하도급보증을 위한 사업

해설 ① 공제사업 대상에 해당되지 않는다.

11. 경비업법령상 경비협회 공제사업에 관한 설명으로 옳지 않은 것은?
(18회)

① 경비협회는 법인으로 한다.
② 경비협회는 정관이 정하는 바에 의하여 회원으로부터 회비를 징수할 수 있다.
③ 경찰청장은 경비협회의 공제규정을 승인하는 때에는 미리 금융위원회와 협의하여야 한다.
④ 경비협회에 관하여 경비업법에 특별한 규정이 있는 것을 제외하고는 민법 등 재단법인에 관한 규정을 준용한다.

해설 ④ 경비협회에 관하여 경비업법에 특별한 규정이 있는 것을 제외하고는 민법 중 사단법인에 관한 규정을 준용한다. (법 제22조 제4항)

12. 경비업법령상 경비협회에 관한 설명으로 옳지 않은 것은?
(24회)

① 경비업자는 경비업무의 건전한 발전과 경비원의 자질향상 및 교육훈련 등을 위하여 대통령령이 정하는 바에 따라 경비협회를 설립할 수 있다.
② 경비협회에 관하여 경비업법에 특별한 규정이 있는 것을 제외하고는 민법중 조합에 관한 규정을 준용한다.
③ 경비협회의 업무로는 경비원의 후생·복지에 관한 사항도 포함된다.
④ 경비협회는 법인으로 한다.

해설 ① 법 제22조 제1항, ③ 법 제22조 제3항 제3호, ④ 법 제22조 제2항
② 경비협회에 관하여 경비업법에 특별한 규정이 있는 것을 제외하고는 민법중 사단법인에 관한 규정을 준용한다. (법 제22조 제4항)

정답 10. ① 11. ④ 12. ②

13. 경비업법령상 경비협회의 공제사업에 관한 설명으로 옳은 것은? (20회)

① 경비협회는 경비원의 복지 향상과 업무상 재해로 인한 손실을 보상하기 위한 공제사업을 할 수 있다.
② 경찰청장은 공제사업의 건전한 육성을 위하여 공제사업의 감독에 관한 기준을 경비협회와 협의하여 정한다.
③ 경찰청장은 공제규정을 승인하거나 공제사업의 감독에 관한 기준을 정하는 경우에는 미리 경찰공제회와 협의하여야 한다.
④ 경찰청장은 공제사업에 대하여 금융감독위원회 위원장에게 검사를 요청할 수 있다.

> **해설** ② 경찰청장은 공제사업의 건전한 육성과 가입자의 보호를 위하여 공제사업의 감독에 관한 기준을 정할 수 있다. (법 제23조 제4항)
> ③ 경찰청장은 공제규정을 승인하거나 공제사업의 감독에 관한 기준을 정하는 경우에는 미리 금융위원회와 협의하여야 한다. (법 제23조 제5항)
> ④ 경찰청장은 공제사업에 대하여 「금융위원회의 설치 등에 관한 법률」에 따른 금융감독원의 원장에게 검사를 요청할 수 있다. (법 제23조 제6항)
> ※ 금융감독원(FSS) : 금융감독 업무를 위해 설립된 금융위원회 산하 특수법인
> 금융감독위원회(FSC) : 금융정책, 외국환업무 취급기관의 건전성 감독 및 금융감독에 관한 사무를 담당하는 중앙행정기관으로 2008. 2. 20 금융위원회로 개편되어 폐지됨
> ① 법 제23조 제1항 제3호

14. 경비업법령상 공제사업을 하려는 경비협회가 공제규정의 내용으로 정할 수 없는 것은? (21회)

① 공제사업의 범위
② 공제계약의 내용
③ 공제사업의 감독에 관한 기준
④ 공제금에 충당하기 위한 책임준비금

> **해설** 공제규정에는 공제사업의 범위, 공제계약의 내용, 공제금, 공제료 및 공제금에 충당하기 위한 책임준비금 등 공제사업 운영에 필요한 사항을 정하여야 한다. (법 제23조 제3항)

15. 경비업법령상 경비협회가 할 수 있는 공제사업에 해당하지 않는 것은? (22회)

① 경비원의 손해배상책임을 보장하기 위한 사업
② 경비원의 복지향상과 업무상 재해로 인한 손실을 보상하는 사업
③ 경비원 교육·훈련에 관한 사업
④ 경비업자가 경비업을 운영할 때 필요한 하도급보증을 위한 사업

> **해설** ① 법 제26조에 따른 경비업자의 손해배상책임을 보장하기 위한 사업이다. (법 제23조 제1항 제1호)

정답 13. ① 14. ③ 15. ①

16. 경비업법령상 경비협회의 공제사업 등에 관한 설명으로 옳지 않은 것은? (22회)

① 경비협회는 공제사업을 하고자 하는 때에는 공제계약의 내용 등 필요한 사항을 정한 공제규정을 제정하여야 한다.
② 행정안전부장관은 가입자의 보호를 위하여 공제사업의 감독에 관한 기준을 정할 수 있다.
③ 경찰청장은 공제규정을 승인하는 경우에는 미리 금융위원회와 협의하여야 한다.
④ 경찰청장은 공제사업에 대하여 금융감독원의 원장에게 검사를 요청할 수 있다.

> **해설** ② 경찰청장은 공제사업의 건전한 육성과 가입자의 보호를 위해 공제사업의 감독에 관한 기준을 정할 수 있다. (법 제23조 제4호)

17. 경비업법령상 경비협회의 공제사업에 관한 설명으로 옳지 않은 것은? (23회)

① 경비협회는 경비업자가 경비업을 운영할 때 필요한 입찰보증을 위한 공제사업을 할 수 있다.
② 공제규정에는 공제사업의 범위, 공제계약의 내용 등 공제사업의 운영에 관하여 필요한 사항을 정하여야 한다.
③ 경찰청장은 공제규정을 승인하는 경우에는 미리 금융감독원과 협의하여야 한다.
④ 공제사업을 하는 경우 공제사업의 회계는 다른 사업의 회계와 구분하여 경리하여야 한다.

> **해설** ① 법 제23조 제1항 제2호, ② 법 제23조 제3항, ④ 시행령 제27조
> ③ 경찰청장은 공제규정을 승인하거나 공제사업의 감독에 관한 기준을 정하는 경우에는 미리 금융위원회와 협의하여야 한다. (법 제23조 제5항)

18. 경비업법령상 경비협회의 공제사업에 관한 내용으로 옳지 않은 것은? (24회)

① 경비협회는 경비업자의 손해배상책임을 보장하기 위한 공제사업을 할 수 있다.
② 경비협회는 경비원의 복지향상을 위한 공제사업을 할 수 없다.
③ 경비협회는 공제사업을 하고자 하는 때에는 공제규정을 제정하여야 한다.
④ 경비협회는 경비업자가 경비업을 운영할 때 필요한 입찰보증, 계약보증(이행보증을 포함한다), 하도급보증을 위한 공제사업을 할 수 있다.

> **해설** 경비원의 복지향상과 업무상 재해로 인한 손실을 보상하는 사업은 공제사업 대상에 해당된다.
> (법 제22조 제1항 제3호)

정답 16. ② 17. ③ 18. ②

Chapter 7 보 칙

감 독 (법 제24조)

경찰청장 또는 시·도경찰청장	경비업무의 적정한 수행을 위해 **경비업자 및 경비지도사를 지도·감독, 필요한 명령**을 할 수 있다.
시·도경찰청장 또는 관할경찰관서장	소속 경찰공무원을 관할구역내 경비업자의 주사무소·출장소·경비원배치장소 출입, **근무상황** 및 **교육훈련상황** 등을 **감독**하며 필요한 **명령**을 하게 할 수 있다. (출입 경찰공무원은 그 권한을 표시하는 증표를 관계인에게 내보여야 한다)
	경비업자, 경비원이 **경비업법, 경비업법시행령, 「폭력행위등처벌에관한법률」** 위반행위 시 그 위반행위의 중지를 명할 수 있다.
	경비업무 장소가 집단민원현장으로 판단되는 경우에는 그 때부터 **48시간** 이내에 경비업자에게 경비원 배치 허가를 받을 것을 고지하여야 한다.

보안지도·점검 (법 제25조)

◆ **시·도경찰청장**은 특수경비업자에 대해 **연 2회 이상** 보안지도·점검을 실시하여야 하고, 필요한 경우 관계기관에 **보안측정**을 요청하여야 한다.

손해배상 등 (법 제26조)

◆ 경비업자는 경비원이 업무수행 중 고의 또는 과실로 **경비대상에 손해**가 발생하는 것을 방지하지 못한 때에는 그 손해를 배상하여야 한다.

◆ 경비업자는 경비원이 업무수행 중 고의 또는 과실로 **제3자에게 손해**를 입힌 경우에는 이를 배상하여야 한다.

권한의 위임 및 위탁 (법 제27조)

권한위임	경찰청장 → 시·도경찰청장	• 경비지도사의 **자격취소 및 정지에 관한 권한** • 경비지도사의 자격취소 및 정지에 관한 **청문의 권한**
권한위탁	경찰청장 또는 경찰관서장 → 관계전문기관 또는 단체	• 경비지도사 **시험**의 관리 • 경비지도사 **교육**에 관한 업무

벌칙 적용에서 공무원 의제 (법 제27조의3)

◆ 제27조 제2항에 따라 위탁받은 업무에 종사하는 관계전문기관 또는 단체의 임직원은 **형법 제129조부터 제132조까지의 규정**을 적용할 때에는 공무원으로 본다.

죄 명	내 용	처 벌 규 정
수뢰, 사전수뢰 (129조)	• 직무에 관하여 뇌물을 수수, 요구 또는 약속한 때.	5년 이하의 징역 또는 10년 이하의 자격정지
	• 공무원 또는 중재인이 될 자가 직무에 관하여 청탁을 받고 뇌물을 수수, 요구 또는 약속한 후 공무원 또는 중재인이 된 때	3년 이하의 징역 또는 7년 이하의 자격정지
제삼자뇌물제공 (130조)	• 직무에 관하여 부정한 청탁을 받고 제3자에게 뇌물을 공여하게 하거나 공여를 요구 또는 약속한 때	5년 이하의 징역 또는 10년 이하의 자격정지
수뢰후부정처사, 사후수뢰 (131조)	• 수뢰, 사전수뢰, 제삼자뇌물제공죄를 범하여 부정한 행위를 한 때 • 재직 중에 직무상 부정행위를 한 후 뇌물을 수수, 요구 또는 약속하거나 제삼자에게 이를 공여하게 하거나 공여를 요구 또는 약속한 때	1년 이상의 유기징역 (10년 이하의 자격정지 병과 가능)
	• 공무원 또는 중재인이었던 자가 재직 중에 청탁을 받고 직무상 부정행위를 한 후 뇌물을 수수, 요구 또는 약속한 때	5년 이하의 징역 또는 10년 이하의 자격정지 (10년 이하의 자격정지 병과 가능)
알선수뢰 (132조)	지위를 이용하여 다른 공무원의 직무에 속한 사항의 알선에 관하여 뇌물을 수수, 요구 또는 약속한 때	3년 이하의 징역 또는 7년 이하의 자격정지

허가증 등의 수수료 (시행령 제28조)

◆ 경비업의 허가 또는 허가증 재교부 시 수수료(**신청서에 수입인지 첨부**)
 · 경비업의 허가 (추가 · 변경 · 갱신허가 포함) → **1만원**
 · 허가사항의 변경신고로 인한 허가증 재교부 → **2천원**
◆ 수수료는 허가 등의 신청서에 수입인지첨부 납부
◆ 시험에 응시하고자 한 자는 **경찰청장이 정하여 고시하는** 수수료 납부
◆ 경찰청장은 다음 기준에 해당되는 경우 응시수수료의 전부 또는 일부를 반환해야 한다.

> ▷ 응시 수수료 반환기준
> · 응시수수료를 과오납한 경우 → 과오납한 금액 전액
> · 시험시행기관의 귀책사유로 시험에 응시하지 못한 경우 → 응시수수료 전액
> · 시험시행일 20일 전까지 접수를 취소하는 경우 → 응시수수료 전액
> · 시험시행일 10일 전까지 접수를 취소하는 경우 → 응시수수료 50 / 100

◆ **경찰청장 및 시 · 도경찰청장**은 규정에도 불구,
 정보통신망 이용 **전자화폐 · 전자결제 등**의 방법으로 수수료를 납부하게 할 수 있다.

기출문제 보칙

1. 경비업법령상 경찰관서장의 지도·감독·점검에 관한 설명으로 옳은 것은? (16회)

① 시·도경찰청장 또는 관할 경찰관서장은 경비업무의 적정한 수행을 위하여 경비업자 및 경비지도사를 지도·감독하며 필요한 명령을 할 수 있다.
② 시·도경찰청장은 특수경비업자에 대하여 연 1회 이상의 보안지도·점검을 실시하고, 필요한 경우 관계기관에 보안 측정을 요청해야 한다.
③ 시·도경찰청장 또는 관할 경찰관서장은 소속 경찰공무원으로 하여금 관할구역 안에 있는 경비업자의 주사무소 및 출장소와 경비원 배치장소에 출입하여 감독하며 필요한 명령을 하게 할 수 있다.
④ 시·도경찰청장 또는 관할 경찰관서장은 경비업자 또는 배치된 경비원이 경비업법을 위반하는 행위를 하는 경우 그 위반행위의 중지를 명해야 한다.

해설 감독 (법 제24조)

경찰청장 또는 시·도경찰청장	경비업무의 적정한 수행을 위해 경비업자 및 경비지도사를 지도·감독, 필요한 명령을 할 수 있다.
시·도경찰청장 또는 관할경찰관서장	소속 경찰공무원을 관할구역내 경비업자의 주사무소·출장소·경비원배치장소 출입, 근무상황 및 교육훈련상황 등을 감독하며 필요한 명령을 하게 할 수 있다. (출입 경찰공무원은 그 권한을 표시하는 증표를 관계인에게 내보여야 한다)
	경비업자, 경비원이 경비업법, 동법 시행령, 「폭력행위등처벌에관한법률」 위반행위 시 그 위반행위의 중지를 명할 수 있다.
	경비업무 장소가 집단민원현장으로 판단되는 경우에는 그 때부터 48시간 이내에 경비업자에게 경비원배치 허가를 받을 것을 고지하여야 한다.

2. 경비업법상 경비업자 및 경비지도사에 대한 감독에 관한 설명으로 옳지 않은 것은? (17회)

① 경찰청장 또는 시·도경찰청장은 경비업무의 적정한 수행을 위하여 경비업자 및 경비지도사를 지도·감독하며 필요한 명령을 할 수 있다.
② 관할 경찰관서장은 배치된 경비원이 경비업법을 위반하는 행위를 하는 경우 그를 지도·감독하는 경비지도사의 자격을 취소하여야 한다.
③ 시·도경찰청장 또는 관할 경찰관서장은 경비업무 장소가 집단민원현장으로 판단되는 경우에는 그 때부터 48시간 이내에 경비업자에게 경비원 배치허가를 받을 것을 고지하여야 한다.
④ 시·도경찰청장 또는 관할 경찰관서장은 소속 경찰공무원으로 하여금 관할구역안에 있는 경비업자의 주사무소 및 출장소와 경비원배치장소에 출입하여 근무상황 및 교육훈련 상황 등을 감독하며 필요한 명령을 하게 할 수 있다.

정답 1. ③ 2. ②

해설 ① 법 제24조 제1항, ③ 법 제24조 제4항, ④ 법 제24조 제2항.
② 시·도경찰청장 또는 관할경찰관서장은 경비업자 또는 배치된 경비원이 경비업법, 동법 시행령, 「폭력행위등처벌에관한법률」을 위반행위를 하는 경우 그 위반행위의 중지를 명할 수 있다.
(법 제24조 제3항)

3. 경비업법령상 경비업자에 대한 보안지도·점검에 관한 내용이다. ( ) 안에 들어갈 내용을 순서대로 옳게 나열한 것은? (17회)

> 시·도경찰청장은 (   )에 대하여 연 (   )회 이상의 보안지도·점검을 실시하여야 한다.

① 특수경비업자, 1   ② 기계경비업자, 1
③ 특수경비업자, 2   ④ 기계경비업자, 2

해설 시·도경찰청장은 특수경비업자에 대하여 연 2회 이상의 보안지도·점검을 실시하여야 한다. (시행령 제29조)

4. 경비업법상 시·도경찰청장은 경비업무 장소가 집단민원현장으로 판단되는 경우에는 그 때부터 몇 시간 이내에 경비업자에게 경비원 배치허가를 받을 것을 고지하여야 하는가? (18회)

① 48시간   ② 60시간
③ 72시간   ④ 84시간

해설 시·도경찰청장 또는 관할 경찰관서장은 경비업무 장소가 집단민원현장으로 판단되는 경우에는 그 때부터 48시간 이내에 경비업자에게 경비원 배치허가를 받을 것을 고지하여야 한다. (법 제24조 제4항)

5. 경비업법령상 경찰청장 등의 지도·감독·점검에 관한 설명으로 옳지 않은 것은? (19회)
① 시·도경찰청장은 특수경비업자에 대하여 보안지도·점검을 연 2회 이상 실시하여야 한다.
② 관할 경찰관서장은 경비업자가 경비업법을 위반하는 행위를 하는 경우 그 위반행위의 중지를 명할 수 있다.
③ 시·도경찰청장은 경비업무 장소가 집단민원현장으로 판단되는 경우에는 그 때부터 7일 이내에 경비업자에게 경비원 배치허가를 받을 것을 고지하여야 한다.
④ 관할 경찰관서장은 소속 경찰공무원으로 하여금 관할구역 안에 있는 경비업자의 주사무소 및 출장소와 경비원배치장소에 출입하여 근무상황 및 교육훈련상황 등을 감독하며 필요한 명령을 하게 할 수 있다.

해설 ① 법 제25조, ② 법 제24조 제3항, ④ 법 제24조 제2항
③ 시·도경찰청장 또는 관할 경찰관서장은 경비업무 장소가 집단민원현장으로 판단되는 경우에는 그 때부터 48시간 이내에 경비업자에게 경비원 배치허가를 받을 것을 고지하여야 한다. (법 제24조 제4항)

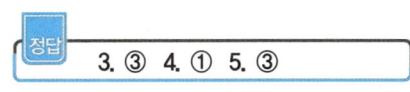

6. 경비업법령상 감독, 보안지도·점검 등에 관한 설명으로 옳지 않은 것은? (20회)

① 시·도경찰청장은 경비업무의 적정한 수행을 위하여 경비지도사를 지도·감독하며 필요한 명령을 할 수 있다.
② 시·도경찰청장은 특수경비업자에 대하여 보안지도·점검을 연 1회 이상 실시하여야 한다.
③ 시·도경찰청장은 경비업무 장소가 집단민원현장으로 판단되는 경우에는 그 때부터 48시간 이내에 경비업자에게 경비원 배치 허가를 받을 것을 고지하여야 한다.
④ 시·도경찰청장은 배치된 경비원이 「폭력행위 등 처벌에 관한 법률」을 위반하는 행위를 하는 경우 그 위반행위의 중지를 명할 수 있다.

해설 ① 법 제24조 제1항, ③ 법 제24조 제4항, ④ 법 제24조 제3항.
② 시·도경찰청장은 특수경비업자에 대하여 연 2회 이상의 보안지도·점검을 실시하여야 한다.
(시행령 제29조)

7. 경비업법령상 시·도경찰청장 등의 감독과 보안지도점검에 관한 내용이다. ( )에 들어갈 숫자가 순서대로 옳은 것은? (22회)

○ 시·도경찰청장 또는 관할 경찰관서장은 경비업무 장소가 집단민원현장으로 판단되는 경우에는 그 때부터 ( )시간 이내에 경비업자에게 경비원 배치 허가를 받을 것을 고지하여야 한다.
○ 시·도경찰청장은 특수경비업자에 대하여 연 ( )회 이상의 보안지도·점검을 실시하여야 한다.

① 24, 2 ② 24, 4
③ 48, 2 ④ 48, 4

해설
• 시·도경찰청장 또는 관할 경찰관서장은 경비업무 장소가 집단민원현장으로 판단되는 경우에는 그 때부터 48시간 이내에 경비업자에게 경비원 배치 허가를 받을 것을 고지하여야 한다. (법 제24조 제4항)
• 시·도경찰청장은 특수경비업자에 대하여 연 2회 이상의 보안지도·점검을 실시하여야 한다. (시행령 제29조)

8. 경비업법령상 감독 및 보안지도·점검 등에 관한 설명으로 옳지 않은 것은? (23회)

① 시·도경찰청장은 경비업무의 적정한 수행을 위하여 경비업자 및 경비지도사를 지도·감독하며 필요한 명령을 할 수 있다.
② 시·도경찰청장은 경비업무 장소가 집단민원현장으로 판단되는 경우에는 그 때부터 24시간 이내에 경비업자에게 경비원 배치 허가를 받을 것을 고지하여야 한다.
③ 시·도경찰청장은 특수경비업자에 대하여 연 2회 이상의 보안지도·점검을 실시하여야 한다.
④ 시·도경찰청장은 배치된 경비원이 「폭력행위 등 처벌에 관한 법률」을 위반하는 행위를 하는 경우 그 위반행위의 중지를 명할 수 있다.

정답 6. ② 7. ③ 8. ②

> **해설** ① 법 제24조 제1항, ③ 시행령 제29조, ④ 법 제24조 제3항
> ② 시·도경찰청장 또는 관할 경찰관서장은 경비업무 장소가 집단민원현장으로 판단되는 경우에는 그 때부터 48시간 이내에 경비업자에게 경비원 배치 허가를 받을 것을 고지하여야 한다. (법 제24조 제4항)

9. 경비업법령상 감독 및 보안지도·점검에 관한 설명으로 옳지 않은 것은? (24회)

① 시·도경찰청장 또는 관할 경찰관서장은 소속 경찰공무원으로 하여금 관할구역안에 있는 경비업자의 주사무소 및 출장소와 경비원배치장소에 출입하여 근무상황 및 교육훈련상황 등을 감독하며 필요한 명령을 하게 할 수 있다.
② 시·도경찰청장 또는 관할 경찰관서장은 경비업자 또는 배치된 경비원이 「폭력행위등 처벌에 관한 법률」을 위반하는 행위를 하는 경우 그 위반행위의 중지를 명할 수있다.
③ 관할 경찰서장은 특수경비업자에 대하여 연 2회 이상의 보안지도·점검을 실시하여야 한다.
④ 경찰청장 또는 시·도경찰청장은 경비업무의 적정한 수행을 위하여 경비업자 및 경비지도사를 지도·감독하며 필요한 명령을 할 수 있다.

> **해설** ① 법 제24조 제2항, ② 법 제24조 제3항, ④ 법 제24조 제1항
> ③ **시·도경찰청장**은 특수경비업자에 대해 연 2회 이상의 보안지도·점검을 실시하여야 (시행령 제29호)

10. 경비업법령상 보안지도·점검의 내용이다. ( )에 들어갈 내용이 바르게 연결된 것은? (21회)

(ㄱ)은 특수경비업자에게 비밀취급인가를 하고자 하는 때에는 특수경비업자로 하여금
(ㄴ)을 거쳐 국가정보원장에게 보안측정을 요청하도록 하여야 한다.

① ㄱ: 관할 경찰서장, ㄴ: 시·도경찰청장
② ㄱ: 관할 경찰서장, ㄴ: 경찰청장
③ ㄱ: 시·도경찰청장, ㄴ: 경찰청장
④ ㄱ: 경찰청장, ㄴ: 시·도경찰청장

> **해설** **특수경비업자의 업무개시 전의 조치** (시행령 제6조)
> • 특수경비업자는 첫 업무개시 신고를 하기 前에 시·도경찰청장의 비밀취급인가를 받아야 한다.
> • 시·도경찰청장은 특수경비업자에게 비밀취급인가를 하고자 하는 때에는 특수경비업자로 하여금 경찰청장을 거쳐 국가정보원장에게 보안측정을 요청하도록 해야 한다.

정답 9. ③ 10. ③

11. 경비업법에 관한 설명으로 옳지 않은 것은? (18회)

① 경비업자는 경비원이 업무수행 중 고의로 제3자에게 손해를 입힌 경우에는 이를 배상하여야 한다.
② 경비업자는 경비원이 업무수행 중 과실로 제3자에게 손해를 입힌 경우에는 배상책임이 면제된다.
③ 경비업자는 경비원이 업무수행 중 고의 또는 과실로 경비대상에 손해가 발생하는 것을 방지하지 못한 때에는 그 손해를 배상하여야 한다.
④ 기계경비업자는 대응조치 등 업무의 원활한 운영과 개선을 위하여 대통령령이 정하는 바에 따라 관련 서류를 작성·비치하여야 한다.

> **해설** 손해배상 등 (법 제26조)
> - 경비업자는 경비원이 업무수행 중 고의 또는 과실로 경비대상에 손해가 발생하는 것을 방지하지 못한 때에는 그 손해를 배상하여야 한다.
> - 경비업자는 경비원이 업무수행 중 고의 또는 과실로 제3자에게 손해를 입힌 경우에는 이를 배상하여야 한다.

12. 경비업법상 경비업자의 손해배상책임이 발생하지 않는 것은? (19회)

① 경비원 갑(甲)이 업무수행 중 무과실로 경비대상에 손해가 발생하는 것을 방지하지 못한 경우
② 경비원 을(乙)이 업무수행 중 고의로 제3자에게 손해를 입힌 경우
③ 경비원 병(丙)이 업무수행 중 과실로 제3자에게 손해를 입힌 경우
④ 경비원 정(丁)이 업무수행 중 고의로 경비대상에 손해가 발생하는 것을 방지하지 못한 경우

> **해설** 손해배상 등 (법 제26조)
> - 경비업자는 경비원이 업무수행 중 고의 또는 과실로 경비대상에 손해가 발생하는 것을 방지하지 못한 때에는 그 손해를 배상하여야 한다.
> - 경비업자는 경비원이 업무수행 중 고의 또는 과실로 제3자에게 손해를 입힌 경우에는 이를 배상하여야 한다.

13. 경비업법령상 경비업자의 손해배상책임이 발생하는 것을 모두 고른 것은? (20회)

> ㄱ. 경비원이 업무수행 중 고의로 경비대상에 손해가 발생하는 것을 방지하지 못한 경우
> ㄴ. 경비원이 업무수행 중 고의로 제3자에게 손해를 입힌 경우
> ㄷ. 경비원이 업무수행 중 과실로 경비대상에 손해가 발생하는 것을 방지하지 못한 경우
> ㄹ. 경비원이 업무수행 중 과실로 제3자에게 손해를 입힌 경우

① ㄱ, ㄴ
② ㄱ, ㄷ, ㄹ
③ ㄴ, ㄷ, ㄹ
④ ㄱ, ㄴ, ㄷ, ㄹ

> **해설** 손해배상 등 (법 제26조)
> - 경비업자는 경비원이 업무수행 중 고의 또는 과실로 경비대상에 손해가 발생하는 것을 방지하지 못한 때에는 그 손해를 배상하여야 한다.
> - 경비업자는 경비원이 업무수행 중 고의 또는 과실로 제3자에게 손해를 입힌 경우에는 이를 배상하여야 한다.

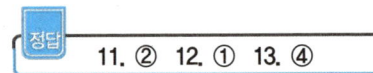

정답 11. ② 12. ① 13. ④

14. 경비업법령상 경비업자의 책임에 관한 설명으로 옳지 않은 것은? (22회)

① 경비업자는 경비원이 업무수행중 고의로 경비대상에 손해가 발생하는 것을 방지하지 못한 때에는 그 손해를 배상하여야 한다.
② 경비업자는 경비원이 업무수행중 고의로 제3자에게 손해를 입힌 경우에는 이를 배상 하여야 한다.
③ 경비업자는 경비원이 업무수행중 과실로 제3자에게 손해를 입힌 경우에는 이를 배상할 책임이 없다.
④ 경비업자는 경비원이 업무수행중 과실로 경비대상에 손해가 발생하는 것을 방지하지 못한 때에는 그 손해를 배상하여야 한다.

> **해설** 경비업자는 경비원이 업무수행 중 고의 또는 과실로 제3자에게 손해를 입힌 경우에는 이를 배상하여야 한다.
> (법 제26조 제2항)

15. 경비업법령상 경비업자의 손해배상책임이 발생하는 것은? (24회)

① 경비원이 업무수행중이 아닌 때에 고의로 경비대상에 손해가 발생하는 것을 방지하지 못한 경우
② 경비원이 업무수행중 무과실로 경비대상에 손해가 발생하는 것을 방지하지 못한 경우
③ 경비원이 업무수행중 고의로 제3자에게 손해를 입힌 경우
④ 경비원이 업무수행중이 아닌 때에 과실로 제3자에게 손해를 입힌 경우

> **해설** ①,② 경비업자는 경비원이 업무수행 중 고의 또는 과실로 경비대상에 손해가 발생하는 것을 방지하지 못한 때에는 그 손해를 배상해야 한다. (법 제26조 제1항)
> ④ 경비업자는 경비원이 업무수행 중 고의 또는 과실로 제3자에게 손해가 발생하는 것을 방지하지 못한 때에는 그 손해를 배상해야 한다. (법 제26조 제2항)

16. 경비업법령상 경찰청장이 시·도경찰청장에게 위임할 수 있는 권한에 해당하는 것은? (16회)

① 경비지도사의 자격의 취소 및 정지
② 경비지도사 시험의 관리
③ 경비지도사의 교육
④ 경비업 허가의 취소 및 영업정지

> **해설** 권한의 위임 및 위탁 (법 제27조)
>
> | 권한위임 | 경찰청장 → 시·도경찰청장 | • 경비지도사의 자격취소 및 정지에 관한 권한
• 경비지도사의 자격취소 및 정지에 관한 청문의 권한 |
> |---|---|---|
> | 권한위탁 | 경찰청장 또는 경찰관서장 → 관계전문기관 또는 단체 | • 경비지도사 시험의 관리
• 경비지도사 교육에 관한 업무 |

정답 14. ③ 15. ③ 16. ①

17. 경비업법령상 경찰청장이 시·도경찰청장에게 위임할 수 있는 권한에 해당하지 않는 것은?

(17회)

① 경비지도사의 자격의 취소에 관한 권한
② 경비지도사의 자격의 정지에 관한 권한
③ 경비지도사의 자격의 정지에 관한 청문의 권한
④ 경비지도사의 시험의 관리 및 자격증의 교부에 관한 권한

해설 ④ 경찰청장 또는 경찰관서장은 경비지도사의 시험의 관리와 교육의 관한 업무를 경비업무에 관한 인력과 전문성을 갖춘 기관으로서 경찰청장이 지정하여 고시하는 단체에 위탁한다. (시행령 제31조)

18. 경비업에 관한 규정이다. ( ) 안에 들어갈 내용으로 올바르게 짝지어진 것은?

(18회)

- 경찰청장은 경비지도사의 시험 및 교육에 관한 업무를 대통령령이 정하는 바에 따라 관계전문기관 또는 단체에 (ㄱ)할 수 있다.
- 경비업법에 의한 경찰청장의 권한은 대통령령이 정하는 바에 따라 그 일부를 시·도경찰청장에게 (ㄴ)할 수 있다.

① ㄱ: 위탁, ㄴ: 위임　　② ㄱ: 위임, ㄴ: 위임
③ ㄱ: 위임, ㄴ: 위탁　　④ ㄱ: 위탁, ㄴ: 위탁

해설
- 경찰청장은 경비지도사의 시험 및 교육에 관한 업무를 대통령령이 정하는 바에 따라 관계전문기관 또는 단체에 위탁할 수 있다.
- 경비업법에 의한 경찰청장의 권한은 대통령령이 정하는 바에 따라 그 일부를 시·도경찰청장에게 위임할 수 있다.

19. 경비업법령상 경찰청장이 시·도경찰청장에게 위임한 권한에 해당하는 것은?

(19회)

① 경비업의 허가권한
② 경비지도사자격증의 교부권한
③ 경비지도사의 자격의 취소·정지에 관한 청문의 권한
④ 경비협회의 공제사업에 대한 금융감독원장의 검사요청권한

해설 경찰청장은 경비지도사의 자격의 취소 및 정지에 관한 권한, 경비지도사 자격의 취소 및 정지에 관한 청문의 권한을 시·도경찰청장에게 위임한다. (시행령 제31조)

정답 17. ④ 18. ① 19. ③

20. 경비업법령상 경찰청장이 시·도경찰청장에게 위임하는 권한에 해당하지 않는 것은? (20회)

① 경비지도사 자격의 정지에 관한 권한
② 경비지도사 자격의 취소에 관한 권한
③ 경비지도사 자격증의 교부에 관한 권한
④ 경비지도사 자격의 취소에 관한 청문의 권한

해설 ③ 경찰청장이 시·도경찰청장에게 위임하는 권한에 해당하지 않는다.

21. 경비업법령상 위임에 관한 내용이다. ( ) 안에 들어갈 내용이 바르게 연결된 것은? (21회)

> 경비업법에 의한 경찰청장의 권한은 대통령령이 정하는 바에 따라 그 일부를 (ㄱ)에게 위임할 수 있다고 하는데, 위임되는 권한에는 (ㄴ)에 관한 권한이 포함된다.

① ㄱ: 시·도경찰청장, ㄴ: 경비지도사시험 관리 및 경비지도사 교육업무
② ㄱ: 관할 경찰서장, ㄴ: 경비지도사시험 관리 및 경비지도사 교육업무
③ ㄱ: 시·도경찰청장, ㄴ: 경비지도사자격의 취소 및 정지
④ ㄱ: 관할 경찰서장, ㄴ: 경비지도사자격의 취소 및 정지

해설 경찰청장은 경비지도사의 자격의 취소 및 정지에 관한 권한, 경비지도사 자격의 취소 및 정지에 관한 청문의 권한을 시·도경찰청장에게 위임한다. (시행령 제31조)

22. 경비업법령상 경찰청장 권한의 위임사항에 해당하지 않는 것은? (22회)

① 경비지도사 시험 및 교육
② 경비지도사 자격의 취소
③ 경비지도사 자격의 정지
④ 경비지도사 자격의 취소 및 정지에 관한 청문

해설 ① 경찰청장은 경비지도사의 시험 및 교육에 관한 업무를 대통령령이 정하는 바에 따라 관계전문기관 또는 단체에 위탁할 수 있다.

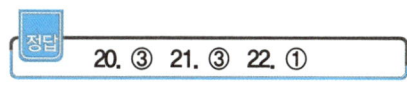

23. 경비업법령상 경찰청장의 권한이 시·도경찰청장에게 위임되어 있는 것을 모두 고른 것은?

(23회)

> ㄱ. 경비지도사 자격의 정지
> ㄴ. 경비지도사 자격의 취소
> ㄷ. 경비지도사 자격의 취소 및 정지에 관한 청문

① ㄱ
② ㄱ, ㄴ
③ ㄴ, ㄷ
④ ㄱ, ㄴ, ㄷ

해설 경찰청장은 경비지도사의 자격의 취소 및 정지에 관한 권한, 경비지도사 자격의 취소 및 정지에 관한 청문의 권한을 시·도경찰청장에게 위임한다. (시행령 제31조)

24. 경비업법령상 경찰청장이 시·도경찰청장에게 위임할 수 있는 사항에 해당하지 않는 것은?

(24회)

① 경비지도사의 자격의 취소 및 정지에 관한 청문
② 경비지도사의 교육에 관한 업무
③ 경비지도사의 자격의 취소
④ 경비지도사의 자격의 정지

해설 경찰청장은 경비지도사의 자격의 취소 및 정지에 관한 권한, 경비지도사 자격의 취소 및 정지에 관한 청문의 권한을 시·도경찰청장에게 위임한다. (시행령 제31조)

25. 경비업법령상 경찰청장으로부터 경비지도사의 시험 및 교육에 관한 업무를 위탁받은 단체의 임직원이 공무원으로 의제되어 적용받는 형법상의 규정은?

(21회)

① 형법 제123조(직권남용)
② 형법 제127조(공무상 비밀의 누설)
③ 형법 제129조(수뢰, 사전수뢰)
④ 형법 제227조(허위공문서작성등)

해설 벌칙 적용에서 공무원 의제 해당하는 범죄 (법 제27조의3)
- 수뢰, 사전수뢰죄 (형법 제129조)
- 제삼자뇌물제공죄 (형법 제130조)
- 수뢰후부정처사, 사후수뢰죄 (형법 제131조)
- 알선수뢰죄 (형법 제132조)

26. 경비업법령상 경찰청장으로부터 경비지도사의 시험 및 교육에 관한 업무를 위탁받은 단체의 임직원이 공무원으로 의제되어 적용받는 형법상의 규정에 해당하지 않는 것은?

(23회)

① 형법 제127조(공무상 비밀의 누설)
② 형법 제129조(수뢰, 사전수뢰)
③ 형법 제130조(제삼자뇌물제공)
④ 형법 제132조(알선수뢰)

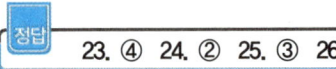

정답 23. ④ 24. ② 25. ③ 26. ①

> **해설** 벌칙 적용에서 공무원 의제 해당하는 범죄 (법 제27조의3)
> 수뢰, 사전수뢰죄, 제삼자뇌물제공죄, 수뢰후부정처사, 사후수뢰죄, 알선수뢰죄

27. 경비업법령상 허가증 등의 수수료에 관한 설명으로 옳은 것은? (15회)

① 시험에 응시하고자 하는 자가 응시수수료를 과오납한 경우 납부한 응시수수료 전액은 반환받는다.
② 시험에 응시하고자 하는 자가 시험시행일 20일 전에 접수를 취소한 경우 납부한 응시수수료 전액을 반환받는다.
③ 관할 경찰관서장은 정보통신망을 이용하여 전자화폐·전자결제 등의 방법으로 수수료를 납부하게 할 수 있다.
④ 시험에 응하고자 하는 자의 귀책사유로 시험에 응시하지 못한 경우 납부한 응시수수료의 전액을 반환받는다.

> **해설** 응시 수수료 반환기준 (시행령 제28조 제4호)
> • 응시수수료를 과오납한 경우 → 과오납한 금액 전액
> • 시험시행기관의 귀책사유로 시험에 응시하지 못한 경우 → 응시수수료 전액
> • 시험시행일 20일 전까지 접수를 취소하는 경우 → 응시수수료 전액
> • 시험시행일 10일 전까지 접수를 취소하는 경우 → 응시수수료 50 / 100
> ※ 경찰청장 및 시·도경찰청장은 규정에 불구하고 정보통신망을 이용하여 전자화폐·전자결제 등의 방법으로 수수료를 납부하게 할 수 있다. (시행령 제28조 제5항)

28. 경비업법령상 수수료 납부에 관한 설명으로 옳은 것은? (17회)

① 경비업의 갱신허가를 받고자 하는 자는 2만원의 수수료를 납부하여야 한다.
② 허가사항의 변경신고로 인한 허가증 재교부의 경우에는 2천원의 수수료를 납부하여야 한다.
③ 시험에 응시하고자 하는 자의 귀책사유로 시험에 응시하지 못한 경우 납부한 응시 수수료 전액을 반환받는다.
④ 경찰청장은 시험응시자가 시험시행일 20일 전까지 접수를 취소하는 경우, 응시수수료의 100분의 50을 반환하여야 한다.

> **해설** 제출서류 수수료
> • 경비업(신규, 변경, 갱신)허가 신청서 수수료 : 10,000원
> • 경비업 허가사항 등의 변경신고서, 허가증 재교부 신청서 : 2,000원
> ※ 응시 수수료 반환기준
> • 응시수수료를 과오납한 경우 ⇨ 과오납한 금액 전액
> • 시험시행기관의 귀책사유로 시험에 응시하지 못한 경우 → 응시수수료 전액
> • 시험시행일 20일 전까지 접수를 취소하는 경우 → 응시수수료 전액
> • 시험시행일 10일 전까지 접수를 취소하는 경우 → 응시수수료 50 / 100

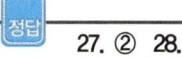

27. ② 28. ②

29. 경비업법상 허가 등의 수수료에 관한 설명으로 옳지 않은 것은? (19회)

① 경비지도사 시험에 응시하고자 하는 자는 경찰청장이 정하여 고시하는 수수료를 납부하여야 한다.
② 경비업의 변경·추가허가의 경우에는 1만원의 수수료를 납부하여야 한다.
③ 경찰서장은 정보통신망을 이용하여 전자화폐·전자결제 등의 방법으로 수수료를 납부하게 할 수 있다.
④ 경비업의 허가를 받거나 허가증을 재교부 받고자 하는 자는 대통령령이 정하는 바에 따라 수수료를 납부하여야 한다.

해설 ① 시행령 제28조 제3항.
② 시행령 제28조 제3항 제1호.
④ 법 제27조의2.
③ 경찰청장 및 시·도경찰청장은 규정에 불구하고 정보통신망을 이용하여 전자화폐·전자결제 등의 방법으로 수수료를 납부하게 할 수 있다. (시행령 제28조 제5항)

30. 경비업법령상 허가증 등의 수수료에 관한 설명으로 옳지 않은 것은? (22회)

① 경비업의 허가사항의 변경신고로 인한 허가증을 재교부 받고자 하는 자는 2천원의 수수료를 납부하여야 한다.
② 경찰청장 및 시·도경찰청장은 정보통신망을 이용하여 전자화폐·전자결제 등의 방법으로 수수료를 납부하게 할 수 있다.
③ 경비지도사 시험에 응시하고자 하는 자는 경찰청장이 정하여 고시하는 수수료를 납부 하여야 한다.
④ 시·도경찰청장은 경비지도사 시험시행일 20일 전까지 접수를 취소하는 경우 응시수수료 전액을 반환하여야 한다.

해설 허가증 등의 수수료 (시행령 제28조)
• 경비업의 허가 또는 허가증 재교부 시 수수료 (신청서에 수입인지 첨부)
• 경비업의 허가 (추가·변경·갱신허가 포함) : 1만원
• 허가사항의 변경신고로 인한 허가증 재교부 : 2천원
• 시험에 응시하고자 한 자는 경찰청장이 정하여 고시하는 수수료 납부
• 경찰청장은 다음 기준에 해당되는 경우 응시수수료의 전부 또는 일부를 반환해야 한다.

  • 응시수수료를 과오납한 경우 : 과오납한 금액 전액
  • 시험시행기관의 귀책사유로 시험에 응시하지 못한 경우 : 응시수수료 전액
  • 시험시행일 20일 전까지 접수를 취소하는 경우 : 응시수수료 전액
  • 시험시행일 10일 전까지 접수를 취소하는 경우 : 응시수수료 50 / 100

• 경찰청장 및 시·도경찰청장은 규정에도 불구. 정보통신망 이용 전자화폐·전자결제 등의 방법으로 수수료를 납부하게 할 수 있다.

정답 29. ③ 30. ④

31. 경비업법령상 허가증 등의 수수료에 관한 설명으로 옳은 것은? (24회)

① 경비업 허가사항의 변경신고로 인한 허가증 재교부의 경우에는 1만원의 수수료를 납부하여야 한다.
② 경비지도사시험 응시수수료를 과오납한 경우에는 경찰청장은 과오납한 금액의 100분의 50을 반환하여야 한다.
③ 경비업의 갱신허가를 받고자 하는 경우에는 2천원의 수수료를 납부하여야 한다.
④ 경비지도사시험 시행일 20일 전까지 접수를 취소하는 경우에는 경찰청장은 응시수수료 전액을 반환하여야 한다.

해설 ① 경비업 허가사항의 변경신고로 인한 허가증 재교부의 경우에는 2천원의 수수료를 납부하여야 한다.
② 경비지도사시험 응시수수료를 과오납한 경우에는 경찰청장은 과오납한 금액 전액을 반환하여야 한다.
③ 경비업의 허가(추가·변경·갱신허가 포함)를 받고자 하는 경우에는 1만원의 수수료를 납부하여야 한다.
④ 시행령 제28조 제4항 제3호

정답 31. ④

Chapter 8 벌칙

벌칙 (법 제28조)

벌 칙	내 용
5년 이하의 징역 또는 5천만원 이하의 벌금	• 국가중요시설의 정상적인 운영을 해치는 장해를 일으킨 특수경비원

3년 이하의 징역 또는 3천만원 이하의 벌금	• 허가를 받지 않고 경비업을 영위한 자
	• 직무상 알게 된 비밀을 누설하거나 부당한 목적을 위하여 사용한 자
	• 경비업의 중단을 통보하지 않거나 경비업무를 즉시 인수하지 아니한 특수경비업자 또는 경비대행업자
	• 집단민원현장 경비원 배치하면서 허가받지 않은 자에게 경비업무를 도급한 자
	• 집단민원현장에 20명 이상의 경비인력배치하며 그 경비인력을 직접 고용한 자
	• 경비업자의 경비원 채용 시 무자격자나 부적격자 등을 채용하도록 관여하거나 영향력을 행사한 도급인
	• 과실로 국가중요시설의 정상적인 운영을 해치는 장해를 일으킨 특수경비원
	• 특수경비원으로 경비구역內 절도, 손괴, 위험물의 폭발 등 위급사태발생시,
	    · 시설주, 경찰서장, 소속 상사 직무명령 불복종
	    · 소속 상사 허가 또는 정당한 사유 없이 경비구역 이탈한 자
	• 경비원에게 경비업무의 범위를 벗어난 행위를 하게한 자

2년 이하의 징역 또는 2천만원 이하의 벌금	• 정당한 사유 없이 무기를 소지하고 배치된 경비구역을 벗어난 특수경비원
1년 이하의 징역 또는 1천만원 이하의 벌금	• 법 제14조제7항 위반 관리자 (무기출납부 및 무기장비운영카드의 비치·기록, 관리자가 무기 직접지급·회수) • 법 제15조제3항 위반, 쟁의행위를 한 특수경비원 (파업, 태업 그 밖에 경비업무의 정상적 운영 저해, 일체의 쟁의행위금지) • 경비업무의 범위를 벗어난 행위를 한 경비원 • 규정장비 외에 흉기 또는 그 밖의 위험한 물건을 휴대하고 경비업무를 수행한 경비원 또는 경비원에게 이를 휴대하고 경비업무를 수행하게 한 자 • 경찰관서장의 배치폐지 명령을 따르지 않은 자 • 시·도경찰청장 또는 관할 경찰관서장의 중지명령에 따르지 아니한 자

양벌규정 (법 제30조)

◆ 법인의 대표자나 법인 또는 개인의 대리인, 사용인, 종업원이 제28조의 위반행위를 하면 그 **행위자를 벌하는 外에** 그 법인 또는 개인에게도 **해당 조문의 벌금형**을 과한다.
다만, 법인 또는 개인이 그 위반행위방지를 위해 해당업무에 관해 상당한 주의와 감독을 게을리 하지 아니한 경우에는 그러하지 아니하다.

형의 가중처벌 (법 제29조)

◆ 정한 형의 1/2까지 가중 처벌하는 형법상의 범죄

특수경비원이 무기휴대 경비업무수행 중 무기안전수칙 위반, 죄를 범한 때,	특수(중)상해, 상해치사, 폭행, 폭행치사상, 업무상과실·중과실치사상, (중)체포·감금, 체포·감금등의 치사상, 특수공갈, 재물손괴, 협박, 강요(단체·다중위력, 위험한 물건휴대)
경비원이 경비업무수행 중 규정장비外 흉기 또는 위험한 물건휴대, 죄를 범한 때,	특수(중)상해, 상해치사, 특수폭행, 폭행치사상, 업무상과실·중과실치사상, (중)체포·감금, 체포·감금등의 치사상, 특수공갈, 재물손괴, 협박, 강요(단체·다중위력, 위험한 물건휴대)

과태료 (법 제31조)

◆ 3천만원 이하 과태료 부과
- 경비원의 복장에 관한 신고를 하지 않고 집단민원 현장에 경비원을 배치한 자
- 이름표를 부착케 하지 않거나, 신고 된 동일복장 착용케 하지 않고 집단민원현장 경비원을 배치한 자
- 집단민원현장 일반경비원 배치장소에 경비원명부 작성·비치하지 아니한 자
- 배치허가를 받지 않고 집단민원현장에 일반경비원을 배치하거나, 경비원명단 및 배치일시·배치장소 등 배치허가 신청의 내용을 거짓으로 한 자
- 신임교육을 이수하지 않은 자를 법 제18조 제2항 각호의 경비원으로 배치한 자

> ※ 법 제18조 제2항
> 1. 시설경비업무 또는 신변보호업무 중 집단민원현장에 배치된 경비원
> 2. 집단민원현장이 아닌 곳에서 신변보호업무를 수행하는 일반경비원
> 3. 특수경비원

◆ 500만원 이하 과태료 부과
- 신고의무 규정을 위반하여 신고를 하지 아니한 자
- 특수경비업자의 경비대행업자 지정신고의무를 위반, 경비대행업자 지정신고하지 않은 자
- 기계경비업자의 계약자에 대한 오경보를 막기 위한 기기설명의무를 이행하지 아니한 자
- 경비지도사를 선임하지 아니한 자
- 무기의 적정관리를 위해 무기대여 받은 시설주에 대한 경찰관서장의 감독상 필요한 명령을 정당한 이유 없이 이행하지 아니한 자
- 결격사유 해당 경비원을 배치하거나, 결격사유 해당 경비지도사 선임·배치한 자

- 경비원의 **복장 등**에 관한 **신고규정**을 위반하여 신고하지 아니한 자
- **이름표**를 부착하게 하지 않거나, **신고 복장** 착용시키지 않고 경비원을 경비업무에 배치한 자
- **경비원 명부**를 작성·비치하지 아니한 자
- 배치된 경비원의 **근무상황**을 기록하여 보관하지 아니한 자

◆ 과태료는 **시·도경찰청장 또는 경찰관서장**이 부과·징수한다.

과태료 부과 기준 등 (시행령 제32조)

◆ 과태료 부과기준은 [별표6]과 같다.

◆ 시·도경찰청장 또는 경찰관서장은 「질서행위 규제법」제14조 각호의 사항을 고려하여 [별표6]에 따른 금액의 **50/100 범위 내**에서 경감하거나 가중할 수 있다.

다만, 가중하는 때에는 과태료금액의 상한을 초과할 수 없다.

※ 과태료 상한액 - 법 제31조 제1항 **3,000만원**,
　　　　　　　　　법 제31조 제2항 **500만원**

▷ 과태료의 산정 시 고려사항 (질서행위 규제법 제14조)
1. 질서위반행위의 동기·목적·방법·결과
2. 질서위반행위 이후의 당사자의 태도와 정황
3. 질서위반 행위자의 연령·재산상태·환경
4. 그 밖에 과태료의 산정에 필요하다고 인정되는 사유

과태료의 부과기준 [별표 6]

위 반 내 용	과태료 금액 (단위 : 만원)		
	1회위반	2회위반	3회 이상
• 경비원 복장에 관한 신고를 하지 않고 집단민원현장에 경비원을 배치한 경우	600	1,200	2,400
• 이름표를 부착하게 하지 않거나, 신고된 동일복장을 착용케 하지 않고 경비원을 집단민원현장에 배치한 경우	600	1,200	2,400
• 집단민원현장에 배치되는 일반경비원의 명부를 그 배치장소에 작성·비치하지 않은 경우 ㉮ 경비원명부를 비치하지 않은 경우 ㉯ 경비원명부를 작성·정리하지 않은 경우	 600 300	 1,200 600	 2,400 1,200
• 집단민원현장에 배치허가 받지 않고 경비원을 배치하거나, 경비원 명단 및 배치일시·장소 등 배치허가 신청내용을 거짓으로 한 경우	1,000	2,000	3,000
• 신임교육을 이수하지 않은 자를 법 제18조 제2항 각호의 경비원으로 배치한 경우	600	1,200	2,400
• 법 제4조3항 또는 제18조2항을 위반, 신고를 하지 않은 경우 ㉮ 1개월 이내의 기간경과 ㉯ 1개월 초과 6개월 이내의 기간경과 ㉰ 6개월 초과 12개월 이내의 기간경과 ㉱ 12개월 초과의 기간 경과		50 100 200 400	
• 특수경비업자의 경비대행업자 지정신고의무를 위반, 경비대행업자 지정신고를 하지 않은 경우 ㉮ 허위로 신고한 경우 ㉯ 그 밖의 사유로 신고하지 않은 경우		400 300	
• 기계경비업자의 계약자에 대한 오경보를 막기 위한 기기설명의무를 이행하지 않은 경우	100	200	400
• 결격사유 해당 경비원을 배치하거나, 결격사유 해당 경비지도사 선임·배치한 경우	100	200	400
• 경비지도사를 선임하지 않은 경우	100	200	400
• 무기 적정관리를 위해 시설주에 대한 경찰관서장의 감독상 필요한 명령을 정당한 이유 없이 이행하지 않은 경우		500	
• 경비원의 복장 등에 관한 신고규정을 위반하여 신고하지 않은 경우	100	200	400
• 이름표 부착하게 하지 않거나, 신고 된 동일복장을 착용하게 하지 않고 경비원을 배치한 경우	100	200	400
• 경비원 명부를 작성·비치하지 않은 경우 ㉮ 경비원명부를 비치하지 않은 경우 ㉯ 경비원명부를 작성·정리하지 않은 경우	 100 50	 200 100	 400 200
• 배치된 경비원의 근무상황을 기록·보관하지 않은 경우	50	100	200

※ 위반행위 횟수에 따른 과태료 부과기준은 **최근 2년간** 같은 위반행위를 한 경우에 적용
  (위반행위의 과태료부과 처분일과 처분 후의 위반행위가 **다시 적발된 날을** 기준)
※ 개정규정 시행前 위반행위의 과태료 부과처분은 개정규정의 위반행위의 횟수 산정에 不포함

민감정보 및 고유식별정보의 처리 (시행령 제31조의2)

- 경찰청장, 시·도경찰청장, 경찰서장 및 경찰관서장(경찰청장, 경찰관서장 권한 위임·위탁받은 자 포함)은 다음 각 호의 사무 수행을 위해 불가피한 경우 「개인정보 보호법」 제23조에 따른 **건강**에 관한 정보, 「개인정보 보호법 시행령」에 규정된 **범죄경력자료** 해당 정보, **주민등록번호** 또는 **외국인등록번호** 포함자료를 처리할 수 있다.

    1. 경비업의 허가 및 갱신허가 등에 관한 사무
    2. 임원, 경비지도사 및 경비원의 결격사유에 관한 사무
    3. 경비지도사 시험 등에 관한 사무
    4. 경비원의 교육 등에 관한 사무
    5. 특수경비원의 직무 및 무기사용 등에 관한 사무
    6. 경비원 배치 허가등에 관한 사무
    7. 경비업 허가취소, 경비지도사 자격취소 등 행정처분에 관한 사무
    8. 경비업자 및 경비지도사의 지도·감독에 관한 사무
    9. 보안지도·점검 및 보안 측정에 관한 사무

  ※ · **건강에 관한 정보** : 임원, 경비지도사 및 경비원의 결격사유에 관한 사무와 특수경비원의 직무 및 무기사용 등에 관한 사무에 한정
  · **범죄경력자료 해당 정보** : 임원, 경비지도사 및 경비원의 결격사유에 관한 사무와 보안지도·점검 및 보안 측정에 관한 사무에 한정

규제의 재검토 (시행령 제31조의3)

경찰청장은 다음 각 호 사항 및 기준일을 기준으로 **3년마다** (매 3년이 되는 해의 기준일과 같은 날 전까지) 그 타당성을 검토, 개선 등의 조치를 해야 한다.

- ◆ **경비업의 시설** 등의 기준 : 2014년 6월 8일
- ◆ **집단민원현장 배치 불허가** 기준 : 2014년 6월 8일
    ※ 경비원이 휴대하는 장비 : 2014년 6월 8일 (시행규칙 제27조의2)

과태료에 대한 이의제기 (질서행위규제법 제20조)

- ◆ 행정청의 과태료 부과에 불복하는 당사자는 과태료 부과통지서를 받은 날부터 **60일 이내**에 해당 행정청에 **서면으로** 이의제기를 할 수 있다.
- ◆ 이의제기가 있는 경우 행정청의 과태료 부과처분은 그 **효력을 상실**한다.
- ◆ 당사자는 행정청으로부터 통지받기 전까지는 행정청에 대해 **서면으로** 이의제기 철회가능

가산금 (질서행위규제법 제24조)

◆ 행정청은 당사자가 납부기한 까지 과태료를 납부치 않은 때에는 납부기한 경과한 날부터 체납된 과태료 **3/100의 가산금**부과, 1개월경과 시마다 **12/1000**의 중가산금 부과
  (중가산금 징수는 60개월 초과금지)

◆ 행정청은 당사자가 기한 이내에 이의를 제기하지 않고, 가산금을 납부하지 않을 때는, 최대 **77%**까지 가산금 부과, **국세 또는 지방세 체납처분의 예**에 따라 징수

제출서류 처리기한 및 수수료

제출서류	처리기한	수수료
• 무기대여 신청서	30일	없음
• 경비업 (신규, 변경, 갱신) 허가신청서	15일	10,000원
• 경비업 허가사항 등의 변경신고서	7일	2,000원
• 허가증 재교부신청서	7일	2,000원
• 범죄경력조회 신청서	1일	없음
• 집단민원현장 일반경비원 배치허가 신청서	48시간	없음
• 집단민원현장 일반경비원 배치폐지 신고서	즉시	없음
• 경비업(폐업, 휴업, 영업재개, 휴업기간연장)신고서	즉시	없음
• 경비원 (배치, 배치폐지) 신고서	즉시	없음
• 특수경비업무 (개시, 종료) 신고서	즉시	없음
• 호송경비 통지서	즉시	없음
• 경비원 복장 등 신고서	즉시	없음
• 경비원 복장 등 시정명령 이행보고	즉시	없음
• 출동차량 도색 등 시정명령 이행보고	즉시	없음
• 출동차량 등 신고서	즉시	없음

기출문제 벌 칙

1. 경비업법령상 경비업자 또는 경비원의 행위와 벌칙에 관한 설명으로 옳은 것은? (15회)

① 파업을 한 특수경비원은 1년 이하의 징역 또는 1천만원 이하의 벌금에 처한다.
② 직무상 알게 된 비밀을 누설한 경비업자의 임·직원은 2년 이하의 징역 또는 2천만원 이하의 벌금에 처한다.
③ 고의로 국가중요시설의 정상적인 운영을 해치는 장해를 일으킨 특수경비원은 3년 이하의 징역 또는 3천만원 이하의 벌금에 처한다.
④ 정당한 사유없이 무기를 소지하고 배치된 경비구역을 벗어난 특수경비원은 3년 이하의 징역 또는 3천만원 이하의 벌금에 처한다.

> **해설** ②는 3년 이하의 징역 또는 3천만원 이하의 벌금 (법 제28조 제2항 2호)
> ③은 5년 이하의 징역 또는 5천만원 이하의 벌금 (법 제28조 제1항)
> ④는 2년 이하의 징역 또는 2천만원 이하의 벌금 (법 제28조 제3항)
> ① 법 제28조 제4항 제2호

2. 경비업법령상 벌칙에 관한 설명으로 옳은 것은? (16회)

① 국가중요시설에 대한 경비업무 수행 중 국가중요시설의 정상적인 운영을 해치는 장해를 일으킨 특수경비원은 5년 이하의 징역 또는 5천만원 이하의 벌금에 처한다.
② 허가를 받지 아니하고 경비업을 영위한 자는 2년 이하의 징역 또는 2천만원 이하의 벌금에 처한다.
③ 국가중요시설에 대한 경비업무의 수행 중 정당한 사유없이 무기를 소지하고 배치된 경비구역을 벗어난 특수경비원은 3년 이하의 징역 또는 3천만원 이하의 벌금에 처한다.
④ 경비업법 규정에 위반하여 쟁의행위를 한 특수경비원은 2년 이하의 징역 또는 2천만원 이하의 벌금에 처한다.

> **해설** ② 3년 이하의 징역 또는 3천만원 이하의 벌금 (법 제28조 제2항 제1호)
> ③ 2년 이하의 징역 또는 2천만원 이하의 벌금 (법 제28조 제3항)
> ④ 1년 이하의 징역 또는 1천만원 이하의 벌금 (법 제28조 제4항 제2호)
> ① 법 제28조 제1항

정답 1. ① 2. ①

3. 경비업법상 위반행위를 한 행위자에 대한 법정형이 같은 것으로 묶인 것은? (17회)

> ㄱ. 허가를 받지 아니하고 경비업을 영위한 자
> ㄴ. 경비업법에서 정한 장비 외에 흉기를 휴대하고 경비업무를 수행한 경비원
> ㄷ. 경비업무 수행 중 과실로 인하여 국가중요시설의 정상적인 운영을 해치는 장해를 일으킨 특수경비원
> ㄹ. 국가중요시설에 대한 경비업무 중 정당한 사유 없이 무기를 소지하고 배치된 경비구역을 벗어난 특수경비원

① ㄱ, ㄷ
② ㄱ, ㄹ
③ ㄴ, ㄷ
④ ㄴ, ㄹ

해설 ㄴ. 1년 이하의 징역 또는 1천만원 이하의 벌금
ㄹ. 2년 이하의 징역 또는 2천만원 이하의 벌금
ㄱ,ㄷ. 3년 이하의 징역 또는 3천만원 이하의 벌금

4. 경비업법상 법정형 3년 이하의 징역 또는 3천만원 이하의 벌금에 처해지지 않는 자는? (18회)

① 경비업 허가를 받지 않고 경비업을 영위한 자
② 집단민원현장에 경비원을 배치하면서 경비업 허가를 받지 아니한 자에게 경비업무를 도급한 자
③ 경비원으로 하여금 직무를 수행함에 있어 타인에게 위력을 과시하거나 물리력을 행사하는 등 경비업무의 범위를 벗어난 행위를 하게한 자
④ 파업·태업 그 밖에 경비업무의 정상적인 운영을 저해하는 쟁의행위를 한 특수경비원

해설 ①,②,③ (법 제28조 제2항)
④ 1년 이하의 징역 또는 1천만원 이하의 벌금에 해당한다. (법 제28조 제4항)

5. 경비업법령상 국가중요시설에 대한 경비업무 중 정당한 사유 없이 무기를 소지하고 배치된 경비구역을 벗어난 특수경비원의 처벌기준은? (20회)

① 1년 이하의 징역 또는 1천만원 이하의 벌금
② 2년 이하의 징역 또는 2천만원 이하의 벌금
③ 3년 이하의 징역 또는 3천만원 이하의 벌금
④ 5년 이하의 징역 또는 5천만원 이하의 벌금

해설 ② 경비업법령상 국가중요시설에 대한 경비업무 중 정당한 사유 없이 무기를 소지하고 배치된 경비구역을 벗어난 특수경비원은 2년 이하의 징역 또는 2천만원 이하의 벌금에 처한다. (법 제28조 제3항)

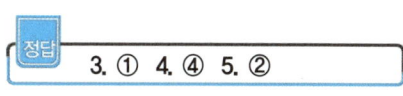

6. 경비업법령상 1년 이하의 징역이나 1천만원 이하의 벌금형에 해당하는 행위를 한 사람을 모두 고른 것은?
(21회)

> ㄱ. 직무수행 중 경비업무의 범위를 벗어나 타인에게 물리력을 행사한 경비원
> ㄴ. 정당한 사유없이 무기를 소지하고 배치된 경비구역을 벗어난 특수경비원
> ㄷ. 법률에 근거없이 직무상 알게 된 비밀을 누설한 경비업체의 임원
> ㄹ. 「경비업법」에서 정한 장비 외에 흉기를 휴대하고 경비업무를 수행한 경비원

① ㄱ, ㄴ   ② ㄱ, ㄹ
③ ㄴ, ㄷ   ④ ㄷ, ㄹ

> **해설** ㄴ. 정당한 사유없이 무기를 소지하고 배치된 경비구역을 벗어난 특수경비원
> → 2년 이하의 징역 또는 2천만원 이하의 벌금에 처한다. (법 제28조 제3항)
> ㄷ. 직무상 알게 된 비밀을 누설하거나 부당한 목적을 위하여 사용한 자
> → 3년 이하의 징역 또는 3천만원 이하의 벌금에 처한다. (법 제28조 제2항)
> ㄱ, ㄴ. 법 제28조 제4항 제3호, 제4호

7. 경비업법령상 벌칙에 관한 설명으로 옳은 것을 모두 고른 것은?
(22회)

> ㄱ. 과실로 인하여 국가중요시설의 정상적인 운영을 해치는 장해를 일으킨 특수경비원은 3년 이하의 징역 또는 3천만원 이하의 벌금에 처한다.
> ㄴ. 정당한 사유 없이 무기를 소지하고 배치된 경비구역을 벗어난 특수경비원은 2년 이하의 징역 또는 2천만원 이하의 벌금에 처한다.
> ㄷ. 허가를 받지 아니하고 경비업을 영위한 자는 2년 이하의 징역 또는 2천만원 이하의 벌금에 처한다.

① ㄱ, ㄴ   ② ㄱ, ㄷ
③ ㄴ, ㄷ   ④ ㄱ, ㄴ, ㄷ

> **해설** ㄷ. 허가를 받지 아니하고 경비업을 영위한 자는 3년 이하의 징역 또는 3천만원 이하의 벌금에 처한다.
> (법 제28조 제2항 제1호)

정답 6. ② 7. ①

8. 경비업법령상 법정형의 최고한도가 높은 것부터 순서대로 나열된 것은? (단, 가중처벌 등은 고려하지 않음) (23회)

> ㄱ. 경찰관서장의 배치폐지 명령을 따르지 아니한 자
> ㄴ. 경비원에게 경비업무의 범위를 벗어난 행위를 하게 한 자
> ㄷ. 국가중요시설의 정상적인 운영을 해치는 장해를 일으킨 특수경비원

① ㄴ - ㄱ - ㄷ
② ㄴ - ㄷ - ㄱ
③ ㄷ - ㄱ - ㄴ
④ ㄷ - ㄴ - ㄱ

해설 ㄱ : 1년 이하의 징역 또는 1천만원 이하의 벌금
ㄴ : 3년 이하의 징역 또는 3천만원 이하의 벌금
ㄷ : 5년 이하의 징역 또는 5천만원 이하의 벌금

9. 경비업법령상 위반행위를 한 행위자에 대한 법정형이 다른 것은? (24회)

① 경비업무 도급인이 그 경비업무를 수급한 경비업자의 경비원 채용 시 무자격자나 부적격자 등을 채용하도록 관여하거나 영향력을 행사한 경우
② 경비원이 경비업법령에서 정한 장비 외에 흉기 또는 그 밖의 위험한 물건을 휴대하고 경비업무를 수행한 경우
③ 경비원이 직무를 수행함에 있어 타인에게 위력을 과시하는 등 경비업무의 범위를 벗어난 행위를 한 경우
④ 경비업자가 배치허가 신청의 내용을 거짓으로 한 것이 발각되어 경찰관서장이 배치폐지 명령을 하였으나 이에 따르지 아니한 경우

해설 ②,③,④ 1년 이하의 징역 또는 1천만원 이하의 벌금 (법 제28조 제4항)
① 3년 이하의 징역 또는 3천만원 이하의 벌금(법 제28조 제2항 제6호)

정답 8. ④ 9. ①

10. 특수경비원 갑(甲)이 국가중요시설에 대한 경비업무 수행 중 국가중요시설의 정상적인 운영을 해치는 장해를 발생시킨 경우, 경비업법령상 벌칙규정에 관한 설명으로 옳은 것을 모두 고른 것은? (21회)

> ㄱ. 갑(甲)이 고의로 위와 같은 행위를 했다면, 그 처벌기준은 5년 이하의 징역 또는 5천만원 이하의 벌금이다.
> ㄴ. 갑(甲)이 과실로 위와 같은 행위를 했다면, 그 처벌기준은 1년 이하의 징역 또는 1천만원 이하의 벌금이다.
> ㄷ. 양벌규정에 의하면 갑(甲)이 소속된 법인의 처벌기준은 1천만원 이하의 벌금이다.
> ㄹ. 갑(甲)을 고용한 법인의 대표자에게는 3천만원 이하의 과태료가 부과된다.

① ㄱ
② ㄱ, ㄴ
③ ㄱ, ㄷ
④ ㄴ, ㄹ

해설 ㄴ. 과실로 국가중요시설의 정상적인 운영을 해치는 장해를 일으킨 특수경비원은 3년 이하의 징역 또는 3천만원 이하의 벌금에 처한다. (법 제28조 제2항 제7호)
ㄷ.ㄹ 법인의 대표자나 법인 또는 개인의 대리인, 사용인, 종업원이 제28조의 위반행위를 하면 그 행위자를 벌하는 外에 그 법인 또는 개인에게도 해당 조문의 벌금형을 과한다. (법 제30조)
ㄱ. 법 제28조 제1항

11. 경비업법령상 법인이나 개인에게도 벌금형을 과하는 양벌규정이 적용되는 행위자가 될 수 없는 자는? (16회, 20회)

① 법인의 대표자
② 법인의 대리인
③ 개인의 대리인
④ 개인의 직계비속

해설 법인의 대표자나 법인 또는 개인의 대리인, 사용인, 종업원이 제28조의 위반행위를 하면 그 행위자를 벌하는 外에 그 법인 또는 개인에게도 해당 조문의 벌금형을 과한다. 다만, 법인 또는 개인이 그 위반행위 방지를 위해 해당업무에 관해 상당한 주의와 감독을 게을리 하지 아니한 경우에는 그러하지 아니하다. (법 제30조)

12. 경비업법령상 양벌규정이 적용되는 경우에 해당하지 않는 것은? (단, 법인 또는 개인이 그 위반행위를 방지하기 위하여 해당 업무에 관하여 상당한 주의와 감독을 게을리하지 아니한 경우는 고려하지 않음) (23회)

① 경비업자의 경비원 채용 시 부적격자 등을 채용하도록 관여한 도급인
② 배치허가를 받지 아니하고 경비원을 배치한 자
③ 허가를 받지 아니하고 경비업을 영위한 자
④ 경비업무의 범위를 벗어난 행위를 한 경비원

정답 10. ① 11. ④ 12. ②

해설 ① 법 제28조 제2항 제6호, ③ 법 제28조 제2항 제1호, ④ 법 제28조 제4항 제3호
② 양벌규정은 경비업법 제28조(벌칙) 위반행위 시 적용되며, 행정처분 및 과태료 해당 위반사유에는 적용되지 아니한다.

13. 경비업법령상 특수경비원의 형의 가중처벌 대상에 해당되는 형법상 범죄는? (15회)

① 특수강도죄
② 특수주거침입죄
③ 살인죄
④ 중체포죄

해설 정한 형의 1/2까지 가중 처벌하는 형법상의 범죄 (법 제29조)

특수경비원이 무기휴대 경비업무수행 중 무기안전수칙 위반, 죄를 범한 때	특수(중)상해, 상해치사, 폭행, 폭행치사상, 업무상과실·중과실치사상, (중)체포·감금, 체포·감금등의 치사상, 특수공갈, 재물손괴, 협박, 강요(단체·다중위력, 위험한 물건휴대)
경비원이 경비업무수행 중 규정장비외 흉기 또는 위험한 물건휴대, 죄를 범한 때	특수(중)상해, 상해치사, 특수폭행, 폭행치사상, 업무상과실·중과실치사상, (중)체포·감금, 체포·감금등의 치사상, 특수공갈, 재물손괴, 협박, 강요(단체·다중위력, 위험한 물건휴대)

14. 경비업법령상 경비원이 경비업무 수행 중에 경비업법에 규정된 장비 외에 흉기 그 밖의 위험한 물건을 휴대하고 일정한 형법상의 범죄를 범한 경우 그 법정형의 2분의 1까지 가중 처벌된다. 다음 중 이에 해당되는 형법상 범죄는? (16회)

① 형법 제324조의2(인질강요죄)
② 형법 제261조(특수폭행죄)
③ 형법 제136조(공무집행방해죄)
④ 형법 제333조(강도죄)

해설 ①,③,④ 가중처벌 범죄가 아니다.

15. 경비업법상 경비원이 경비업무 수행중에 경비장비 외의 흉기를 휴대하고 형법상의 죄를 범한 경우 형의 가중처벌에 해당하지 않는 것은? (19회, 20회)

① 폭행죄 (형법 제260조제1항)
② 체포죄 (형법 제276조제1항)
③ 협박죄 (형법 제283조제1항)
④ 재물손괴죄 (형법 제366조)

해설 ① 특수경비원이 무기휴대 경비업무수행 중 무기안전수칙 위반, 죄를 범한 때 정한 형의 1/2까지 가중 처벌하는 형법상의 범죄에 해당한다. (법 제29조 제1항)

16. 경비업법령상 경비원이 경비업무 수행 중에 경비업법령에서 정한 장비 외에 흉기 또는 그 밖의 위험한 물건을 휴대하고 죄를 범한 경우, 그 죄에 정한 형의 2분의1까지 가중 처벌하는 형법상 범죄에 해당하지 않는 것은? (22회)

① 형법 제268조 (업무상과실치사상죄)
② 형법 제276조제1항 (체포·감금죄)
③ 형법 제283조제1항 (협박죄)
④ 형법 제314조 (업무방해죄)

해설 ④ 가중처벌 범죄가 아니다.

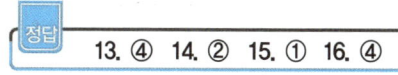

정답 13. ④ 14. ② 15. ① 16. ④

17. 경비업법령상 특수경비원이 무기를 휴대하고 경비업무를 수행 중에 경비업법의 규정에 의한 무기의 안전수칙을 위반하여 범죄를 범한 경우 그 법정형의 2분의 1까지 가중처벌되는 형법상의 범죄가 아닌 것은?
(23회)

① 형법 제261조(특수폭행죄)
② 형법 제268조(업무상과실·중과실 치사상죄)
③ 형법 제350조의2(특수공갈죄)
④ 형법 제366조(재물손괴죄)

✈ 해설 ① 경비원이 경비업무 수행 중에 경비업법령에서 정한 장비 외에 흉기 또는 그 밖의 위험한 물건을 휴대하고 죄를 범한 경우, 그 죄에 정한 형의 2분의1까지 가중 처벌하는 범죄에 해당한다. (법 제29조 제2항)

18. 경비업법령상 경비원이 경비업무 수행 중에 경비업법령에서 정한 장비 외에 흉기또는 그 밖의 위험한 물건을 휴대하고 죄를 범한 경우, 그 죄에 정한 형의 2분의1까지 가중처벌되는 형법상의 범죄가 아닌 것은?
(24회)

① 특수폭행죄(형법 제261조)
② 폭행치사상죄(형법 제262조)
③ 특수협박죄(형법 제284조)
④ 특수공갈죄(형법 제350조의2)

✈ 해설 협박죄는 해당되나 특수협박죄는 해당되지 않는다.

19. 경비업법령상 경비업자 또는 시설주에 대하여 500만원 이하의 과태료에 처하는 경우가 아닌 것은?
(14회)

① 기계경비업자가 경비계약을 체결하는 때에 오경보를 막기 위하여 계약상대방에게 기기사용요령 및 기계경비운영체계 등에 관하여 설명하지 않은 경우
② 경비업의 허가를 받은 법인이 영업을 폐업하거나 휴업한 때 시·도경찰청장에게 신고하지 않은 경우
③ 경비업의 허가를 받은 법인이 기계경비업무의 수행을 위한 관제시설을 신설한 때 시·도경찰청장에게 신고하지 않은 경우
④ 특수경비업자가 국가중요시설에 대한 특수경비업무를 중단하게 되는 때에 미리 이를 경비대행업자에게 통보하지 아니하는 경우

✈ 해설 ① 법 제31조 제2항 제3호, ②,③ 법 제31조 제2항 제1호, ④ 과태료가 아닌 3년 이하의 징역 또는 3천만원 이하의 벌금에 처하는 벌칙사항에 해당한다. (법 제28조 제2항 제3호)

정답 17. ① 18. ③ 19. ④

20. 경비업법령상 과태료의 부과기준금액이 가장 많은 것은? (단, 과태료의 경감이나 가중은 고려하지 않는다.)　(15회)

① 경비대행업자 지정신고를 허위로 신고한 경우
② 경비원 명부를 비치하지 아니한 경우 (1회 위반시)
③ 경비지도사를 선임하지 아니한 경우 (1회 위반시)
④ 법인의 주사무소를 이전하고 6개월 초과의 기간이 경과하고도 신고하지 아니한 경우

↘해설 ②·③ 1회위반시 100만원, 2회위반시 200만원, 3회 이상 위반 시 400만원
　　　 ④ 1개월 이내 기간경과 50만원, 1개월 초과 6개월 이내 기간경과 100만원, **6개월 초과 12개월 이내 기간경과 200만원**, 12개월 초과의 기간경과 400만원
　　　 ① 400만원

21. 경비업법령에 관한 내용으로 옳지 않은 것은?　(15회)

① 통신 및 방송장비 제조업은 특수경비업자가 할 수 있는 경비관련업이다.
② 관할 경찰관서장은 시설주의 신청에 의하여 특수경비원이 배치된 국가중요시설 등에 경비전화를 가설할 수 있다.
③ 경비업법령에 규정한 사항 외에 과태료의 부과·징수절차에 관하여 필요한 사항은 경찰청의 행정규칙으로 정한다.
④ 경비업자는 경비원이 업무수행중 고의 또는 과실로 제3자에게 손해를 입힌 경우에는 이를 배상하여야 한다.

↘해설 ① 시행령 제7조의2 제1항 제1호 [별표1의2], ② 시행규칙 제25조 제1항, ④ 법 제26조 제2항,
　　　 ③ 과태료는 대통령령이 정하는 바에 의하여 시·도경찰청장 또는 경찰관서장이 부과·징수한다.
　　　　　　　　　　　　　　　　　　　　　　　　　　　　　(시행령 제31조 제3항)
　　　 ※ 질서행위의 성립요건과 과태료의 부과·징수 및 재판 등에 관한 사항을 규정하는 것을 목적으로 한다.
　　　　　　　　　　　　　　　　　　　　　　　　　　　　　(질서행위규제법 제1조)

22. 경비업법령상 경비업법 위반 횟수에 관계없이 과태료 금액이 동일한 것은?　(16회)

① 기계경비업자가 경비계약을 체결하면서 계약상대방에게 설명의무를 이행하지 않은 경우
② 무기의 적정관리를 위해 관할 경찰관서장이 감독상 필요한 명령을 발하였으나 무기를 대여받은 시설주가 정당한 이유 없이 이를 이행하지 않은 경우
③ 경비업자가 경비업법을 위반하여 경비원의 복장에 관한 신고를 하지 않고 집단민원현장에 경비원을 배치한 경우
④ 경비업자가 경비업법을 위반하여 경비원의 근무상황을 기록하여 보관하지 않은 경우

↘해설 ① 1회 위반 – 100만원, 2회 위반 – 200만원, 3회 위반 – 400만원
　　　 ③ 1회 위반 – 600만원, 2회 위반 – 1,200만원, 3회 위반 – 2,400만원
　　　 ④ 1회 위반 – 50만원, 2회 위반 – 100만원, 3회 위반 – 200만원
　　　 ② 과태료 금액이 500만원으로 횟수와 관계없이 동일하다. (시행령 제32조 제1항, [별표6])

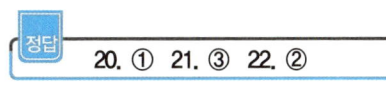

20. ①　21. ③　22. ②

23. 경비업법령상 과태료의 부과기준으로서 과태료 금액이 가장 많은 것은? (단, 최초 1회 위반을 기준으로 함) (17회)

① 집단민원현장에 일반경비원을 배치하면서 일반경비원 명부를 그 배치장소에 비치하지 아니한 경우
② 경비업법상 복장 등에 관한 신고규정을 위반하여 신고를 하지 않은 경우
③ 경비원 명단 및 배치일시·배치장소 등 배치허가 신청의 내용을 거짓으로 한 경우
④ 기계경비업자가 경비계약을 체결하면서 오경보를 막기 위하여 계약상대방에게 기기사용 요령 및 기계경비운영체계 등에 관한 설명의무를 이행하지 아니한 경우

해설 ① 1회 위반 : 600만원, 2회 위반 : 1,200만원, 3회 이상 위반 : 2,400만원
②,④ 1회 위반 : 100만원, 2회 위반 : 200만원, 3회 이상 위반 : 400만원
③ 1회 위반 : 1,000만원, 2회 위반 : 2,000만원, 3회 이상 위반 : 3,000만원

24. 경비업법령상 과태료의 부과기준에서 1회 위반 시 부과된 과태료 금액이 다른 것은? (18회)

① 경비지도사를 선임하지 않은 경우
② 경비원 명부를 비치하지 않은 경우
③ 결격사유에 해당하는 경비지도사를 선임·배치한 경우
④ 경비원 명단 및 배치일시·배치장소 등 배치허가 신청의 내용을 거짓으로 한 경우

해설 ①,②,③ 1회 위반시 과태료 100만원 부과
④ 1회 위반시 과태료 1,000만원 부과

25. 경비업법령상 과태료 부과금액이 다른 것은? (19회)

① 기계경비업자가 경비계약을 체결하면서 계약상대방에게 기기사용요령 및 기계경비운영 체계 등에 관한 설명의무를 이행하지 않은 경우
② 경비업자가 신임교육을 이수하지 않은 자를 집단민원현장이 아닌 곳에서 신변보호업무를 수행하는 일반경비원으로 배치한 경우
③ 경비업자가 결격사유에 해당하는 경비원을 배치하거나 결격사유에 해당하는 경비지도사를 선임·배치한 경우
④ 경비업자가 행정안전부령에 따라 경비원명부를 작성·비치하지 않고 경비원을 경비업무에 배치한 경우

해설 ①,③,④ 1차위반 : 100만원, 2차위반 : 200만원, 3차이상위반 : 400만원의 과태료 부과 (법 제31조제2항)
② 1차위반 : 600만원, 2차위반 : 1,200만원, 3차이상위반 : 2,400만원의 과태료 부과 (법 제31조제1항)

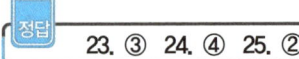
정답 23. ③ 24. ④ 25. ②

26. 경비업법령상 과태료 부과기준이다. ( ) 안에 들어갈 숫자의 연결이 옳은 것은? (20회)

위반행위	과태료 금액(단위 : 만원)		
	1회 위반	2회 위반	3회 이상
경비업자가 경비원 복장 등에 관한 신고규정을 위반하여 신고를 하지 않은 경우	100	200	(ㄱ)
경비업자가 경비원의 복장에 관한 신고를 하지 않고 집단민원현장에 경비원을 배치한 경우	(ㄴ)	1,200	2,400

① ㄱ : 300, ㄴ : 300
② ㄱ : 400, ㄴ : 600
③ ㄱ : 500, ㄴ : 800
④ ㄱ : 600, ㄴ : 1000

해설 • 경비업자가 경비원 복장 등에 관한 신고규정을 위반하여 신고를 하지 않은 경우
1회위반 : 100만원, 2회위반 : 200만원, 3회이상 위반 : 400만원
• 경비원의 복장에 관한 신고를 하지 않고 집단민원현장에 경비원을 배치한 경우
1회위반 : 600만원, 2회위반 : 1,200만원, 3회이상 위반 : 2,400만원

27. 경비업법령상 2회 위반의 경우 과태료 부과기준이 다른 것은? (21회)

① 경비업자가 결격사유에 해당하는 경비원을 배치한 경우
② 경비업자가 경비지도사를 선임하지 않은 경우
③ 특수경비업무를 수행하는 경비업자가 경비대행업자 지정신고를 허위로 한 경우
④ 경비업자가 복장 등에 관한 신고규정을 위반하여 신고를 하지 않은 경우

해설 ①,②,④ 1회 위반시 100만원, 2회 위반시 200만원, 3회이상 위반시 400만원 부과
③ 횟수에 관계없이 400만원 부과

28. 경비업법령상 과태료 부과기준이 다른 하나는? (22회)

① 경비업자가 기계경비업자의 계약자에 대한 오경보를 막기 위한 기기설명의무를 위반하여 설명의무를 이행하지 않은 경우
② 경비업자가 신고된 동일 복장을 착용하게 하지 아니하고 집단민원현장에 경비원을 배치한 경우
③ 경비업자가 행정안전부령에 따라 경비원 명부를 비치하지 않은 경우
④ 경비업자가 대통령령이 정하는 바에 따라 경비지도사를 선임하지 않은 경우

해설 ①,③,④ 1회 위반 : 100만원, 2회 위반 : 200만원, 3회 이상 위반 : 400만원 부과
② 1회 위반 : 600만원, 2회 위반 : 1,200만원, 3회 이상 위반 : 2,400만원 부과

정답 26. ② 27. ③ 28. ②

29. 경비업법령상 과태료의 부과기준이 다른 것은? (23회)

① 경비업자가 경비원의 복장에 관한 신고를 하지 않고 집단민원현장에 경비원을 배치한 경우
② 경비업자가 집단민원현장에 배치되는 일반경비원의 명부를 그 배치 장소에 비치하지 않은 경우
③ 경비업자가 신임교육을 이수하지 않은 자를 특수경비원으로 배치한 경우
④ 경비업자가 결격사유에 해당하는 경비지도사를 선임·배치한 경우

해설 ①,②,③ 3,000만원 이하의 과태료 부과대상
④ 500만원 이하의 과태료 부과대상

30. 경비업법령상 과태료의 부과기준에 관한 설명으로 옳은 것은? (24회)

① 경비원의 복장에 관한 신고를 하지 않고 집단민원현장에 경비원을 배치한 경우에는 위반 횟수가 2회이면 부과되는 과태료 금액은 600만원이다.
② 관할 경찰관서장이 무기의 적정 관리를 위하여 무기를 대여받은 시설주에 대하여 감독상 필요한 명령을 하였으나 정당한 이유없이 이행하지 않은 경우에는 위반 횟수에 관계없이 부과되는 과태료 금액은 500만원이다.
③ 이름표를 부착하게 하지 않거나, 신고된 동일 복장을 착용하게 하지 않고 집단민원현장에 경비원을 배치한 경우에는 위반 횟수가 1회이면 부과되는 과태료 금액은 300만원이다.
④ 집단민원현장에 배치되는 일반경비원의 명부를 그 배치 장소에 비치하지 않은 경우에는 위반 횟수가 3회 이상이면 부과되는 과태료 금액은 1200만원이다.

해설 ①, ③, ④ 1회 위반 : 600만원, 2회 위반 1,200만원, 3회 위반 2,400만원 (법 제31조 제2항 제5호)

31. 경비업법령상 민감정보 및 고유식별정보의 처리에 관한 내용이다. (   ) 안에 들어갈 사무에 해당하지 않는 것은? (15회)

> 경찰청장은 (   )를 수행하기 위하여 불가피한 경우 개인정보보호법 제23조에 따른 건강에 관한 정보, 개인정보보호법시행령 제18조 제2호에 따른 범죄경력자료에 해당하는 정보와 제19조 제1호 또는 제4호에 따른 주민등록번호 또는 외국인등록번호가 포함된 자료를 처리할 수 있다.

① 경비업의 허가 및 갱신허가에 관한 사무
② 특수경비원의 직무 및 무기사용에 관한 사무
③ 보안지도·점검 및 보안측정에 관한 사무
④ 경비협회의 설립에 관한 사무

정답 29. ④ 30. ② 31. ④

해설 민감정보 및 고유식별정보를 처리할 수 있는 사무 (시행령 제31조의2)
- 경비업의 허가 및 갱신허가 등에 관한 사무
- 임원, 경비지도사 및 경비원의 결격사유에 관한 사무
- 경비지도사 시험 등에 관한 사무
- 경비원의 교육 등에 관한 사무
- 특수경비원의 직무 및 무기사용 등에 관한 사무
- 경비원 배치 허가등에 관한 사무
- 경비업 허가취소, 경비지도사 자격취소 등 행정처분에 관한 사무
- 경비업자 및 경비지도사의 지도·감독에 관한 사무
- 보안지도·점검 및 보안 측정에 관한 사무
※ • **건강에 관한 정보** : 임원, 경비지도사 및 경비원의 결격사유에 관한 사무와 특수경비원의 직무 및 무기사용 등에 관한 사무에 한정 해당
• **범죄경력자료에 해당하는 정보** : 임원, 경비지도사 및 경비원의 결격사유에 관한 사무와 보안지도·점검 및 보안 측정에 관한 사무에 한정 해당

32. 경비업법령상 민감정보 및 고유식별정보를 처리할 수 있는 사무가 아닌 것은? (17회)

① 기계경비운영체계의 오작동여부 확인에 관한 사무
② 경비업 허가의 취소에 따른 행정처분에 관한 사무
③ 경비지도사 시험 등에 관한 사무
④ 특수경비업자에 대한 보안지도·점검 및 보안측정에 관한 사무

해설 ① 처리할 수 있는 사무에 해당되지 않는다.

33. 경비업법령상 경찰청장 등이 처리할 수 있는 민감정보 및 고유식별정보가 아닌 것은? (23회)

① 건강에 관한 정보
② 범죄경력자료에 해당하는 정보
③ 주민등록번호 또는 외국인등록번호가 포함된 자료
④ 신용카드사용내역이 포함된 자료

해설 민감정보 및 고유식별정보의 처리 (시행령 제31조의2)
- 건강에 관한 정보
(임원, 경비지도사 및 경비원의 결격사유 확인에 관한 사무와 특수경비원의 직무 및 무기사용 등에 관한 사무에 한정)
- 범죄경력자료에 해당하는 정보
(임원, 경비지도사 및 경비원의 결격사유 확인에 관한 사무, 보안지도·점검 및 보안측정에 관한 사무 한정)
- 주민등록 번호 및 외국인 등록번호

34. 경비업법령에 관한 설명으로 옳지 않은 것은? (18회)

① 시·도경찰청장은 특수경비업자에 대하여 연 2회 이상의 보안지도·점검을 실시하여야 한다.
② 경찰청장은 경비업무의 적정한 수행을 위하여 경비업자를 지도·감독하며 필요한 명령을 할 수 있다.
③ 경찰청장은 집단민원현장 배치 불허가 기준에 대하여 5년 마다 그 타당성을 검토하여 개선 등의 조치를 하여야 한다.
④ 관할 경찰관서장은 시설주의 신청에 의하여 특수경비원이 배치된 국가중요시설 등에 경비전화를 가설할 수 있다.

> **해설** **규제의 재검토** (시행령 제31조의3)
> 경찰청장은 다음 각 호 사항 및 기준일을 기준으로 3년마다 (매 3년이 되는 해의 기준일과 같은 날 전까지) 그 타당성을 검토, 개선 등의 조치를 해야 한다.
> • 경비업의 시설 등의 기준 : 2014년 6월 8일
> • 집단민원현장 배치 불허가 기준 : 2014년 6월 8일
> ※ 경비원의 휴대하는 장비 : 2014년 6월 8일 (시행규칙 제27조의2)

35. 경비업법령상 경찰청장이 3년마다 타당성을 검토하여 개선 등의 조치를 해야 하는 규제사항이 아닌 것은? (21회)

① 경비원이 휴대하는 장비
② 경비업의 시설 등의 기준
③ 집단민원현장 배치불허가기준
④ 벌금형 부과기준

> **해설** ④ 규제사항에 해당되지 않는다.

정답 34. ③ 35. ④

[대통령령과 행정안전부령의 구분]

◯ 대통령령으로 정하는 내용

- ◆ 대통령령으로 정하는 국가중요시설
  공항·항만, 원자력발전소 등의 시설 중 국가정보원장이 지정하는 국가보안목표시설과 「통합방위법」에 의한 국방부장관이 지정하는 국가중요시설
- ◆ 허가를 받고자 하는 법인은 다음 각 호의 요건을 갖추어야 한다.
  - · 대통령령으로 정하는 1억원 이상의 자본금의 보유
  - · 대통령령으로 정하는 경비인력
  - · 대통령령으로 정하는 시설과 장비의 보유
  - · 그 밖에 경비업무 수행을 위하여 대통령령으로 정하는 사항
  ⇒ [별표 1] 경비업의 시설 등의 기준 (제4조 2항 관련)
- ◆ 법 제4조제3항제6호 "그 밖에 대통령령이 정하는 중요사항"이란 **정관의 목적**
- ◆ **허가 또는 신고의 절차, 신고의 기한 등 허가 및 신고에 관하여 필요한 사항**은 대통령령으로 정한다.
- ◆ 특수경비업자는 이 법에 의한 경비업과 경비장비의 제조·설비·판매업, 네트워크를 활용한 정보산업, 시설물유지관리업 및 경비원 교육업 등 대통령령이 정하는 경비관련업外의 영업을 해서는 아니 된다. ⇒ [별표 1의2] **특수경비업자가 할 수 있는 영업**
- ◆ 경비업자의 경비원 채용시 일반경비원의 무자격자 및 부적격자의 구체적인 범위
- ◆ 기계경비업자는 대응조치 등 업무의 원활한 운영과 개선을 위해 대통령령이 정하는 바에 따라 관련서류를 작성 비치하여야 한다. ⇒ 기계경비업자의 관리서류
- ◆ **경비지도사시험은 매년 1회 이상 시행되며, 시험과목, 시험공고, 시험의 일부가 면제되는자의 범위 그 밖에 경비지도사 시험에 관하여 필요한 사항**은 대통령령으로 정한다.
- ◆ 대통령령이 정하는 바에 따라 경비지도사를 선임하여야 한다. ⇒ **경비지도사의 선임·배치**
- ◆ 법 제12조제2항 제5호 경비지도사의 직무 중 대통령령이 정하는 직무
  1. 기계경비업무를 위한 기계장치의 운용·감독
  2. 오경보 방지 등을 위한 기기관리의 감독
- ◆ 경비지도사는 직무를 대통령령이 정하는 바에 따라 (**월 1회 이상**) 성실히 수행 하여야 한다.
- ◆ 경비업자는 경비업무를 적정하게 실시하기 위하여 경비원으로 하여금 대통령령으로 정하는 바에 따라 **경비원 신임교육 및 직무교육**을 받게 하여야 한다.
- ◆ 경비원이 되려는 사람은 대통령령으로 정하는 교육기관에서 미리 일반경비원 신임교육을 받을 수 있다.

- 특수경비업자는 대통령령으로 정하는 바에 따라 특수경비원으로 하여금 **특수경비원 신임교육과 정기적인 직무교육**을 받게 하여야 하고 특수경비원 교육을 받지 아니한 자를 특수경비업무에 종사하게 하여서는 아니 된다.
- 특수경비원의 교육 시 관할경찰서 소속 경찰공무원이 교육기관에 입회하여 대통령령이 정하는 바에 따라 **지도·감독**하여야 한다.
- 관할 경찰관서장은 시설주 및 특수경비원의 무기관리상황을 대통령령이 정하는 바에 따라 **(매월 1회 이상 점검)** 지도·감독하여야 한다.
- **특수경비원의 무기휴대, 무기종류, 그 사용기준 및 안전검사의 기준 등**에 관해 필요한 사항은 대통령령으로 정한다.
- 관할 경찰관서장의 경비원 배치허가 불허사유 중 신임교육을 받지 아니한 사람이 대통령령으로 정하는 기준 이상으로 포함되어 있는 경우 ⇒ **21/100**
- 허가관청은 경비업자가 법 제19조제2항제1호부터 16호까지 어느 하나에 해당하는 때에는 대통령령으로 정하는 행정처분기준에 따라 허가를 취소하거나 6개월 이내의 기간을 정하여 영업의 전부 또는 일부에 대하여 영업정지를 명할 수 있다. ⇒ **[별표4] 행정처분 기준**
- 경찰청장은 경비지도사가 법 제12조제3항, 제24조 위반 시, 대통령령이 정하는 바에 따라 1년의 범위 내에서 그 자격을 정지시킬 수 있다.**[별표4] (경비지도사의 자격정지처분의 기준)**
- 경비업자는 경비업무의 건전한 발전과 경비원의 자질향상 및 교육훈련 등을 위하여 대통령령이 정하는 바에 따라 **경비협회를 설립**할 수 있다.
- 시·도경찰청장은 대통령령이 정하는 바에 따라 특수경비업자에 대하여 보안지도·점검을 실시하여야 하고(연 2회 이상), 필요한 경우 관계기관에 보안측정을 요청하여야 한다.
- 경찰청장의 권한은 대통령령이 정하는 바에 따라 그 일부를 시·도경찰청장에게 위임할 수 있다.
  1. 경비지도사 자격의 취소 및 정지에 관한 권한
  2. 경비지도사 자격의 취소 및 정지에 관한 청문의 권한
- 경찰청장은 경비지도사의 시험 및 교육에 관한 업무를 대통령령이 정하는 바에 따라 관계전문기관 또는 단체에 위탁할 수 있다.
  ⇒ **경비업무에 관한 인력과 전문성을 갖춘 기관으로서 경찰청장이 지정 고시하는 기관 및 단체**
- 경비업의 허가를 받거나 허가증을 재교부 받고자 하는 자는 대통령령이 정하는 바에 따라 **수수료를 납부**하여야 한다. ⇒ **허가증 등의 수수료**
- 과태료는 대통령령이 정하는 바에 의하여 시·도경찰청장 또는 경찰관서장이 부과·징수한다.
  ⇒ **[별표6] 과태료의 부과기준**

🔵 행정안전부령으로 정하는 내용

- 유효기간이 만료되어 계속 경비업을 하고자 하는 법인은 행정안전부령이 정하는 바에 의하여 **갱신 허가**를 받아야 한다. ⇒ **허가 갱신**
- 경비업자는 집단민원현장에 경비원을 배치하는 때에는 경비지도사를 선임하고 그 장소에 배치하여 행정안전부령으로 정하는 바에 따라 경비원을 지도·감독하게 하여야 한다.
  ⇒ **집단민원현장에 선임·배치된 경비지도사의 직무**
- 행정안전부령이 정하는 **특수경비원의 신체조건**
  1. 팔과 다리가 완전하고,
  2. 두눈의 맨눈시력 각각 0.2 이상 또는 교정시력 각각 0.8 이상
- 경찰청장 시행 경비지도사 시험에 합격하고 행정안전부령이 정하는 **교육**을 받은 자
  ⇒ **[별표 1] 경비지도사의 교육의 과목 및 시간**
- 경찰청장은 **경비지도사 시험에 합격하고 경비지도사** 교육을 받은 자에게 행정안전부령에 따라 경비지도사의 자격증을 교부
- 경비업자는 경찰공무원, 군인의 제복과 색상 및 디자인 등이 명확히 구별되는 소속 경비원의 복장을 정하고 이를 확인 할 수 있는 사진을 첨부, 주된 사무실 관할 시·도경찰청장에게 행정안전부령으로 정하는 바에 따라 신고하여야 한다. ⇒ **경비원의 복장 등 신고 등**
- 시·도경찰청장으로부터 경비원 복장변경 등의 시정명령을 받은 경비업자는 이를 이행해야 하고, 시·도경찰청장에게 행정안전부령으로 정하는 바에 따라 **이행보고**를 하여야 한다.
  ⇒ 시정명령 이행보고서에 이행사실 입증사진 등 서류 첨부, 시정명령을 한 시·도경찰청장에게 제출
- **경비원의 복장 등에 필요한 사항**은 행정안전부령으로 정한다.
- 경비원이 휴대할 수 있는 장비의 종류는 **경적·단봉·분사기 등** 행정안전부령으로 정하되, 근무 중에만 휴대할 수 있다. ⇒ **경비원의 휴대장비**
- **그 밖의 경비원의 장비에 관하여 필요한 사항**은 행정안전부령으로 정한다.
- 경비업자는 출동차량 등의 도색 및 표지를 정하고 이를 확인할 수 있는 사진을 첨부, 주된 사무소 관할 시·도경찰청장에게 행정안전부령으로 정하는 바에 따라 **신고**하여야 한다.
  ⇒ 출동차량 등 신고서(전자문서 신고서 포함)를 주사무소 관할 시·도경찰청장에게 제출
- 도색 및 표지변경 등에 대한 시정명령을 받은 경비업자는 이를 이행해야 하고, 시·도경찰청장에게 행정안전부령으로 정하는 바에 따라 **이행보고**를 하여야 한다.
  ⇒ 시정명령 이행보고서에 이행사실 입증사진 등의 서류 첨부, 시정명령을 한 시·도경찰청장에게 제출
- **그 밖에 출동차량 등에 필요한 사항**은 행정안전부령으로 정한다.
- 경비업자는 행정안전부령이 정하는 바에 따라 **경비원의 명부를 작성·비치**하여야 한다.

- 경비업자가 경비원을 배치하거나 배치를 폐지한 경우에는 행정안전부령이 정하는 바에 따라 관할 경찰관서장에게 신고하여야 한다. ⇒ **경비원배치 및 배치 폐지의 신고**
- 집단민원현장의 경우에는 경비원을 배치하기 48시간 전까지 행정안전부령으로 정하는 바에 따라 **배치허가 신청**을 하고 관할 경찰관서장의 배치허가를 받은 후 경비원을 배치해야 한다.
  ⇒ **집단민원현장의 경비원의 배치허가 등**
- 경비업자는 경비원을 배치, 경비업무를 수행하는 때에는 행정안전부령으로 정하는 바에 따라 배치된 **경비원의 인적사항과 배치일시 · 배치장소 등 근무상황을 기록**하여 보관하여야 한다.
  ⇒ **경비원의 근무상황 기록부**
- 경비업 허가(변경)신청서에 행정안전부령으로 정하는 **서류**를 첨부하여야 한다.
  1. 법인의 정관 1부
  2. 법인 임원의 이력서 1부
  3. 경비인력 · 시설 및 장비의 확보계획서 1부
- 경비지도사 1차 시험 면제자中
  경비업무 7년 이상(특수경비 3년) 종사하고 행정안전부령으로 정하는 **교육과정** 이수자
  1. 전문대 이상 교육기관(시험과목 3과목 이상 개설)에서 1년 이상 경비업무관련 과정 이수자
  2. 경찰청장 지정 기관 · 단체 실시 64시간 이상 경비지도사 양성과정을 마치고 수료시험 합격자
- 경비지도사는 경비원에 대한 교육을 실시하고 행정안전부령으로 정하는 **경비원 직무교육 실시대장**에 그 내용을 기록하여 2년간 보존하여야 한다.
- 일반경비업자는 소속 일반경비원에게 선임 경비지도사가 수립한 교육계획에 따라 매월 행정안전부령이 정하는 시간 **(4시간)** 이상의 직무교육을 받도록 하여야 한다.
- 일반경비원에 대한 **신임교육의 과목 및 시간, 직무교육의 과목 등 일반경비원의 교육실시에 필요한 사항**은 행정안전부령으로 정한다.
- 특수경비업자는 특수경비원으로 채용된 사람에 대해 경찰교육기관이나 행정안전부령이 정하는 기준에 적합한 **기관 또는 단체**에서 개설한 특수경비원신임교육을 받게 하여야 한다.
  ⇒ [별표 3](특수경비원 교육기관 시설 및 강사의 기준)을 갖춘 경찰청장 지정 · 고시 기관 또는 단체
- 특수경비업자는 소속 특수경비원에게 선임 경비지도사가 수립한 교육계획에 따라 매월 행정안전부령이 정하는 시간 **(6시간)** 이상의 직무교육을 받도록 하여야 한다.
- **특수경비원 신임교육의 과목 · 시간, 직무교육의 과목 등 특수경비원의 교육의 실시에 관하여 필요한 사항**은 행정안전부령으로 정한다.
- 시설주, 관리책임자와 특수경비원은 행정안전부령이 정하는 **무기관리수칙**을 준수하여야 한다.

경찰청장이 정하는 내용

- 경비지도사 시험출제위원 임명·위촉대상자 中 석사 이상의 학위소지자로 경찰청장이 정하는 바에 의해 **경비업무에 관한 연구 실적이나 전문경력** 인정되는 자
- 시험출제위원으로 임명·위촉된 자는 경찰청장이 정하는 **준수사항**을 성실히 이행해야 한다.
- 일반경비원 신임교육기관 中
  경비업무관련 학과 개설된 대학 등 경비원에 대한 교육을 전문적으로 수행할 수 있는 인력과 시설을 갖춘 기관 또는 단체 중 경찰청장이 **지정하여 고시하는 기관 또는 단체**
- 특수경비원 신임교육기관 中 행정안전부령이 정하는 기준에 적합한 기관·단체 중 경찰청장이 **지정하여 고시하는 기관 또는 단체**
- 경찰청장 또는 경찰관서장은 **경비지도사시험 관리와 경비지도사 교육업무**를 경비업무에 관한 인력과 전문성을 갖춘 기관으로서 경찰청장이 **지정하여 고시하는 기관 또는 단체**에 위탁한다.
- 경찰청장이 지정하는 **기관 또는 단체에서** 실시하는 64시간 이상의 경비지도사 양성과정을 마치고 수료시험에 합격한 사람은 경비지도사시험 제1차시험을 면제한다.
- 국가중요시설의 시설주 또는 관리책임자는 대여 받은 무기를 빼앗기거나, 분실·도난 또는 훼손된 때에는 경찰청장이 정하는 바에 의하여 **그 전액을 배상한다.**

[혼돈하기 쉬운 주체]

○ 경찰청장

- ◆ 경비지도사 시험 시행
- ◆ 경비지도사 자격증 교부
- ◆ 경비지도사 자격취소
- ◆ 경비지도사 자격정지(1년의 범위내)
- ◆ 경비지도사 자격취소 시 자격증 회수, 자격정지 시 정지기간 자격증 회수 보관
- ◆ 권한의 일부를 시·도경찰청장에게 위임
- ◆ 경비지도사의 시험 및 교육에 관한 업무를 관계전문기관 또는 단체에 위탁
- ◆ 경비지도사 시험 실시계획 수립
- ◆ 경비지도사시험 응시자격·시험과목·시험일시·시험장소 및 선발예정인원 공고
- ◆ 필요 인정시 경비지도사시험 제1차시험과 제2차시험 병합 실시
- ◆ 시험출제위원 임명 또는 위촉
- ◆ 경비지도사시험 응시원서 제출처
- ◆ 일반경비원에 대한 신임교육 연도별 교육계획 수립, 일반경비원 신임교육기관 또는 단체가 교육계획에 따라 교육 실시토록 해야 함
- ◆ 일반경비원 신임교육기관·단체의 장은 신임교육과정 이수자에게 신임교육이수증을 교부하고, 신임교육이수증 교부대장에 기록해야하며, 교육기관, 교육일, 교육이수증 교부번호 등을 포함한 신임교육 이수자현황을 경찰청장에게 통보해야한다.
- ◆ 특수경비원 신임교육기관·단체의 장은 신임교육과정 이수자에게 신임교육이수증을 교부하고, 신임교육이수증 교부대장에 기록해야 하며, 교육기관, 교육일, 교육이수증 교부번호 등을 포함한 신임교육 이수자현황을 경찰청장에게 통보해야한다.
- ◆ 경찰청장은 공제사업의 건전한 육성과 가입자의 보호를 위해 공제사업의 감독에 관한 기준을 정할 수 있다.
- ◆ 경찰청장은 공제규정을 승인하거나 공제사업의 감독에 관한 기준을 정하는 경우에는 미리 금융위원회와 협의하여야 한다.
- ◆ 경찰청장은 공제사업에 대하여 「금융위원회의 설치 등에 관한 법률」에 따른 금융감독원의 원장에게 검사를 요청할 수 있다.
- ◆ 특수경비원 신임교육과정 지정 요청시, 기준 적합한 특수경비원 신임교육기관·단체 지정
- ◆ 경비원 휴대장비 등에 대해 **3년마다** 타당성을 검토하여 개선 등의 조치

○ 시·도경찰청장

- ◆ 경비업의 허가
- ◆ 경비업의 허가받은 법인의 신고
- ◆ 국가중요시설 시설주의 신청에 의해 무기구입
- ◆ 관할경찰서장으로 하여금 시설주 신청에 의하여 시설주에게 무기대여
- ◆ 경비업자의 소속경비원의 복장을 정하고 사진 첨부 신고
- ◆ 경비업자에게 복장변경 등에 대한 시정명령
- ◆ 복장 시정 명령받은 경비업자의 시정명령 이행보고
- ◆ 경비업자의 출동차량 등의 도색 및 표지를 정하고 사진첨부 신고
- ◆ 경비업자에게 출동차량 도색 및 표지변경 등에 대한 시정명령
- ◆ 출동차량 등 시정명령 받은 경비업자의 시정명령 이행보고
- ◆ 특수경비업자에 대하여 보안지도·점검실시, 필요한 경우 관계기관에 보안측정 요청
- ◆ 특수경비업자의 첫 업무개시 신고 전 비밀취급 **인가**권자
- ◆ 특수경비업자로 하여금 비밀취급 인가시 경찰청장 경유 국가정보원장에게 보안측정 요청토록 함
- ◆ 행사장, 사람이 많이 모이는 시설 또는 장소 등의 행사개최자에게 대한 경비의 요청
- ◆ 경비허가(변경허가)신청서, 허가사항 등의 변경 신고서, 갱신허가신청서를 제출 받을시 「전자정부법」에 따른 행정정보의 공동이용을 통해 법인의 등기사항증명서 확인
- ◆ 갱신허가 시 유효기간 만료 허가증 회수한 후 새 허가증 교부
- ◆ 대여 받은 무기를 빼앗기거나 분실·도난·훼손 등으로 전액배상 시 예외 사유인 전시·사변, 천재·지변 그밖에 불가항력 사유의 인정권자

○ 경찰청장 또는 시·도경찰청장

- ◆ 경찰청장 또는 시·도경찰청장은 경비업 허가의 취소 또는 영업정지, 경비지도사자격의 취소 또는 정지 처분을 하는 경우에는 청문을 실시하여야 한다.
- ◆ 경찰청장 또는 시·도경찰청장은 경비업무의 적정한 수행을 위해 경비업자 및 경비지도사를 지도·감독, 필요한 명령을 할 수 있다.
- ◆ 경찰청장 및 시·도경찰청장은 규정에도 불구, 정보통신망 이용 전자화폐·전자결제 등의 방법으로 수수료를 납부하게 할 수 있다.

시·도경찰청장 또는 경찰서장

- 경비업자는 허가(변경허가, 갱신허가)신청서를 법인의 주사무소 관할 시·도경찰청장 또는 해당 시·도경찰청장 소속의 경찰서장에게 제출하여야 한다.
- 허가증 분실 및 훼손 시 법인의 주사무소 관할 시·도경찰청장 또는 해당 시·도경찰청 소속 경찰서장에게 재발급신청을 하여야 한다.
- 경비업자는 폐업(휴업)을 한 경우, 폐업(휴업)한 날부터 7일 이내에 폐업(휴업)신고서를 법인의 주사무소를 관할하는 시·도경찰청장 또는 해당 시·도경찰청 소속 경찰서장에게 제출하여야 한다.
- 시·도경찰청장 또는 경찰서장은 일반경비원 신임교육을 받은 사람이 요청하는 경우에는 신임교육이수확인증을 발급할 수 있다.
- 시·도경찰청장 또는 경찰서장은 특수경비원 신임교육을 받은 사람이 요청하는 경우에는 신임교육이수확인증을 발급할 수 있다.
- 시·도경찰청장 또는 경찰서장은 일반경비원 또는 특수경비원이나 일반경비원 또는 특수경비원으로 근무했던 사람이 요청하는 경우에는 배치폐지확인증을 발급할 수 있다.

시·도경찰청장 또는 관할 경찰관서장

- 경찰청장, 시·도경찰청장 또는 관할 경찰관서장은 직권으로 또는 범죄경력조회 요청이 있는 경우, 경비업자의 임원, 경비지도사 또는 경비원의 결격사유에 해당하는지를 확인하기 위해 「형의 실효 등에 관한 법률」(제6조)에 따른 범죄경력조회를 할 수 있다.
- 경비업자는 선출·선임·채용·배치하려는 임원, 경비지도사, 경비원의 결격사유 해당여부 확인을 위해 주사무소, 출장소, 배치장소 관할 시·도경찰청장 또는 경찰관서장에게 「형의 실효 등에 관한 법률」(제6조)에 따른 범죄경력조회를 요청할 수 있다.
- 범죄경력조회를 요청받은 시·도경찰청장 또는 관할 경찰관서장은 경비업자에게 결과통보 시 경비업자의 임원, 경비지도사, 경비원의 결격사유 해당여부만을 통보하여야 한다.
- 시·도경찰청장 또는 관할 경찰관서장은 경비업자의 임원, 경비지도사, 경비원의 결격사유 해당여부를 알게 되거나, 경비업법 또는 시행령위반 시 경비업자에게 그 사실을 통보해야 한다.
- 시·도경찰청장 또는 관할 경찰관서장은 소속 경찰공무원을 관할구역내 경비업자의 주사무소·출장소·경비원배치장소를 출입, 근무상황 및 교육훈련상황 등을 감독하며 필요한 명령을 하게 할 수 있다.
- 시·도경찰청장 또는 관할 경찰관서장은 경비업자, 경비원이 경비업법, 경비업법시행령, 「폭력행위등처벌에관한법률」 위반행위 시 그 위반행위의 중지를 명할 수 있다.

◆ 시·도경찰청장 또는 관할 경찰관서장은 경비업무 장소가 집단민원현장으로 판단되는 경우, 그 때부터 48시간 이내에 경비업자에게 경비원 배치 허가를 받을 것을 고지하여야 한다.
◆ 경비업자의 출장소 또는 경비대상시설의 관할 시·도경찰청장 또는 경찰관서장은 출장소의 임직원이나 경비원이 경비업법 또는 시행령위반 사실을 안 때에는 지체 없이 그 사실을 서면으로 당해 경비업을 허가한 시·도경찰청장에게 통보·보고해야 한다.
◆ 위반사실을 통보·보고받은 시·도경찰청장은 그 위반행위에 대해 행정처분을 한 때에는 이를 해당시·도경찰청장 또는 경찰관서장에게 통보해야 한다.
◆ 과태료는 시·도경찰청장 또는 경찰관서장이 부과·징수한다.
◆ 시·도경찰청장 또는 경찰관서장은 「질서행위 규제법」 제14조 각호의 사항을 고려하여 금액의 50/100 범위 내에서 경감하거나 가중할 수 있다.

PART 2 요점정리 청원경찰법

경·비·지·도·사

◎ 청원경찰법의 목적 (법 제1조)

청원경찰의 **직무, 임용, 배치, 보수, 사회보장** 및 **그 밖에 필요한 사항**을 규정함으로써 청원경찰의 원활한 운영을 목적으로 한다.

◎ 청원경찰의 정의 (법 제2조)

◆ 다음 기관의 장 또는 시설, 사업장 등 경영자가 경비를 부담할 것을 조건으로 경찰의 배치를 신청하는 경우 그 기관, 시설, 사업장 등의 경비를 담당하기 위해 배치하는 경찰
  - 국가기관 또는 공공단체와 그 관리 하에 있는 중요시설 또는 사업장
  - **국내 주재** 외국기관
  - 행정안전부령으로 정하는 중요시설, 사업장 또는 장소

> ▷ 배치 대상 (규칙 2조)
> 1. 선박, 항공기 등 수송시설
> 2. 금융 또는 보험을 업으로 하는 시설 또는 사업장
> 3. 언론, 통신, 방송 또는 인쇄를 업으로 하는 시설 또는 사업장
> 4. 학교 등 육영시설
> 5. 「의료법」에 따른 의료기관
> 6. 그 밖에 공공의 안녕질서 유지와 국민경제를 위해 고도의 警備가 필요한 중요시설, 사업체 또는 장소

◎ 청원경찰의 직무범위 (법 제3조) (시행규칙 제21조, 제22조)

◆ **청원주**와 배치된 기관·시설·사업장등의 구역 **관할 경찰서장**의 감독을 받아 경비구역만의 경비를 목적으로 필요한 범위에서 「경찰관 직무집행법」에 따른 경찰관의 직무 수행

◆ 직무수행은 경비목적을 위해 필요한 최소한도의 범위에서 해야 하며, 「경찰관 직무집행법」에 따른 직무外의 수사활동 등 사법경찰관리 직무를 수행해서는 안 된다.

◆ 청원경찰이 직무수행 시 「경찰관 직무집행법」및 동법 시행령에 따라야 할 모든 보고는 관할경찰서장에게 서면으로 보고하기 전에 **지체 없이 구두로 보고**하고 지시에 따른다.

◎ 청원경찰의 배치 및 이동 (법 제4조, 시행령 제6조)

◆ 청원경찰을 배치 받으려는 자는 대통령령으로 정하는 바에 따라 관할 시·도경찰청장에게 청원경찰 배치를 신청하여야 한다.

◆ 시·도경찰청장은 청원경찰 배치신청을 받으면 **지체 없이** 배치여부를 결정, 신청인에게 알려야 한다.

◆ 시·도경찰청장은 청원경찰의 배치필요성이 인정되는 기관의 장 또는 시설·사업장의 경영자에게 청원경찰 배치를 요청할 수 있다.

- 청원주는 청원경찰을 신규배치 또는 이동배치 시 배치지(이동배치의 경우 종전배치지) 관할 경찰서장에게 이를 통보해야 한다. 통보받은 경찰서장은 이동배치지가 다른 관할구역에 속할 때에는 **전입지 관할 경찰서장**에게 이동 배치사실을 통보해야 한다.

청원경찰의 배치 신청 (시행령 제2조)

- 기관·시설·사업장 또는 장소의 소재지 관할 경찰서장을 거쳐 시·도경찰청장에게 **청원경찰 배치신청서**(경비구역평면도 1부, 배치계획서 1부 첨부)를 제출해야 한다.
- 배치장소가 2 이상의 道 (특별시, 광역시, 특별자치시 및 특별자치도 포함)일 때에는 **주된 사업장의 관할 경찰서장**을 거쳐 시·도경찰청장에게 한꺼번에 신청할 수 있다.

배치의 폐지 (법 제10조의5)

- 청원주는 청원경찰 배치시설의 폐쇄 또는 축소로 청원경찰 배치폐지, 인원 감축이 필요하다고 인정될 때에는 **청원경찰의 배치폐지, 인원감축**을 할 수 있다.

> ※ 청원경찰 배치폐지, 인원감축 불가사유
> ① 청원경찰을 대체할 목적으로 경비업법에 따른 특수경비원을 배치하는 경우
> ② 청원경찰이 배치된 기관·시설 또는 사업장 등이 배치인원의 변동사유 없이 다른 곳으로 이전하는 경우

- 청원주가 청원경찰 폐지·감축 시 배치결정을 한 경찰관서의 장에게 알려야 하며, 시·도경찰청장이 배치를 요청한 사업장일 때에는 **폐지, 감축사유를 구체적으로 밝혀야 한다.**
- 청원경찰의 배치폐지나 배치인원 감축 시 해당 청원주는 배치폐지나 배치인원 감축으로 과원이 되는 청원경찰 인원을 그 기관·시설 또는 사업장내의 유사업무에 종사하게 하거나 다른 시설·사업장 등에 재배치하는 등 청원경찰의 고용이 보장될 수 있도록 노력하여야 한다.

근무배치 등의 위임 (시행령 제19조)

- 경비업법에 따른 경비업자가 중요시설의 경비를 도급받았을 때에는 청원주는 사업장 배치 청원경찰의 **근무배치 및 감독에 관한 권한**을 해당 경비업자에게 위임할 수 있다.
- 청원주가 경비업자에게 청원경찰 근무배치 및 감독권한 위임시 이를 이유로 **보수나 신분상의 불이익**을 주어서는 안 된다.

청원경찰의 임용 등 (법 제5조)

- 청원주가 임용하되, 임용할 때에는 **미리** 시·도경찰청장의 승인을 받아야 한다.
- 「국가공무원법」 제33조(**결격사유**)에 해당하는 사람은 청원경찰로 임용될 수 없다.
- 청원경찰의 **임용자격·임용방법·교육 및 보수**에 관하여는 대통령령으로 정한다.

◆ 청원경찰의 복무에 관하여는 「국가공무원법」 제57조, 제58조제1항, 제60조 및 「경찰공무원법」 제24조를 준용한다. 이 규정外에 청원경찰의 복무에 관해서는 해당사업장의 **취업규칙**에 따른다.

> · 복종의 의무 (국가공무원법 제57조)   · 직장이탈금지 의무 (국가공무원법 제58조제1항)
> · 비밀엄수 의무 (국가공무원법 제60조)   · 거짓보고 등의 금지 의무 (경찰공무원법 제24조)

청원경찰 임용 결격사유 (국가공무원법 제33조)

◆ 피성년후견인
◆ 파산선고를 받고 복권되지 아니한 자
◆ 금고 이상의 실형을 선고받고 그 집행이 끝나거나(집행이 끝난 것으로 보는 경우 포함) 집행이 면제된 날부터 5년이 지나지 아니한 자
◆ 금고 이상의 형의 집행유예를 선고받고 그 유예기간이 끝난 날부터 2년이 지나지 아니한 자
◆ 금고 이상의 형의 선고유예를 받은 경우에 그 선고유예 기간 중에 있는 자
◆ 법원의 판결 또는 다른 법률에 따라 자격이 상실되거나 정지된 자
◆ 공무원으로 재직기간 중 직무와 관련하여 횡령·배임죄 및 업무상의 횡령과 배임죄로 300만원 이상의 벌금형을 선고받고 그 형이 확정된 후 2년이 지나지 아니한 자
◆ 다음에 해당하는 죄를 범한 사람으로 100만원 이상의 벌금형을 선고받고 그 형이 확정된 후 3년이 지나지 아니한 사람
  • 「성폭력범죄의 처벌 등에 관한 특례법」 제2조에 따른 성폭력범죄
  • 「정보통신망 이용촉진 및 정보보호 등에 관한 법률」 제74조 제1항 제2호 및 제3호에 규정된 죄
  • 「스토킹범죄의 처벌 등에 관한 법률」 제2조제2호에 따른 스토킹범죄
◆ 미성년자에 대한 다음에 해당하는 죄를 저질러 파면·해임되거나 형 또는 치료감호를 선고받아 그 형 또는 치료감호가 확정된 사람(집행유예를 선고받은 후 그 집행유예기간이 경과한 사람 포함)
  • 「성폭력범죄의 처벌 등에 관한 특례법」 제2조에 따른 성폭력범죄
  • 「아동·청소년의 성보호에 관한 법률」 제2조제2호에 따른 아동·청소년대상 성범죄
◆ 징계로 파면처분을 받은 때부터 5년이 지나지 아니한 자
◆ 징계로 해임처분을 받은 때부터 3년이 지나지 아니한 자

임용자격 (시행령 제3조)

- 18세 이상인 사람
- **행정안전부령**으로 정하는 신체조건에 해당하는 사람
  - 신체가 건강하고 팔다리가 완전할 것
  - 시력(교정시력 포함)은 양쪽 눈이 **각각** 0.8 이상일 것

임용방법 (시행령 제4조)

- 청원주는 청원경찰 배치결정의 통지를 받은 날부터 **30일 이내에** 배치결정 인원수의 임용예정자에 대해 청원경찰 임용승인을 **시·도경찰청장에게 신청**하여야 한다.
- 청원주가 청원경찰 임용시 임용한 날로부터 **10일 이내에** 임용사항을 관할경찰서장을 거쳐 시·도경찰청장에게 보고하여야 한다. (퇴직 시에도 同一)

임용승인신청서 등 (시행규칙 제5조)

- 청원주가 관할 시·도경찰청장에게 청원경찰 임용의 승인을 신청할 때에는
  청원경찰 임용승인 신청서 + 해당자의 다음 서류 첨부
  1. 이력서 1부
  2. 주민등록증 사본 1부
  3. 민간인 신원진술서 1부 (보안업무규정에 따른 신원조사가 필요한 경우만 해당)
  4. 최근 3월 이내 발행 채용신체검사서 또는 취업용 건강진단서 1부
  5. 가족관계등록부 중 기본증명서 1부
- 신청서를 제출받은 시·도경찰청장은 전자정부법에 따라 행정정보의 공동이용을 통해 해당자의 **병적증명서를 확인** 하여야 한다. (해당자가 확인 부동의시 해당서류첨부)

교 육 (시행령 제5조) (시행규칙 제6조)

- 청원주는 청원경찰로 임용된 사람에 대해 **경비구역 배치 전에** 경찰교육기관에서 직무수행에 필요한 교육을 받게 해야 한다. (경찰교육기관 교육계획상 부득이한 경우, 우선배치후 임용 후 1년 이내에 교육받게 할 수 있다.)
- 경찰공무원 (의무경찰 포함) 또는 청원경찰 퇴직자는 퇴직한 날부터 **3년 이내에** 청원경찰로 임용되었을 때에는 교육을 면제할 수 있다.
- 교육기간은 2주간(76시간)이며, 교육과목 및 수업시간은 [규칙 별표1]과 같다.
- 교육기간·교육과목·수업시간 및 교육의 시행에 필요한 사항은 행정안전부령으로 정한다.

청원경찰의 직무교육 (시행규칙 제13조)

- ◆ 청원주는 소속 청원경찰에게 직무집행에 필요한 교육을 **매월 4시간 이상** 하여야 한다.
- ◆ 청원경찰 배치 사업장의 소재지 관할 경찰서장은 필요하다고 인정하는 경우에는 사업장에 **소속 공무원을 파견**하여 직무집행에 필요한 교육을 할 수 있다.

청원경찰 교육과목 및 수업시간표 [시행규칙 별표 1]

학 과 별	과 목		시간
정신교육(8시간)	정신교육		8
학술교육 (15시간)	형사법		10
	청원경찰법		5
실무교육 (44시간)	경무	경찰관 직무집행법	5
	방범	방범업무	3
		경범죄처벌법	2
	경비	시설경비	6
		소방	4
	정보	대공이론	2
		불심검문	2
	민방위	민방공	3
		화생방	2
	기본훈련		5
	총기조작		2
	총검술		2
	사격		6
술과	체포 및 호신술		6
기타	입교·수료·평가		3
합 계	2주간 실시		76시간

기출문제

1. 청원경찰법 제1조의 내용이다. ( ) 안에 들어갈 용어로 옳은 것은? (16회)

> 청원경찰법은 청원경찰의 직무·임용·배치·보수·( ) 및 그 밖에 필요한 사항을 규정함으로써 청원경찰의 원활한 운영을 목적으로 한다.

① 무기휴대 ② 신분보장
③ 사회보장 ④ 징계

해설 이 법은 청원경찰의 직무·임용·배치·보수·사회보장 및 그 밖에 필요한 사항을 규정함으로써 청원경찰의 원활한 운영을 목적으로 한다. (법 제1조)

2. 청원경찰법상 청원경찰 등에 관한 설명으로 옳지 않은 것은? (19회)

① 청원경찰법은 청원경찰의 원활한 운영을 목적으로 제정되었다.
② 청원경찰은 국내 주재 외국기관에도 배치될 수 있다.
③ 청원경찰은 청원주 등이 경비(經費)를 부담할 것을 조건으로 사업장 등의 경비(警備)를 담당하게 하기 위하여 배치하는 경찰을 말한다.
④ 청원경찰은 청원주와 관할 시·도경찰청장의 감독을 받아 그 경비구역만의 경비를 목적으로 필요한 범위에서 경찰공무원법에 따른 경찰관의 직무를 수행한다.

해설 ① 법 제1조, ② 법 제2조 제2호, ③ 법 제2조
④ 청원주와 배치된 기관·시설·사업장등의 구역을 관할하는 경찰서장의 감독을 받아 그 경비구역만의 경비를 목적으로 필요한 범위에서 「경찰관 직무집행법」에 따른 경찰관의 직무를 수행한다. (법 제3조)

3. 청원경찰법령상 청원경찰의 직무에 관한 설명으로 옳지 않은 것은? (16회)

① 경비구역 내에서의 입초근무, 소내근무, 순찰근무, 대기근무를 수행한다.
② 청원경찰의 배치 결정을 받은 자의 지시와 감독에 의해서만 직무를 수행해야 한다.
③ 직무를 수행할 때에는 경비 목적을 위하여 필요한 최소한의 범위에서 해야 한다.
④ 경찰관 직무집행법에 따른 직무 외의 수사활동 등의 직무를 수행해서는 아니 된다.

해설 청원경찰은 청원주와 배치된 기관·시설 또는 사업장 등의 구역을 관할하는 경찰서장의 감독을 받아 그 경비구역만의 경비를 목적으로 필요한 범위에서 경찰관 직무집행법에 따른 경찰관의 직무를 수행한다.
(법 제3조)

정답 1. ③ 2. ④ 3. ②

4. 청원경찰법령상 청원경찰의 직무에 관한 설명으로 옳지 않은 것은? (24회)

① 청원경찰은 청원경찰의 배치 결정을 받은 자와 배치된 기관·시설 또는 사업장 등의 구역을 관할하는 시·도경찰청장의 감독을 받는다.
② 청원경찰은 「경찰관 직무집행법」에 따른 직무 외의 수사활동 등 사법경찰관리의 직무를 수행해서는 아니 된다.
③ 청원경찰은 그 경비구역만의 경비를 목적으로 필요한 범위에서 「경찰관 직무집행법」에 따른 경찰관의 직무를 수행한다.
④ 청원경찰이 직무를 수행할 때에는 경비 목적을 위하여 필요한 최소한의 범위에서 하여야 한다.

> **해설** 청원경찰의 직무
> - **청원주**와 배치된 기관·시설·사업장등의 구역 **관할 경찰서장**의 감독을 받아 경비구역만의 경비를 목적으로 필요한 범위에서 「경찰관 직무집행법」에 따른 경찰관의 직무를 수행한다. (법 제3조)
> - 직무수행은 경비목적을 위해 필요한 최소한도의 범위에서 해야 하며, 「경찰관직무집행법」에 따른 직무外의 수사활동 등 사법경찰관리 직무를 수행해서는 아니 된다. (시행규칙 제21조)

5. 청원경찰법령상 명시된 청원경찰의 배치대상이 아닌 것은? (20회, 23회)

① 선박, 항공기 등 수송시설
② 보험을 업으로 하는 시설
③ 「의료법」에 따른 의료기관
④ 「사회복지사업법」에 따른 사회복지시설

> **해설** 청원경찰 배치장소(법 제2조)
> 1. 국가기관 또는 공공단체와 그 관리 하에 있는 중요시설 또는 사업장
> 2. 국내 주재(駐在) 외국기관
> 3. 그 밖에 행정안전부령으로 정하는 중요시설. 사업장 또는 장소 (시행규칙 제2조)
>   - 금융 또는 보험을 업으로 하는 시설 또는 사업장
>   - 언론, 통신, 방송 또는 인쇄를 업으로 하는 시설 또는 사업장
>   - 학교 등 육영시설
>   - 「의료법」에 따른 의료기관
>   - 그 밖에 공공의 안녕질서 유지와 국민경제를 위해 고도의 **警備**가 필요한 중요시설. 사업체 또는 장소

6. 청원경찰법령상 청원경찰 배치 대상 기관·시설·사업장에 해당하는 것을 모두 고른 것은? (16회)

> ㄱ. 국내 주재(駐在) 외국기관
> ㄴ. 선박, 항공기 등 수송시설
> ㄷ. 언론, 통신, 방송을 업으로 하는 시설
> ㄹ. 공공의 안녕질서 유지와 국민경제를 위하여 고도의 경비가 필요한 장소

① ㄱ, ㄴ
② ㄱ, ㄷ, ㄹ
③ ㄴ, ㄷ, ㄹ
④ ㄱ, ㄴ, ㄷ, ㄹ

> **해설** 전부 해당된다.

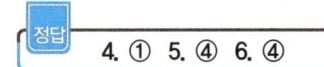

정답 4. ① 5. ④ 6. ④

7. 청원경찰법령상 청원경찰의 배치 대상으로 명시되지 않은 것은? (22회)

① 국가기관
② 공공단체
③ 국내 주재(駐在) 외국기관
④ 대통령령으로 정하는 중요시설

해설 **청원경찰 배치대상** (법 제2조)
- 국가기관 또는 공공단체와 그 관리 하에 있는 중요시설 또는 사업장
- 국내 주재(駐在) 외국기관
- 행정안전부령으로 정하는 중요시설. 사업장 또는 장소

8. 청원경찰법령상 청원경찰에 관한 설명으로 옳지 않은 것은? (23회)

① 청원주 등이 경비(經費)를 부담할 것을 조건으로 사업장 등의 경비(警備)를 담당하게 하기 위하여 배치하는 경찰이다.
② 청원주와 배치된 사업장 등의 구역을 관할하는 시·도지사 및 시·도경찰청장의 감독을 받는다.
③ 선박, 항공기 등 수송시설에도 배치될 수 있다.
④ 배치된 경비구역만의 경비를 목적으로 필요한 범위에서「경찰관 직무집행법」에 따른 경찰관의 직무를 수행한다.

해설 ① 법 제2조, ③ 시행규칙 제2조 제1호, ④ 법 제3조 제1호.
② **청원주**와 배치된 사업장 등의 구역을 관할하는 **경찰서장**의 감독을 받아 그 경비구역만의 경비를 목적으로 필요한 범위에서 경찰관 직무집행법에 따른 경찰관의 직무를 수행한다. (법 제3조)

9. 청원경찰법령상 청원경찰의 배치 대상 기관·시설·사업장에 해당하는 것을 모두 고른 것은? (24회)

ㄱ. 금융을 업으로 하는 시설 또는 사업장
ㄴ. 국내 주재(駐在) 외국기관
ㄷ. 인쇄를 업으로 하는 시설 또는 사업장
ㄹ. 대통령령으로 정하는 중요 시설, 사업장 또는 장소

① ㄱ, ㄴ
② ㄴ, ㄷ
③ ㄱ, ㄴ, ㄷ
④ ㄱ, ㄴ, ㄹ

해설 ④ 행정안전부령으로 정하는 중요시설. 사업장 또는 장소 (시행규칙 제2조)

정답 7. ④ 8. ② 9. ③

10. 청원경찰법령상 청원경찰의 직무 및 배치에 관한 설명으로 옳지 않은 것은? (15회)

① 청원경찰을 배치받으려는 자는 관할 시·도경찰청장에게 청원경찰 배치를 신청해야 한다.
② 시·도경찰청장은 청원경찰 배치 신청을 받으면 지체 없이 그 배치 여부를 결정하여 신청인에게 알려야 한다.
③ 청원경찰이 직무를 수행할 때에 경찰관 직무집행법령에 따라 하여야 할 모든 보고는 관할 시·도경찰청장에게 서면으로 해야 한다.
④ 시·도경찰청장은 청원경찰 배치가 필요하다고 인정하는 기관의 장에게 청원경찰을 배치할 것을 요청할 수 있다.

해설 ① 법 제4조 제1항, ② 법 제4조 제2항, ④ 법 제4조 제3항
③ 청원경찰이 직무를 수행할 때에는 「경찰관 직무집행법」 및 같은 법 시행령에 따라 하여야 할 모든 보고는 관할 경찰서장에게 서면으로 보고하기 전에 지체없이 구두로 보고하고 그 지시에 따른다.(시행규칙 제22조)

11. 청원경찰법령상 청원경찰의 배치와 이동 등에 관한 설명으로 옳지 않은 것은? (21회)

① 청원경찰이 배치된 사업장이 배치인원의 변동사유 없이 다른 곳으로 이전하는 경우 청원주는 청원경찰의 배치를 폐지하거나 배치인원을 감축할 수 없다.
② 청원주는 배치폐지나 배치인원 감축으로 과원(過員)이 되는 청원경찰의 고용이 보장될 수 있도록 노력하여야 한다.
③ 청원주는 청원경찰을 신규로 배치하였을 때에는 배치지를 관할하는 경찰서장에게 그 사실을 통보하여야 한다.
④ 청원경찰의 이동배치의 통보를 받은 경찰서장은 이동배치지가 다른 관할구역에 속할 때에는 전입지를 관할하는 시·도경찰청장에게 이동배치 한 사실을 통보하여야 한다.

해설 ① 법 제10조의5 제1항 제2호, ② 법 제10조의5 제3항, ③ 시행령 제6조 제1항
④ 청원경찰의 이동배치의 통보를 받은 경찰서장은 이동배치지가 다른 관할구역에 속할 때에는 전입지를 관할하는 **경찰서장**에게 이동배치한 사실을 통보하여야 한다. (시행령 제6조 제2항)

12. 청원경찰법령상 청원경찰의 배치와 이동에 관한 설명으로 옳지 않은 것은? (23회)

① 청원경찰을 배치받으려는 자는 대통령령으로 정하는 바에 따라 관할 시·도경찰청장에게 청원경찰 배치를 신청하여야 한다.
② 시·도경찰청장은 청원경찰 배치가 필요하다고 인정하는 기관의 장 또는 시설·사업장의 경영자에게 청원경찰을 배치할 것을 요청할 수 있다.
③ 청원주는 청원경찰을 이동배치하였을 때에는 전입지를 관할하는 경찰서장에게 그 사실을 통보하여야 한다.
④ 청원주는 청원경찰이 배치된 기관·시설 또는 사업장 등이 배치인원의 변동사유 없이 다른 곳으로 이전하는 경우에는 청원경찰의 배치인원을 감축할 수 없다.

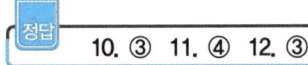
정답 10. ③ 11. ④ 12. ③

↘**해설 청원경찰의 배치 및 이동** (법 제4조, 시행령 제6조)
- 청원경찰을 배치 받으려는 자는 대통령령으로 정하는 바에 따라 관할 시·도경찰청장에게 청원경찰 배치를 신청하여야 한다.
- 시·도경찰청장은 청원경찰 배치신청을 받으면 지체 없이 배치여부를 결정, 신청인에게 알려야 한다.
- 시·도경찰청장은 청원경찰 배치필요가 인정되는 기관의 장 또는 시설·사업장의 경영자에게 청원경찰 배치를 요청할 수 있다.
- 청원주는 청원경찰을 신규배치 또는 이동배치 시 배치지(이동배치의 경우 종전배치지) 관할 경찰서장에게 이를 통보해야 한다. 통보받은 경찰서장은 이동배치지가 다른 관할구역에 속할 때에는 전입지 관할 경찰서장에게 이동 배치사실을 통보해야 한다.
- ※ **청원경찰 배치폐지, 인원감축 불가사유** (법 제10조의5 제1항)
  1. 청원경찰을 대체할 목적으로 경비업법에 따른 특수경비원을 배치하는 경우
  2. 청원경찰이 배치된 기관·시설 또는 사업장 등이 배치인원의 변동사유 없이 다른 곳으로 이전하는 경우

13. 청원경찰법령상 청원경찰 배치에 관한 설명으로 옳은 것은? (18회)

① 청원경찰을 배치 받으려는 자는 행정안전부령으로 정하는 바에 따라 경찰청장에게 청원경찰 배치를 신청하여야 한다.
② 청원경찰의 배치를 받으려는 자는 청원경찰 배치신청서에 경비구역 평면도 1부와 배치계획서 1부를 첨부하여야 한다.
③ 사회복지법에 따른 사회복지시설은 청원경찰 배치 대상이다.
④ 금융 또는 보험을 업(業)으로 하는 시설 또는 사업장은 청원경찰 배치대상이 아니다.

↘**해설** ① 청원경찰을 배치 받으려는 자는 대통령령으로 정하는 바에 따라 경찰청장에게 청원경찰 배치를 신청하여야 한다. (법 제4조 제1항)
③④ 사회복지법에 따른 사회복지시설은 청원경찰 배치 대상에 해당되지 않고, 금융 또는 보험을 업(業)으로 하는 시설 또는 사업장은 청원경찰 배치대상이다. (시행규칙 제2조)
② 시행령 제2조

14. 청원경찰법령상 청원경찰의 배치에 관한 설명으로 옳은 것은? (21회)

① 청원경찰 배치신청서에 첨부할 서류는 경비구역 평면도와 청원경찰 명부이다.
② 시·도경찰청장은 청원경찰 배치 신청을 받으면 30일 이내에 그 배치 여부를 결정하여 신청인에게 알려야 한다.
③ 경찰청장은 청원경찰 배치가 필요하다고 인정하는 기관의 장에게 청원경찰을 배치할 것을 요청하여야 한다.
④ 청원경찰 배치신청서상 배치 장소가 둘 이상의 도(道)일 때에는 주된 사업장의 관할 경찰서장을 거쳐 시·도경찰청장에게 한꺼번에 신청할 수 있다.

↘**해설** ① 청원경찰의 배치를 받으려는 자는 청원경찰배치신청서에 경비구역평면도 1부, 배치계획서 1부를 첨부하여 사업장 소재지 관할 경찰서장을 거쳐 시·도경찰청장에게 제출해야 한다. (시행령 제2조 제1항)
② 시·도경찰청장은 청원경찰 배치 신청을 받으면 지체 없이 그 배치 여부를 결정하여 신청인에게 알려야 한다. (법 제4조 제2항)
③ 시·도경찰청장은 청원경찰 배치가 필요하다고 인정하는 기관의 장 또는 시설·사업장의 경영자에게 청원경찰을 배치할 것을 요청하여야 한다. (법 제4조 제3항)
④ 시행령 제2조 제1항

정답 13. ② 14. ④

15. 청원경찰법령상 청원경찰의 배치에 관한 설명으로 옳은 것은? (20회)

① 시·도경찰청장은 청원경찰 배치 신청을 받으면 15일 이내에 그 배치 여부를 결정하여 신청인에게 알려야 한다.
② 청원경찰 배치신청서 제출시, 배치 장소가 둘 이상의 도(道)일 때에는 주된 사업장의 관할 경찰서장을 거쳐 시·도경찰청장에게 한꺼번에 신청할 수 있다.
③ 청원경찰의 배치를 받으려는 자는 청원경찰 배치신청서에 경비구역 배치도 1부를 첨부하여 사업장의 소재지를 관할하는 시·도경찰청장에게 제출하여야 한다.
④ 관할 경찰서장은 청원경찰이 배치된 시설이 축소될 경우 배치인원을 감축할 수 있다.

해설 ① 시·도경찰청장은 청원경찰 배치 신청을 받으면 지체 없이 그 배치 여부를 결정하여 신청인에게 알려야 한다. (법 제4조 제2항)
③ 청원경찰의 배치를 받으려는 자는 청원경찰 배치신청서(경비구역 배치도 1부, 배치계획서 1부 첨부)를 소재지를 관할하는 경찰서장을 거쳐 시·도경찰청장에게 제출하여야 한다. (시행령 제2조)
④ 청원주는 청원경찰이 배치된 시설이 폐쇄되거나 축소되어 청원경찰의 배치를 폐지하거나 배치인원을 감축할 필요가 있다고 인정하면 청원경찰의 배치를 폐지하거나 배치인원을 감축할 수 있다.
(법 제10조의5 제1항)
② 시행령 제2조

16. 청원경찰법령상 청원경찰의 배치에 관한 설명으로 옳지 않은 것은? (22회)

① 청원경찰 배치신청서 제출 시 배치 장소가 둘 이상의 도(道)일 때에는 주된 사업장의 관할 경찰서장을 거쳐 시·도경찰청장에게 한꺼번에 신청할 수 있다.
② 청원경찰을 배치받으려는 자는 대통령령으로 정하는 바에 따라 관할 시·도경찰청장에게 청원경찰 배치를 신청하여야 한다.
③ 청원경찰 배치신청서에 첨부하여야 할 서류는 경비구역 평면도와 청원경찰 직무교육 계획서이다.
④ 시·도경찰청장은 청원경찰 배치가 필요하다고 인정하는 기관의 장 또는 시설·사업장의 경영자에게 청원경찰을 배치할 것을 요청할 수 있다.

해설 ① 시행령 제2조, ② 법 제4조 제1항, ④ 법 제4조 제3항.
③ 청원경찰 배치신청서에 첨부하여야 할 서류는 경비구역 평면도 1부와 배치계획서 1부이다. (시행령 제2조)

17. 청원경찰법령상 청원경찰의 배치에 관한 설명으로 옳지 않은 것은? (24회)

① 청원경찰을 배치받으려는 자는 대통령령으로 정하는 바에 따라 관할 시·도경찰청장에게 청원경찰 배치를 신청하여야 한다.
② 시·도경찰청장은 청원경찰 배치 신청을 받으면 지체 없이 그 배치 여부를 결정하여 신청인에게 알려야 한다.
③ 시·도경찰청장은 청원경찰 배치가 필요하다고 인정하는 기관의 장 또는 시설·사업장의 경영자에게 청원경찰을 배치할 것을 요청할 수 있다.

정답 15. ② 16. ③ 17. ④

④ 청원경찰의 배치를 받으려는 자는 청원경찰 배치신청서에 경비구역 평면도 1부 또는 배치계획서 1부를 첨부해야 한다.

> **해설 청원경찰의 배치 및 이동** (법 제4조)
> - 청원경찰을 배치 받으려는 자는 대통령령으로 정하는 바에 따라 관할 시·도경찰청장에게 청원경찰 배치를 신청하여야 한다.
> - 시·도경찰청장은 청원경찰 배치신청을 받으면 지체 없이 배치여부를 결정, 신청인에게 알려야 한다.
> - 시·도경찰청장은 청원경찰 배치필요가 인정되는 기관의 장 또는 시설·사업장의 경영자에게 청원경찰의 배치를 요청할 수 있다.
> - ④ 청원경찰의 배치를 받으려는 자는 청원경찰배치 신청서(경비구역 평면도 1부, 배치계획서 1부 첨부)를 기관·시설·사업장 또는 장소의 소재지 관할 경찰서장을 거쳐 시·도경찰청장에게 제출하여야 한다.
> (시행령 제2조)

18. 청원경찰법령상 청원경찰의 배치폐지 등에 관한 설명으로 옳지 않은 것은? (19회)

① 청원주는 청원경찰을 대체할 목적으로 특수경비원을 배치하는 경우에 청원경찰의 배치를 폐지하거나 배치인원을 감축할 수 없다.
② 청원주가 청원경찰을 배치폐지하였을 때에는 청원경찰 배치결정을 한 경찰관서장에게 알려야 한다.
③ 청원주가 청원경찰을 배치폐지하는 경우에는 배치폐지로 과원(過員)이 되는 그 사업장내의 유사 업무에 종사하게 하는 등 청원경찰의 고용을 보장하여야 한다.
④ 청원주는 청원경찰이 배치된 사업장이 배치인원의 변동사유 없이 다른 곳으로 이전하는 경우에 배치인원을 감축할 수 없다.

> **해설 배치의 폐지** (법 제10조의5)
> - 청원주는 청원경찰 배치시설의 폐쇄 또는 축소로 청원경찰 배치폐지, 인원 감축이 필요하다고 인정될 때에는 청원경찰의 배치폐지, 인원감축을 할 수 있다.
> ※ **청원경찰 배치폐지, 인원감축 불가사유**
>
> > 1. 청원경찰을 대체할 목적으로 경비업법에 따른 특수경비원을 배치하는 경우
> > 2. 청원경찰이 배치된 기관·시설 또는 사업장 등이 배치인원의 변동사유 없이 다른 곳으로 이전하는 경우
>
> - 청원주가 청원경찰 폐지·감축 시 배치결정을 한 경찰관서의 장에게 알려야 하며, 시·도경찰청장이 배치요청한 사업장일 때에는 폐지, 감축사유를 구체적으로 밝혀야 한다.
> - 청원경찰의 배치폐지나 배치인원 감축 시 해당 청원주는 배치폐지나 배치인원 감축으로 과원이 되는 청원경찰 인원을 그 기관·시설 또는 사업장내의 유사업무에 종사하게 하거나 다른 시설·사업장 등에 재배치하는 등 청원경찰의 고용이 보장될 수 있도록 노력하여야 한다.
> ※ ② 출제자가 청원경찰법령상 경찰관서의 장을 경비업법상 경찰관서장과 혼돈하고 출제한 것으로 보임

19. 청원경찰법령상 청원경찰의 임용권자로 옳은 것은? (24회)

① 청원주
② 경찰서장
③ 경찰청장
④ 시·도경찰청장

> **해설** 청원경찰은 청원주가 임용하되, 임용을 할 때에는 미리 시·도경찰청장의 승인을 받아야 한다. (법 제5조)

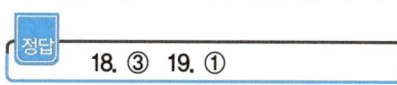

정답 18. ③ 19. ①

20. 청원경찰법령상의 내용으로 옳은 것은? (14회)

① 청원경찰의 경비는 시·도경찰청에서 부담한다.
② 청원경찰은 시·도경찰청장이 임용하며 미리 시설·사업장의 경영자의 승인을 받아야 한다.
③ 법원의 판결 또는 다른 법률에 따라 자격이 정지된 자는 청원경찰로 임용될 수 없다.
④ 경찰청장은 청원경찰 배치가 필요하다고 인정하는 기관의 장 또는 시설 사업장의 경영자에게 청원경찰을 배치할 것을 요청할 수 있다.

> **해설** ① 청원주가 부담한다. (법 제2조)
> ② 청원주가 임용하되, 임용할 때에는 미리 시·도경찰청장의 승인을 받아야 한다. (법 제5조 제1항)
> ④ 시·도경찰청장은 청원경찰 배치가 필요하다고 인정하는 기관의 장 또는 시설 사업장의 경영자에게 청원경찰을 배치할 것을 요청할 수 있다. (법 제4조 제3항)
> ③ 법 제5조 제2항, 국가공무원법 제33조 제6호

21. 청원경찰법령상 청원경찰의 배치 및 임용방법 등에 관한 설명으로 옳지 않은 것은? (15회)

① 청원경찰의 배치를 받으려는 자는 청원경찰 배치신청서에 경비구역 평면도 1부와 배치계획서 1부를 첨부해야 한다.
② 청원주는 청원경찰 배치 결정의 통지를 받은 날부터 30일 이내에 청원경찰 임용 승인을 시·도경찰청장에게 신청해야 한다.
③ 청원주가 청원경찰을 임용하였을 때에는 임용한 날부터 10일 이내에 그 임용사항을 관할 경찰서장을 거쳐 시·도경찰청장에게 보고해야 한다.
④ 청원주는 청원경찰이 퇴직하였을 때에는 그 퇴직한 날부터 14일 이내에 시·도경찰청장에게 보고해야 한다.

> **해설** ① 법 제2조, ② 시행령 제4조 제1항, ③ 시행령 제4조 제2항.
> ④ 청원주가 청원경찰을 임용하였을 때에는 임용한 날로부터 10일 이내에 그 임용사항을 관할 경찰서장을 거쳐 시·도경찰청장에게 보고하여야 한다. 청원경찰이 퇴직하였을 때에도 또한 같다.
> (시행령 제4조 제2항)

22. 청원경찰법령상 청원경찰 임용의 조건에 해당하지 않는 것은? (14회)

① 체중이 남자는 50kg 이상, 여자는 40kg 이상일 것
② 신체가 건강하고 팔다리가 완전할 것
③ 시력(교정시력을 포함한다)은 양쪽 눈이 각각 0.8 이상일 것
④ 18세 이상인 사람

> **해설 임용자격** (시행령 제3조, 시행규칙 제4조)
> • 18세 이상인 사람
> • 신체가 건강하고 팔다리가 완전할 것
> • 시력(교정시력 포함)은 양쪽 눈이 각각 0.8 이상일 것

정답 20. ③ 21. ④ 22. ①

23. 청원경찰법령상 청원경찰의 임용 등에 관한 설명으로 옳지 않은 것은? (15회)

① 청원경찰은 청원주가 임용하되, 임용을 할 때에는 미리 시·도경찰청장의 승인을 받아야 한다.
② 피성년후견인은 청원경찰로 임용될 수 있다.
③ 청원경찰로 임용되기 위해서는 신체가 건강하고 팔다리가 완전하며, 시력(교정시력을 포함한다)은 양쪽 눈이 각각 0.8 이상이어야 한다.
④ 군복무가 면제된 만 25세인 남자는 청원경찰로 임용될 수 있다.

해설 ① 법 제5조 제1항, ③ 시행규칙 제4조, ④ 시행령 제3조 제1호 (군복무 면제는 개정으로 삭제됨)
② 국가공무원법 제33조 제1호

24. 청원경찰법령상 청원주가 시·도경찰청장에게 청원경찰 임용승인을 신청할 때 청원경찰 임용승인신청서에 첨부해야 하는 서류가 아닌 것은? (16회)

① 주민등록증 사본 1부
② 가족관계등록부 중 가족관계증명서 1부
③ 민간인 신원진술서 1부
④ 최근 3개월 이내에 발행한 채용신체검사서 또는 취업용 건강진단서 1부

해설 **청원경찰 임용승인 신청서류** (시행규칙 제5조 제1항)
1. 이력서 1부
2. 주민등록 사본 1부
3. 민간인 신원진술서 1부 (보안업무 규정에 따른 신원조사가 필요한 경우만 해당)
4. 최근 3월 이내 발행 채용신체검사서 또는 취업용 건강진단서 1부
5. 가족관계등록부 중 기본증명서 1부

25. 청원경찰법령상 임용방법 등에 관한 내용이다. (   ) 안에 들어갈 내용을 순서대로 옳게 나열한 것은? (17회)

- 청원주는 청원경찰의 배치 결정의 통지를 받은 날부터 (   )일 이내에 배치 결정된 인원수의 임용예정자에 대하여 청원경찰 임용승인을 시·도경찰청장에게 신청하여야 한다.
- 청원주가 청원경찰을 임용하였을 때에는 임용한 날부터 (   )일 이내에 그 임용사항을 관할 경찰서장을 거쳐 시·도경찰청장에게 보고하여야 한다.

① 10, 30
② 15, 30
③ 30, 10
④ 30, 15

해설
- 청원주는 청원경찰의 배치 결정의 통지를 받은 날부터 30일 이내에 배치 결정된 인원수의 임용예정자에 대하여 청원경찰 임용승인을 시·도경찰청장에게 신청하여야 한다. (시행령 제4조 제1항)
- 청원주가 청원경찰을 임용하였을 때에는 임용한 날부터 10일 이내에 그 임용사항을 관할 경찰서장을 거쳐 시·도경찰청장에게 보고하여야 한다. (시행령 제4조 제2항)

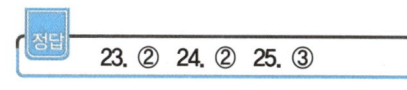

정답 23. ② 24. ② 25. ③

26. 청원경찰법령에 관한 설명으로 옳지 않은 것은? (18회)

① 청원경찰은 청원주가 임용하되, 임용을 할 때에는 미리 시·도경찰청장의 승인을 받아야 한다.
② 청원경찰의 배치 결정을 받은 자는 그 배치 결정의 통지를 받은 날부터 60일 이내에 임용예정자에 대한 임용승인을 관할 경찰서장에게 신청하여야 한다.
③ 청원주가 청원경찰을 임용하였을 때에는 임용한 날부터 10일 이내에 그 임용사항을 관할 경찰서장을 거쳐 시·도경찰청장에게 보고하여야 한다.
④ 청원주가 청원경찰을 면직시켰을 때에는 그 사실을 관할 경찰서장을 거쳐 시·도경찰청장에게 보고하여야 한다.

해설 ① 법 제5조 제1항, ③,④ 시행령 제4조 제2항.
② 청원주는 청원경찰 배치결정의 통지를 받은 날부터 30일 이내에 배치결정 인원수의 임용예정자에 대해 청원경찰 임용승인을 시·도경찰청장에게 신청하여야 한다. (시행령 제4조 제1항)

27. 청원경찰법령상 청원경찰의 임용 등에 관한 설명으로 옳은 것은? (20회)

① 청원경찰은 나이가 58세가 되었을 때 당연 퇴직된다.
② 청원경찰의 복무에 관하여는 「경찰관직무집행법」을 준용한다.
③ 청원경찰은 청원주가 임용하되, 임용을 할 때에는 「경찰공무원법」이 정하는 특별한 경우를 제외하고는 미리 경찰청장의 승인을 받아야 한다.
④ 청원주가 청원경찰을 임용하였을 때에는 임용한 날부터 10일 이내에 그 임용사항을 관할 경찰서장을 거쳐 시·도경찰청장에게 보고하여야 한다.

해설 ① 청원경찰은 나이가 60세가 되었을 때 당연 퇴직된다. (법 제10조의6 제3호)
② 청원경찰의 복무에 관하여는 「국가공무원법」 제57조, 제58조 제1항, 제60조 및 「경찰공무원법」 제18조를 준용한다. (법 제5조 제4항)
③ 청원경찰은 청원주가 임용하되, 임용을 할 때에는 미리 시·도경찰청장의 승인을 받아야 한다. (법 제5조 제1항)
④ 시행령 제4조 제2항

28. 청원경찰법령상 청원경찰의 임용 등에 관한 설명으로 옳은 것은? (22회)

① 청원주는 청원경찰 배치 결정의 통지를 받은 날부터 10일 이내에 배치 결정된 인원수의 임용예정자에 대하여 청원경찰 임용승인을 시·도경찰청장에게 신청하여야 한다.
② 청원주가 청원경찰을 임용하였을 때에는 임용한 날부터 10일 이내에 그 임용사항을 관할 경찰서장을 거쳐 시·도경찰청장에게 보고하여야 한다.
③ 청원경찰의 임용자격·임용방법·교육 및 보수에 관하여는 행정안전부령으로 정한다.
④ 청원경찰의 복무에 관하여는 「국가공무원법」 및 「경찰법」을 준용한다.

정답 26. ② 27. ④ 28. ②

↳**해설** ① 청원주는 청원경찰 배치 결정의 통지를 받은 날부터 30일 이내에 배치 결정된 인원수의 임용예정자에 대하여 청원경찰 임용승인을 시·도경찰청장에게 신청하여야 한다. (시행령 제4조 제1항)
③ 청원경찰의 임용자격·임용방법·교육 및 보수에 관하여는 대통령령으로 정한다. (법 제5조 제3항)
④ 청원경찰의 복무에 관하여는「국가공무원법」제57조, 제58조제1항, 제60조 및「경찰공무원법」제24조를 준용한다. (법 제5조 제4항)
② 시행령 제4조 제2항

29. 청원경찰법령상 청원경찰의 임용자격에 관한 내용이다. ( )에 들어갈 숫자로 옳은 것은?

(23회)

> 청원경찰의 임용자격은 ( )세 이상으로 신체가 건강하고 팔다리가 완전하며 시력(교정시력을 포함한다)은 양쪽 눈이 각각 ( ) 이상인 사람이다.

① 18, 0.5 ② 18, 0.8
③ 19, 0.8 ④ 19, 1.0

↳**해설 임용자격** (시행령 제3조)
- 18세 이상인 사람
- 행정안전부령으로 정하는 신체조건에 해당하는 사람 (시행규칙 제4조)
  1. 신체가 건강하고 팔다리가 완전할 것
  2. 시력(교정시력 포함)은 양쪽 눈이 각각 0.8 이상일 것

30. 청원경찰법령상 청원경찰의 복무에 관하여 국가공무원법의 규정이 준용되지 않는 것은?

(15회)

① 청원경찰의 정치 운동의 금지 ② 청원경찰의 비밀 엄수의 의무
③ 청원경찰의 복종의 의무 ④ 청원경찰의 직장 이탈의 금지

↳**해설 청원경찰복무에 관해 준용되는 법률** (법 제5조 제4항)
- 복종의 의무 (국가공무원법 제57조)
- 직장이탈금지 의무 (제58조 제1항)
- 비밀엄수 의무 (제60조)
- 거짓보고 등의 금지 의무 (경찰공무원법 제24조)

31. 청원경찰법상 청원경찰의 복무에 관하여 경찰공무원법 규정이 준용되는 것은?

(17회)

① 거짓 보고 등의 금지 의무 ② 비밀 엄수의 의무
③ 직장이탈 금지 의무 ④ 복종의 의무

↳**해설** ②,③,④ 국가공무원법
① 거짓보고 등의 금지 의무 (경찰공무원법 제24조)

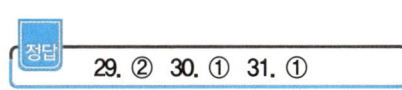

29. ② 30. ① 31. ①

32. 청원경찰법령상 청원경찰의 임용과 교육에 관한 설명으로 옳은 것은? (21회)

① 청원경찰의 임용자격으로는 19세 이상인 사람으로 남자의 경우에는 군복무를 마친 사람으로 한다.
② 경찰공무원에서 퇴직한 사람이 퇴직한 날부터 3년 이내에 청원경찰로 임용되었을 때에는 직무수행에 필요한 교육을 면제할 수 있다.
③ 청원주가 청원경찰을 임용하였을 때에는 임용한 날부터 15일 이내에 그 임용사항을 관할 경찰서장을 거쳐 시·도경찰청장에게 보고하여야 한다.
④ 경찰교육기관의 교육계획상 부득이하다고 인정할 때에는 청원주는 청원경찰로 임용된 사람을 경비구역에 우선 배치하고 임용 후 2년 이내에 교육을 받게 할 수 있다.

해설 ① 군복무를 마친 사람은 법 개정으로 삭제된 내용임 (시행령 제3조)
③ 청원주가 청원경찰을 임용하였을 때에는 임용한 날부터 10일 이내에 그 임용사항을 관할 경찰서장을 거쳐 시·도경찰청장에게 보고하여야 한다. (시행령 제4조 제2항)
④ 경찰교육기관의 교육계획상 부득이하다고 인정할 때에는 청원주는 청원경찰로 임용된 사람을 경비구역에 우선 배치하고 임용 후 1년 이내에 교육을 받게 할 수 있다. (시행령 제5조 제1항)
② 시행령 제5조 제2항

33. 청원경찰법령상 청원경찰의 교육에 관한 내용으로 옳은 것을 모두 고른 것은? (14회)

> ㄱ. 청원경찰에서 퇴직한 자가 퇴직한 날부터 3년 이내에 청원경찰로 임용되었을 때에는 경비구역에 배치하기 전에 경찰교육기관에서 시행하는 직무수행에 필요한 교육을 면제할 수 있다.
> ㄴ. 청원경찰로 임용된 자가 받는 교육과목 중 학술교육과목으로 형사법, 청원경찰법이 있다.
> ㄷ. 청원경찰로 임용된 자가 경찰교육기관에서 받는 직무수행에 필요한 교육의 기간은 4주로 한다.
> ㄹ. 청원주는 소속 청원경찰에게 그 직무집행에 필요한 교육을 매년 4시간 이상 하여야 한다.

① ㄱ, ㄴ ② ㄱ, ㄷ
③ ㄴ, ㄷ ④ ㄷ, ㄹ

해설 ㄱ. 시행령 제5조 제2항
ㄴ. 시행령 제5조 제3항, 시행규칙 제6조 [별표1]
ㄷ. 청원경찰로 임용된 자가 경찰교육기관에서 받는 직무수행에 필요한 교육의 기간은 2주로 한다.
ㄹ. 청원주는 소속 청원경찰에게 그 직무집행에 필요한 교육을 매월 4시간 이상 하여야 한다.
(시행규칙 제13조 제1항)

정답 32. ② 33. ①

34. 청원경찰법령상 청원경찰의 교육 및 배치 등에 관한 설명으로 옳은 것은? (15회)

① 청원경찰의 교육기간은 2주이며, 수업시간은 76시간이다.
② 경찰공무원으로 퇴직한 사람이 퇴직한 날부터 5년 이내에 청원경찰로 임용되었을 때에는 청원경찰 교육을 면제할 수 있다.
③ 청원주의 사정상 부득이하다고 인정될 때에는 청원경찰을 우선 배치하고 임용 후 1년 이내에 청원경찰 교육을 면제해야 한다.
④ 청원경찰을 이동배치하여 이동배치지가 다른 관할구역에 속할 때에는 청원주는 전입지를 관할하는 경찰서장에게 그 사실을 통보해야 한다.

해설 ② 경찰공무원(의무경찰 포함) 또는 청원경찰에서 퇴직한 사람이 퇴직한 날로부터 3년 이내에 청원경찰로 임용되었을 때에는 경찰교육기관의 교육을 면제할 수 있다. (시행령 제5조 제2항)
③ 경찰교육기관의 교육계획상 부득이하다고 인정될 때에는 청원경찰을 우선 배치하고 임용 후 1년 이내에 청원경찰 교육을 면제해야 한다. (시행령 제5조 제1항)
④ 청원경찰을 이동배치 통보를 받은 경찰서장은 이동배치지가 다른 관할구역에 속할 때에는 전입지를 관할하는 경찰서장에게 그 사실을 통보해야 한다. (시행령 제6조 제2항)
① 시행령 제5조 제3항, 시행규칙 제6조 [별표1]

35. 청원경찰법령상 청원경찰의 교육에 관한 설명으로 옳지 않은 것은? (16회)

① 청원경찰은 배치하기 전에 직무수행에 필요한 교육을 받게 해야 한다. 다만 부득이한 경우에는 임용 후 2년 이내에 교육을 받게 할 수 있다.
② 청원경찰의 신임교육기간은 2주이다.
③ 청원주는 소속 청원경찰에게 매월 4시간 이상의 직무교육을 실시해야 한다.
④ 청원경찰의 신임교육과목에는 형사법, 경찰관 직무집행법, 화생방 등이 있다.

해설 ② 시행규칙 제6조, ③ 시행규칙 제3조, ④ 시행규칙 제6조 [별표1],
① 청원주는 청원경찰로 임용된 사람으로 하여금 경비구역에 배치하기 전에 경찰교육기관에서 직무수행에 필요한 교육을 받게 하여야 한다. 다만 경찰교육기관의 교육계획상 부득이 하다고 인정할 때에는 우선 배치하고 임용 후 1년 이내에 교육을 받게 할 수 있다. (시행령 제5조 제1항)

36. 청원경찰법령상 청원경찰의 교육에 관한 설명으로 옳지 않은 것은? (17회)

① 청원경찰의 교육과목에는 대공이론, 국가보안법, 통합방위법이 포함된다.
② 청원주는 소속 청원경찰에게 그 직무집행에 필요한 교육을 매월 4시간 이상 하여야 한다.
③ 의무경찰을 포함한 경찰공무원 또는 청원경찰에서 퇴직한 사람이 퇴직한 날부터 3년 이내에 청원경찰로 임용되었을 때에는 신임교육을 면제할 수 있다.
④ 청원경찰의 신임 교육기간은 2주로 한다.

해설 ② 시행규칙 제13조 제1항, ③ 법 제5조 제2항, ④ 시행규칙 제6조,
① 교육과목에 대공이론은 해당되나 국가보안법, 통합방위법은 없다. (시행규칙 제6조 [별표1])

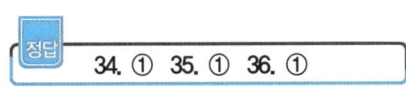

37. 청원경찰법령상 청원경찰로 임용이 된 경우에 이수하여야 할 교육과목과 수업시간으로 옳지 않은 것은? (단, 교육면제자는 고려하지 않는다.) (18회)

① 형사법 - 5시간
② 청원경찰법 - 5시간
③ 경찰관 직무집행법 - 5시간
④ 시설경비 - 6시간

해설 청원경찰 교육과목 및 수업시간표 (시행규칙 제6조 [별표1])

학 과 별	과 목		시간
정신교육 (8시간)	정신교육		8
학술교육 (15시간)	형사법		10
	청원경찰법		5
실무교육 (44시간)	경무	경찰관직무집행법	5
	방범	방범업무	3
		경범죄처벌법	2
	경비	시설경비	6
		소방	4
	정보	대공이론	2
		불심검문	2
	민방위	민방공	3
		화생방	2
	기본훈련		5
	총기조작		2
	총검술		2
	사격		6
술과 (8시간)	체포 및 호신술		6
기타 (3시간)	입교 · 수료 · 평가		3
합 계	2주간 실시		76시간

38. 청원경찰법령상 청원경찰의 교육에 관한 설명으로 옳지 않은 것은? (18회)

① 경찰공무원(의무경찰을 포함한다)에서 퇴직한 사람이 퇴직한 날부터 3년 이내에 청원경찰로 임용되었을 때에는 직무수행에 필요한 교육을 면제할 수 있다.
② 청원주는 청원경찰로 임용된 사람으로 하여금 경비구역에 배치하기 전에 경찰교육기관에서 직무수행에 필요한 교육을 받게 하여야 한다. 다만, 경찰교육기관의 교육계획상 부득이하다고 인정할 때에는 우선 배치하고 임용 후 1년 이내에 교육을 받게 할 수 있다.
③ 청원경찰의 교육과목에는 법학개론, 민사소송법, 민간경비론이 있다.
④ 청원주는 소속 청원경찰에게 그 직무집행에 필요한 교육을 매월 4시간 이상 하여야 한다.

해설 ① 시행령 제5조 제2항, ② 시행령 제5조 제1항, ④ 시행규칙 제13조 제1항
③ 시행규칙 제6조 [별표1]

37. ① 38. ③

39. 청원경찰법령상 청원경찰을 배치하기 전에 직무수행에 필요한 교육의 내용으로 옳지 않은 것은? (단, 교육대상 제외자는 해당하지 않는다.) (19회)

① 학술교육은 형사법 10시간, 청원경찰법 5시간을 이수하여야 한다.
② 정신교육은 정신교육 과목을 8시간 이수하여야 한다.
③ 실무교육은 경범죄처벌법 및 사격과목 등을 포함하여 40시간을 이수하여야 한다.
④ 술과는 체포술 및 호신술 과목 6시간과 입교·수료 및 평가 3시간을 이수하여야 한다.

> **해설** ①,②는 맞고, ③은 44시간
> ④ 체포·호신술은 6시간, 입교·수료·평가는 3시간이 맞는 표현이나 문법상의 오류(수료 및? 평가)를 지적하여 이의신청한 한 수험생들의 문제 제기를 받아들여 복수정답처리 하였음

40. 청원경찰의 교육 등에 관한 설명으로 옳지 않은 것은? (22회)

① 청원주는 청원경찰로 임용된 사람으로 하여금 경비구역에 배치하기 전에 경찰교육기관에서 직무 수행에 필요한 교육을 받게 하여야 한다. 다만, 경찰교육기관의 교육계획상 부득이하다고 인정할 때에는 우선 배치하고 임용 후 1년 이내에 교육을 받게 할 수 있다.
② 경비지도사 자격증을 취득한 사람이 청원경찰로 임용되었을 때에는 경찰교육기관에서 직무 수행에 필요한 교육을 면제할 수 있다.
③ 청원경찰의 직무 수행에 필요한 교육의 교육과목 및 수업시간표는 행정안전부령으로 정한다.
④ 청원경찰의 직무 수행에 필요한 교육의 교육과목 중 정신교육의 수업시간은 8시간이다.

> **해설** ① 시행령 제5조 제1항, ③ 시행령 제5조 제3항, ④ 시행규칙 제6조 [별표1]
> ② 경찰공무원 (의무경찰 포함) 또는 청원경찰 퇴직자는 퇴직한 날부터 3년 이내에 청원경찰로 임용되었을 때에는 교육을 면제할 수 있다. (시행령 제5조 제2항)

정답 39. ③,④ 40. ②

청원경찰의 징계 (법 제5조의2, 시행령 제8조)

◆ 청원주는 청원경찰이 다음 어느 하나에 해당하는 때에는 대통령령으로 정하는 징계절차를 거쳐 징계처분을 하여야 한다.

> ※ 법 제5조의2 제1항
> 1. 직무상의 의무를 위반하거나 직무를 태만히 한 때
> 2. 품위를 손상하는 행위를 한 때

◆ 관할경찰서장은 청원경찰이 법 제5조의2제1항 각 호의 어느 하나에 해당한다고 인정되면 청원주에게 해당 청원경찰에 대하여 **징계처분을 하도록 요청**할 수 있다.

◆ 청원경찰의 징계의 종류는 **파면, 해임, 정직, 감봉 및 견책**으로 구분한다.
- **정직** : 1개월 이상 3개월 이하, 기간 중 신분보유, 직무종사 불가, 보수 **2/3감액**
- **감봉** : 1개월 이상 3개월 이하, 기간 중 보수 **1/3감액**
- **견책** : 전과(前過)에 대하여 훈계하고 회개하게 한다.

◆ 청원주는 청원경찰 배치결정 통지를 받은 날부터 **15일 이내**에 청원경찰 징계규정을 제정, 관할 시·도경찰청장에게 **신고**하여야 한다. (징계규정 변경도 同一)

◆ 시·도경찰청장은 징계규정 보완이 필요하다고 인정 시에는 청원주에게 보완요구를 할 수 있다.

청원경찰 표창 (시행규칙 제18조)

◆ 표창권자 : **시·도경찰청장, 관할 경찰서장, 청원주**

◆ 표창구분
- **공적상** : 성실히 직무를 수행, 근무성적이 탁월하거나 헌신적 봉사로 특별한 공적 세운 경우
- **우등상** : 교육훈련에서 교육 성적이 우수한 경우

청원경찰 경비(經費) (법 제6조 제1항)

◆ 청원주가 부담해야 할 청원경찰 경비(經費)
1. 봉급·수당 **(최저 부담기준액 경찰청장 고시 → 국가기관·지방자치단체 청원경찰 제외)**
2. 피복비 **(부담기준액 경찰청장 고시)**
3. 교육비 **(부담기준액 경찰청장 고시)**
4. 보상금 및 퇴직금

국가기관 또는 지방자치단체 근무 청원경찰의 보수 (법 제6조 제2항) (시행령 9조)

- ◆ 재직기간에 해당하는 경찰공무원 보수 감안 지급
  1. 재직기간 15년 미만 : 순경
  2. 재직기간 15년 이상 23년 미만 : 경장
  3. 재직기간 23년 이상 30년 미만 : 경사
  4. 재직기간 30년 이상 : 경위
- ◆ 각종 수당은 「공무원수당 등에 관한 규정」에 따른 수당 중 **가계보존수당, 실비변상** 등이며 세부항목은 **경찰청장이 정하여 告示**한다.
- ◆ 국가기관 또는 지방자치단체 근무한 재직기간은 청원경찰로서 근무한 기간을 말한다.

국가기관 또는 지방자치단체에 근무하는 청원경찰 外의 청원경찰의 보수 (시행령 제10조)

- ◆ 봉급과 각종 수당은 **경찰청장이 고시한 최저부담기준액 이상**으로 지급해야 한다.
- ◆ 다만, 고시된 최저부담기준액이 배치사업장의 同種직무나 유사직무종사 근로자임금보다 적을 때는 同種직무나 유사직무종사 근로자임금에 **상당하는 금액**을 지급해야 한다.

보수 산정시의 경력 인정 등 (시행령 제11조)

- ◆ 사업장 취업규칙에 특별한 규정이 없을시, 다음 경력을 봉급산정기준 경력에 산입하여야 한다.
  1. **청원경찰**로 근무한 경력
  2. **군 또는 의무경찰**에 복무한 경력
  3. **수위ㆍ경비원ㆍ감시원** 또는 그 밖에 **청원경찰과 비슷한 직무**에 종사하던 사람이 해당사업장 청원주에 의해 청원경찰로 임용된 경우에는 그 직무종사 경력
  4. 국가기관 또는 지방자치단체근무 청원경찰은 국가기관 또는 자치단체 상근 근무경력
- ◆ 국가기관ㆍ지방자치단체 청원경찰보수 호봉 간 승급기간은 **경찰공무원** 승급기간 규정 준용
- ◆ 국가기관 또는 지방자치단체 근무**外** 청원경찰보수 호봉 간 승급기간 및 승급액은 배치사업장의 **취업규칙**에 따르며, 취업규칙이 없을시, **순경**의 승급에 관한 규정 준용

청원경찰 경비(經費)의 고시 등 (시행령 제12조)

- ◆ 청원경찰 경비(**봉급과 수당ㆍ피복비ㆍ교육비**)의 지급ㆍ납부방법은 행정안전부령으로 정한다.
- ◆ 청원경찰 경비의 최저부담기준액 및 부담기준액은 경찰공무원 중 **순경의 것을 고려**, 다음연도 분을 **매년 12월에 고시**. 다만, 부득이한 사유 있을시 수시고시 할 수 있다.

청원경찰 경비의 지급방법 (시행규칙 제8조)

- 봉급·수당은 청원주가 청원경찰배치 사업장직원 보수지급일에 청원경찰에게 직접 지급
- 교육비는 **청원주**가 해당 청원경찰의 **입교 3일전**에 해당 경찰교육기관에 납부
- 피복은 청원주가 제작하거나 구입, 정기지급일 또는 신규 배치시 **현품으로 지급**

청원경찰의 급여품 및 대여품 (시행규칙 제12조)

◆ 청원경찰 급여품표 [별표 2]

품명	수량	사용기간	정기지급일
근무복 (동복)	1	1년	9월25일
근무복 (하복)	1	1년	5월5일
한여름 옷	1	1년	6월5일
외투·방한복, 점퍼	1	2~3년	9월25일
기동화 또는 단화	1	단화1년, 기동화2년	9월25일
비옷	1	3년	5월5일
정모	1	3년	9월25일
기동모	1	3년	필요할 때
기동복	1	2년	필요할 때
방한화	1	2년	9월25일
장갑	1	2년	9월25일
호루라기	1	2년	9월25일

◆ 청원경찰 대여품표 [별표 3]

품 명	수 량	비고
허리띠	1	퇴직시 청원주에게 반납
경찰봉	1	
가슴표장	1	
분사기	1	
포승	1	

기출문제

경·비·지·도·사
Security Instructor

1. 청원경찰법령상 청원경찰에 대한 징계의 종류에 해당되지 않는 것은? (14회)

① 파면
② 해임
③ 견책
④ 강등

☞해설 **청원경찰 징계의 종류** (법 제5조의2 제2항) (시행령 제8조)
파면, 해임, 정직, 감봉, 견책
- 정직 : 1개월 이상 3개월 이하, 기간 중 신분보유, 직무 종사 불가, 보수2/3감액
- 감봉 : 1개월 이상 3개월 이하, 기간 중 보수 1/3감액
- 견책 : 전과에 대하여 훈계하고 회개하게 한다.

2. 청원경찰법령상 청원경찰의 징계에 관한 내용으로 옳지 않은 것은? (14회)

① 청원경찰이 품위를 손상하는 행위를 하는 경우 청원주는 징계절차에 따라 징계처분을 하여야 한다.
② 관할 경찰서장은 청원경찰이 직무상 의무위반에 해당한다고 인정되면 청원주에게 해당 청원경찰에 대하여 징계처분을 하도록 요청할 수 있다.
③ 정직은 1개월 이상 3개월 이하로 하고, 그 기간에 청원경찰의 신분은 보유하나 직무에 종사하지 못하며, 보수의 3분의1을 줄인다.
④ 감봉은 1개월 이상 3개월 이하로 하고, 그 기간에 보수의 3분의 1을 줄인다.

☞해설 ① 법 제5조의2 제1항, ② 시행령 제8조 제1항, ④ 시행령 제8조 제3항.
③ 정직은 1개월 이상 3개월 이하, 그 기간 신분은 보유하나 직무에 종사하지 못하며 보수의 3분의 2를 줄인다. (시행령 제8조 제2항)

3. 청원경찰법령상 청원경찰의 징계에 관한 설명으로 옳은 것은? (15회)

① 징계처분자는 청원주이다.
② 견책은 보수의 3분의 1을 줄인다.
③ 직위해제는 청원경찰에 대한 징계의 종류에 해당한다.
④ 관할 경찰서장은 징계규정의 보완이 필요하다고 인정할 때에는 청원주에게 그 보완을 요구할 수 있다.

☞해설 ② 견책은 전과에 대하여 훈계하고 회개하게 하는 처분 이다. 보수 감경은 없음 (시행령 제8조 제4항)
③ 직위해제는 징계종류에 해당하지 않는다.
④ 시·도경찰청장은 징계규정의 보완이 필요하다고 인정할 때에는 청원주에게 그 보완을 요구할 수 있다.
(시행령 제8조 제6항)
① 법 제5조의2 제1항

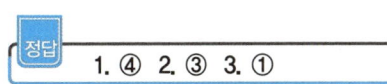

정답 1. ④ 2. ③ 3. ①

4. 청원경찰법령상 청원경찰의 징계에 관한 설명으로 옳은 것은? (16회)

① 청원경찰에 대한 징계의 종류는 파면, 해임, 강등, 정직, 감봉 및 견책으로 구분한다.
② 정직은 1개월 이상 6개월 이하로 하고, 그 기간에 직무에 종사하지 못하며, 보수의 2분의 1을 줄인다.
③ 감봉은 1개월 이상 3개월 이하로 하고, 그 기간에 보수의 3분의 1을 줄인다.
④ 청원주는 청원경찰 배치 결정의 통지를 받았을 때에는 통지를 받은 날부터 30일 이내에 청원경찰에 대한 징계규정을 제정하여 관할 시·도경찰청장에게 신고해야 한다.

> **해설** ① 청원경찰에 대한 징계의 종류는 파면, 해임, 정직, 감봉 및 견책으로 구분한다. (법 제5조의2 제2항)
> ② 정직은 1개월 이상 3개월 이하로 하고, 그 기간에 직무에 종사하지 못하며, 보수의 3분의2를 줄인다.
> (시행령 제8조 제2항)
> ④ 청원주는 청원경찰 배치 결정의 통지를 받았을 때에는 통지를 받은 날부터 15일 이내에 청원경찰에 대한 징계규정을 제정하여 관할 시·도경찰청장에게 신고하여야 한다. (시행령 제8조 제5항)
> ③ 시행령 제8조 제3항

5. 청원경찰법령상 청원경찰의 징계 및 불법행위 책임에 관한 설명으로 옳지 않은 것은? (17회)

① 청원경찰이 직무를 수행할 때 직권을 남용하여 국민에게 해를 끼친 경우에는 6개월 이하의 징역이나 금고에 처한다.
② 국가기관이나 지방자치단체에 근무하는 청원경찰의 직무상 불법행위에 대한 배상책임에 관하여는 「민법」의 규정을 따른다.
③ 청원주는 청원경찰이 직무상의 의무를 위반하거나 직무를 태만히 한 때, 품위를 손상하는 행위를 한 때에는 대통령령으로 정하는 징계절차를 거쳐 징계처분을 하여야 한다.
④ 청원경찰에 대한 징계처분 중 정직(停職)은 1개월 이상 3개월 이하로 하고, 그 기간에 청원경찰의 신분은 보유하나 직무에 종사하지 못하며, 보수의 3분의 2를 줄인다.

> **해설** ① 법 제10조 제1항, ③ 법 제5조의2 제1항, ④ 시행령 제8조 제2항
> ② 청원경찰(국가기관, 자치단체 청원경찰 제외)의 직무상 불법행위에 대한 배상책임은 민법 규정을 따른다.
> (법 제10조의2)

6. 청원경찰법령상 청원경찰의 징계에 관한 설명으로 옳은 것은? (20회)

① 징계의 종류는 파면, 해임, 강등, 정직, 감봉 및 견책으로 구분한다.
② 시·도경찰청장은 징계규정의 보완이 필요하다고 인정할 때에는 청원주에게 그 보완을 요구할 수 있다.
③ 정직은 1개월 이상 3개월 이하로 하고, 보수의 3분의 1을 줄인다.
④ 청원주는 청원경찰 배치 결정의 통지를 받았을 때에는 통지를 받은 날부터 10일 이내에 청원경찰에 대한 징계규정을 제정하여야 한다.

4. ③ 5. ② 6. ②

> **해설** ① 청원경찰에 대한 징계의 종류는 파면, 해임, 정직, 감봉 및 견책으로 구분한다. (법 제5조의2 제2항)
> ③ 정직은 1개월 이상 3개월 이하로 하고, 그 기간에 청원경찰의 신분은 보유하나 직무에 종사하지 못하며, 보수의 3분의 2를 줄인다. (시행령 제8조 제2항)
> ④ 청원주는 청원경찰 배치 결정의 통지를 받았을 때에는 통지를 받은 날부터 15일 이내에 청원경찰에 대한 징계규정을 제정하여 관할 시·도경찰청장에게 신고하여야 한다. (시행령 제8조 제5항)
> ② 시행령 제8조 제6항

7. 청원경찰법상 청원경찰에 대한 징계의 종류가 아닌 것은? (18회)
① 직위해제
② 해임
③ 정직
④ 감봉

> **해설** 청원경찰에 대한 징계의 종류는 파면, 해임, 정직, 감봉 및 견책으로 구분한다. (법 제5조의2 제2항)

8. 청원경찰법령상 청원경찰의 징계에 관한 설명으로 옳지 않은 것은? (21회)
① 청원주는 청원경찰이 품위를 손상하는 행위를 한 때에는 징계절차를 거쳐 징계처분을 하여야 한다.
② 관할 경찰서장은 청원경찰이 「청원경찰법」 상의 징계사유에 해당한다고 인정되면 청원주에게 해당 청원경찰에 대하여 징계처분을 하도록 요청할 수 있다.
③ 감봉은 1개월 이상 3개월 이하로 하고, 그 기간에 보수의 3분의 1을 줄인다.
④ 청원주는 청원경찰 배치 결정의 통지를 받은 날부터 15일 이내에 청원경찰에 대한 징계규정을 제정하여 관할 경찰서장에게 신고하여야 한다.

> **해설** ① 법 제5조의2 제1항, ② 시행령 제8조 제1항, ③ 시행령 제8조 제3항
> ④ 청원주는 청원경찰 배치 결정의 통지를 받은 날부터 15일 이내에 청원경찰에 대한 징계규정을 제정하여 관할 시·도경찰청장에게 신고하여야 한다. (징계규정 변경도 동일) (시행령 제8조 제5항)

9. 청원경찰법령상 청원경찰의 징계에 관한 설명으로 옳은 것은? (23회)
① 시·도경찰청장은 청원경찰이 품위를 손상하는 행위를 한 때에는 대통령령으로 정하는 징계절차를 거쳐 징계처분을 할 수 있다.
② 청원경찰에 대한 징계의 종류는 파면, 해임, 강등, 정직, 감봉 및 견책으로 구분한다.
③ 청원주는 청원경찰 배치 결정의 통지를 받았을 때에는 통지를 받은 날부터 15일 이내에 청원경찰에 대한 징계규정을 제정하여 관할 시·도경찰청장에게 신고하여야 한다.
④ 정직은 1개월 이상 3개월 이하로 하고, 그 기간에 청원경찰의 신분은 보유하나 직무에 종사하지 못하며, 보수는 전액을 감한다.

> **해설** ① 청원주는 청원경찰이 품위를 손상하는 행위를 한 때에는 대통령령으로 정하는 징계절차를 거쳐 징계처분을 하여야 한다. (법 제5조의2 제1항)
> ② 청원경찰에 대한 징계의 종류는 파면, 해임, 정직, 감봉 및 견책으로 구분한다. (법 제5조의2 제2항)
> ④ 정직은 1개월 이상 3개월 이하로 하고, 그 기간에 청원경찰의 신분은 보유하나 직무에 종사하지 못하며, 보수는 3분의2를 줄인다. (시행령 제8조 제2항)
> ③ 시행령 제8조 제5항

7. ① 8. ④ 9. ③

10. 청원경찰법령상 청원경찰에 대한 징계의 종류로 옳은 것은? (24회)

① 강등
② 견책
③ 면직
④ 직위해제

해설 청원경찰에 대한 징계의 종류는 파면, 해임, 정직, 감봉 및 견책으로 구분한다. (법 제5조의2 제2항)

11. 청원경찰법령상 표창에 관한 설명으로 옳지 않은 것은? (22회)

① 경찰청장은 성실히 직무를 수행하여 근무성적이 탁월하거나 헌신적인 봉사로 특별한 공적을 세운 청원경찰에게 공적상을 수여할 수 있다.
② 청원주는 성실히 직무를 수행하여 근무성적이 탁월한 청원경찰에게 공적상을 수여할 수 있다.
③ 관할 경찰서장은 헌신적인 봉사로 특별한 공적을 세운 청원경찰에게 공적상을 수여할 수 있다.
④ 시·도경찰청장은 교육훈련에서 교육성적이 우수한 청원경찰에게 우등상을 수여할 수 있다.

해설 청원경찰 표창 (시행규칙 제18조)
- 표창권자 : 시·도경찰청장, 관할 경찰서장, 청원주
  1. 공적상 : 성실히 직무를 수행, 근무성적이 탁월하거나 헌신적인 봉사로 특별한 공적을 세운 경우
  2. 우등상 : 교육훈련에서 교육 성적이 우수한 경우

12. 청원경찰법령상 청원경찰경비의 지급방법 또는 납부방법을 행정안전부령으로 정하지 않은 것은? (15회)

① 청원경찰의 피복비
② 청원경찰의 교육비
③ 청원경찰의 퇴직금
④ 청원경찰에게 지급할 봉급과 각종 수당

해설 청원경찰 경비의 지급방법 (시행규칙 제8조)
- 봉급·수당은 청원주가 청원경찰배치 사업장의 직원 보수지급일에 청원경찰에게 직접 지급
- 교육비는 청원주가 해당 청원경찰의 입교 3일전에 해당 경찰교육기관에 납부
- 피복은 청원주가 제작하거나 구입, 정기지급일 또는 신규 배치시 현품으로 지급
  ③ 국가기관·지방자치단체 근무 외의 청원경찰 : 「근로자퇴직급여 보장법」
     국가기관·지방자치단체 근무 청원경찰 : 대통령령 (청원경찰법 제6조 제1항 제4호)

13. 청원경찰법령상 청원경찰의 봉급과 각종 수당은 누가 부담하는가? (15회)

① 청원주
② 시·도경찰청장
③ 관할 경찰서장
④ 지방자치단체장

해설 청원주가 부담하는 청원경찰경비 (법 제6조 제1항)
1. 청원경찰에게 지급할 봉급과 각종 수당
2. 청원경찰의 피복비
3. 청원경찰의 교육비
4. 청원경찰 본인 및 유족에게 지급하는 보상금 및 청원경찰의 퇴직금

정답 10. ② 11. ① 12. ③ 13. ①

14. 청원경찰법령상 청원주가 부담해야 하는 청원경찰경비를 모두 고른 것은? (16회)

```
ㄱ. 청원경찰의 교통비      ㄴ. 청원경찰의 피복비
ㄷ. 청원경찰의 교육비      ㄹ. 청원경찰 본인 또는 유족 보상금
```

① ㄱ, ㄴ, ㄷ　　　　　　　　　　② ㄱ, ㄴ, ㄹ
③ ㄱ, ㄷ, ㄹ　　　　　　　　　　④ ㄴ, ㄷ, ㄹ

해설 ㄱ. 교통비는 청원주가 부담하는 청원경찰 경비에 해당하지 않는다.

15. 청원경찰법령상 청원주가 부담하여야 하는 청원경찰경비에 해당하지 않는 것은? (22회)

① 청원경찰의 경조사비
② 청원경찰의 피복비
③ 청원경찰의 교육비
④ 청원경찰에게 지급할 봉급과 각종 수당

해설 청원주가 부담하는 청원경찰 경비에 해당하지 않는다.

16. 청원경찰법령상 청원주가 부담하여야 하는 청원경찰경비에 해당하지 않는 것은? (24회)

① 청원경찰에게 지급할 봉급과 각종 수당　　② 청원경찰의 피복비
③ 청원경찰의 교육비　　　　　　　　　　　　④ 청원경찰의 업무추진비

해설 ④ 청원주가 부담하는 청원경찰 경비에 해당하지 않는다.

17. 청원경찰법령상 청원경찰의 보수 등에 관한 설명으로 옳지 않은 것은? (15회)

① 국가기관에 근무하는 청원경찰의 각종 수당은 공무원수당 등에 관한 규정에 따른 수당 중 가계보전수당, 실비변상 등으로 하며, 그 세부 항목은 경찰청장이 정하여 고시한다.
② 국가기관에 근무하는 청원경찰의 보수산정을 위한 재직기간은 청원경찰로서 근무한 기간으로 한다.
③ 국가기관에 근무하는 청원경찰 보수의 호봉 간 승급기간은 경찰공무원의 승급기간에 관한 규정을 준용한다.
④ 국가기관 또는 지방자치단체에 근무하는 청원경찰 외의 청원경찰 보수의 호봉 간 승급기간 및 승급액은 순경의 승급에 관한 규정을 사업장의 취업규칙보다 우선 준용한다.

해설 ① 법 제6조 제2항 시행령 제9조, ② 시행령 제9조 제3항, ③ 시행령 제11조 제2항,
④ 국가기관 또는 지방자치단체 근무외 청원경찰의 보수 호봉 간 승급기간 및 승급액은 배치사업장의 취업규칙에 따르며, 취업규칙이 없을시, 순경의 승급에 관한 규정을 준용한다. (영 제11조 제3항)

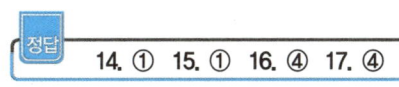

18. 청원경찰법령상 청원경찰의 경비와 보상 등에 관한 설명으로 옳은 것은? (16회)

① 지방자치단체에 근무하는 청원경찰의 봉급·수당의 최저부담기준액은 경찰청장이 정하여 고시한다.
② 지방자치단체에 근무하는 청원경찰의 퇴직금에 관하여는 따로 행정안전부령으로 정한다.
③ 청원경찰이 퇴직할 때에는 급여품 및 대여품을 청원주에게 반납해야 한다.
④ 국가기관에 근무하는 청원경찰의 보수는 재직기간 15년 이상 23년 미만인 경우, 경장에 해당하는 경찰공무원의 보수를 감안하여 대통령으로 정한다.

해설 ① 국가기관 또는 지방자치단체에 근무하는 청원경찰의 보수는 대통령령으로 정한다. (법 제6조 제2항)
② 국가기관이나 지방자치단체에 근무하는 청원경찰의 퇴직금에 관하여는 따로 대통령령으로 정한다. (법 제7조의2)
③ 청원경찰이 퇴직할 때에는 대여품을 청원주에게 반납하여야 한다. (시행규칙 제12조 제2항)
④ 법 제6조 제2항 제2호

19. 청원경찰법령상 청원경찰의 보수에 관한 설명으로 옳지 않은 것은? (17회)

① 국가기관 또는 지방자치단체에 근무하는 청원경찰 보수의 호봉 간 승급기간은 경찰공무원의 승급기간에 관한 규정을 준용한다.
② 국가기관에 근무하는 청원경찰의 보수는 그 재직기간이 25년인 경우, 경찰공무원 경사의 보수를 감안하여 대통령령으로 정한다.
③ 국가기관 또는 지방자치단체에 근무하는 청원경찰의 봉급·수당에 관한 청원주의 최저부담 기준액은 경찰청장이 정하여 고시한다.
④ 국가기관 또는 지방자치단체에 근무하는 청원경찰의 각종 수당은 「공무원 수당 등에 관한 규정」에 따른 수당 중 가계보전수당, 실비변상 등으로 하며, 그 세부항목은 경찰청장이 정하여 고시한다.

해설 ① 시행령 제11조 제2항, ② 법 제6조 제2항, ④ 시행령 제9조 제2항.
③ 청원경찰의 봉급·수당에 관한 청원주의 최저부담기준액(국가기관 또는 지방자치단체에 근무하는 청원경찰의 봉급·수당은 제외) 경찰청장이 정하여 고시한다. (법 제6조 제3항)

20. 청원경찰법령상 청원경찰 경비 등에 관한 설명으로 옳지 않은 것은? (17회)

① 청원경찰의 교육비는 청원주가 해당 청원경찰의 입교 후 3일 이내에 해당 경찰교육 기관에 낸다.
② 청원주는 보상금의 지급을 이행하기 위하여「산업재해보상보험법」에 따른 산업재해 보상보험에 가입하거나,「근로기준법」에 따라 보상금을 지급하기 위한 재원을 따로 마련하여야 한다.
③ 봉급과 각종 수당은 청원주가 그 청원경찰이 배치된 기관·시설·사업장 또는 장소의 직원에 대한 보수 지급일에 청원경찰에게 직접 지급한다.
④ 청원주는 청원경찰이 직무상의 부상·질병으로 인하여 퇴직하거나, 퇴직 후 2년 이내에 사망한 경우 청원경찰 본인 또는 그 유족에게 보상금을 지급하여야 한다.

18. ④ 19. ③ 20. ①

↳**해설** ② 시행령 제13조, ③ 시행규칙 제8조 제1호, ④ 법 제7조
① 교육비는 청원주가 해당 청원경찰의 입교 3일 전에 해당 경찰교육기관에 낸다. (시행규칙 제8조 제3호)

21. 청원경찰법령상 청원경찰경비 등에 관한 설명으로 옳지 않은 것은? (18회)

① 지방자치단체에 근무하는 청원경찰의 각종 수당에는 공무원수당 등에 관한 규정에 따른 수당 중 가계보존수당은 포함되지 않는다.
② 지방자치단체에 근무하는 재직기간이 22년인 청원경찰의 보수는 같은 재직기간에 해당하는 경찰공무원 중 경장의 보수를 감안하여 대통령령으로 정한다.
③ 국가기관 또는 지방자치단체에 근무하는 청원경찰 보수의 호봉 간 승급기간은 경찰공무원의 승급기간에 관한 규정을 준용한다.
④ 청원경찰의 피복비의 지급방법은 행정안전부령으로 정한다.

↳**해설** ② 법 제6조 제2항 제2호, ③ 시행령 제11조 제2항, ④ 시행령 제12조 제1항
① 국가기관 또는 지방자치단체에 근무하는 청원경찰의 각종 수당은 공무원수당 등에 관한 규정에 따른 수당 중 가계보존수당, 실비변상 등으로 하며, 그 세부 항목은 경찰청장이 정하여 고시한다. (시행령 제9조 제2항)

22. 청원경찰법령상 국가기관에 근무하는 청원경찰의 보수는 재직기간에 해당하는 경찰공무원 보수를 감안하여 정한다. 이에 관한 예시로 옳은 것은? (20회)

① 16년 : 경장, 20년 : 경장, 25년 : 경사, 32년 : 경사
② 16년 : 순경, 20년 : 경장, 25년 : 경사, 32년 : 경사
③ 16년 : 경장, 20년 : 경장, 25년 : 경사, 32년 : 경위
④ 16년 : 순경, 20년 : 경장, 25년 : 경사, 32년 : 경위

↳**해설 국가기관 또는 지방자치단체 근무 청원경찰의 보수** (법 제6조 제2항)
• 재직기간에 해당하는 경찰공무원 보수 감안 지급
 1. 재직기간 15년 미만 : 순경
 2. 재직기간 15년 이상 23년 미만 : 경장
 3. 재직기간 23년 이상 30년 미만 : 경사
 4. 재직기간 30년 이상 : 경위

23. 청원경찰법령상 청원경찰의 경비에 관한 설명으로 옳은 것은? (23회)

① 국가기관 또는 지방자치단체에 근무하는 청원경찰의 보수는 재직기간 15년 이상 23년 미만인 경우 같은 재직기간에 해당하는 경찰공무원 '경장'의 보수를 감안하여 대통령령으로 정한다.
② 청원경찰의 피복비는 청원주가 부담하여야 하는 청원경찰경비에 해당하지 않는다.
③ 청원경찰이 직무상의 부상·질병으로 인하여 퇴직 후 3년 이내에 사망한 경우 청원주는 대통령령으로 정하는 바에 따라 그 유족에게 보상금을 지급하여야 한다.
④ 교육비는 청원주가 경찰교육기관 입교(入校) 3일 전에 해당 청원경찰에게 지급하여 납부하게 한다.

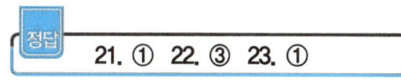

↳**해설** ② 청원주가 부담해야 할 청원경찰 경비(經費) (법 제6조 제1항)
　　봉급·수당, 피복비, 교육비, 보상금 및 퇴직금
　③ 보상금 지급사유 (본인 또는 유족 지급) (법 제7조)
　　• 직무수행으로 인한 부상, 질병에 걸리거나 또는 사망한 경우
　　• 직무상의 부상·질병으로 인해 퇴직, 퇴직 후 2년 이내에 사망한 경우
　④ 교육비는 청원주가 해당 청원경찰의 입교(入校) 3일 전에 해당 경찰교육기관에 낸다.
　　　　　　　　　　　　　　　　　　　　　　　　　　　　　(시행규칙 제8조 제3호)
　① 법 제6조 제2항 제2호

24. 청원경찰법상 청원주가 청원경찰 본인 또는 그 유족에게 보상금을 지급해야 하는 경우가 아닌 것은? (18회)

① 청원경찰이 직무상의 부상·질병으로 인하여 퇴직한 경우
② 청원경찰이 직무수행으로 인하여 부상을 입은 경우
③ 청원경찰이 고의·과실에 의한 위법행위로 타인에게 손해를 가한 경우
④ 청원경찰이 직무수행으로 인하여 사망한 경우

↳**해설** 보상금 지급사유(본인 또는 유족에게 지급) (법 제7조)
　　• 직무수행으로 인한 부상, 질병에 걸리거나 또는 사망한 경우
　　• 직무상의 부상·질병으로 인해 퇴직, 퇴직 후 2년 이내에 사망한 경우

25. 청원경찰법령상 청원경찰의 경비(經費)에 관한 설명으로 옳은 것은? (19회)

① 청원주는 대통령령이 정하는 바에 따라 청원경찰에게 봉급과 각종 수당 등을 지급하여야 한다.
② 청원주는 대통령령이 정하는 바에 따라 청원경찰이 직무수행 중 부상을 당한 경우에는 본인에게 보상금을 지급하여야 한다.
③ 청원주는 청원경찰이 퇴직할 때에는 행정안전부령이 정하는 바에 따라 근로자퇴직급여 보장법에 따른 퇴직금을 지급하여야 한다.
④ 지방자치단체에 근무하는 청원경찰의 각종 수당은 공무원 수당 등에 관한 규정에 따른 수당 중 가계보전수당, 실비변상 등으로 하며, 그 세부 항목은 대통령령으로 정하여 고시한다.

↳**해설** ① 청원경찰 경비(봉급과 수당·피복비·교육비)의 지급·납부방법은 행정안전부령으로 정한다.
　　　　　　　　　　　　　　　　　　　　　　　　　　　(시행령 제12조 제1항)
　③ 청원주는 청원경찰이 퇴직할 때에는 근로자퇴직급여보장법에 따른 퇴직금을 지급하여야 한다. 다만, 국가기관이나 지방자치단체에 근무하는 청원경찰의 퇴직금에 관하여는 따로 대통령령으로 정한다.
　　　　　　　　　　　　　　　　　　　　　　　　　　　(법 제7조의2)
　④ 국가기관 또는 지방자치단체에 근무하는 청원경찰의 각종 수당은 공무원 수당 등에 관한 규정에 따른 수당 중 가계보전수당, 실비변상 등으로 하며, 그 세부 항목은 경찰청장이 정하여 고시한다. (시행령 제9조)
　② 청원주는 다음 각 호의 어느 하나에 해당하게 되면 대통령령으로 정하는 바에 따라 청원경찰 본인 또는 그 유족에게 보상금을 지급하여야 한다. (법 제6조제3항)
　　1. 직무수행으로 인한 부상, 질병에 걸리거나 또는 사망한 경우
　　2. 직무상의 부상·질병으로 인해 퇴직하거나, 퇴직 후 2년 이내에 사망한 경우

24. ③ 25. ②

26. 청원경찰법령상 청원경찰의 보수산정에 관하여 그 배치된 사업장의 취업규칙에 특별한 규정이 없는 경우에 봉급 산정의 기준이 되는 경력에 불산입 되는 것으로 옳은 것은? (19회)

① 군복무한 경력
② 의무경찰에 복무한 경력
③ 청원경찰로 임용되어 근무한 경력
④ 지방자치단체에서 근무하는 청원경찰에 대해서는 지방자치단체에 비상근으로 근무한 경력

> **해설** 보수 산정시의 경력 인정 등 (시행령 제11조)
> • 사업장 취업규칙에 특별한 규정이 없을시, 다음 경력을 봉급산정기준 경력에 산입한다.
>   1. 청원경찰로 근무한 경력
>   2. 군 또는 의무경찰에 복무한 경력
>   3. 수위·경비원·감시원 또는 그 밖에 청원경찰과 비슷한 직무에 종사하던 사람이 해당사업장 청원주에 의해 청원경찰로 임용된 경우에는 그 직무종사 경력
>   4. 국가기관 또는 지방자치단체근무 청원경찰은 국가기관 또는 지방자치단체 상근(常勤) 근무경력

27. 청원경찰법령상 청원경찰의 봉급 산정의 기준이 되는 경력에 산입되지 않는 것은? (24회)

① 청원경찰로 근무한 경력
② 군 또는 의무경찰에 복무한 경력
③ 수위·경비원·감시원 또는 그 밖에 청원경찰과 비슷한 직무에 종사하던 사람이 해당 사업장의 청원주에 의하여 청원경찰로 임용된 경우에는 그 직무에 종사한 경력
④ 국가기관 또는 공공단체에서 근무하는 청원경찰에 대해서는 국가기관 또는 공공단체에서 비상근(非常勤)으로 근무한 경력

> **해설** ④ 국가기관 또는 지방자치단체근무 청원경찰은 국가기관 또는 자치단체 상근(常勤) 근무경력

28. 청원경찰법령상 경비의 부담과 고시 등에 관한 설명으로 옳지 않은 것은? (21회)

① 청원경찰의 피복비 및 교육비의 부담기준액은 시·도경찰청장이 정하여 고시한다.
② 부득이한 사유가 있는 경우를 제외하고, 청원경찰경비의 최저부담기준액 및 부담기준액은 순경의 것을 고려하여 다음 연도분을 매년 12월에 고시하여야 한다.
③ 청원경찰의 교육비는 청원주가 해당 청원경찰의 입교 3일 전에 해당 경찰교육기관에 낸다.
④ 청원주는 청원경찰이 직무상의 질병으로 인하여 퇴직하게 되면 청원경찰 본인에게 보상금을 지급하여야 한다.

> **해설** ② 시행령 제12조 제2항, ③ 시행규칙 제8조 제3호, ④ 법 제7조 제1호,
> ① 청원경찰의 봉급·수당의 최저부담기준액(국가기관 또는 지방자치단체 근무 청원경찰 제외)과 피복비, 교육비의 부담기준액은 경찰청장이 정하여 고시한다. (법 제6조 제3항)

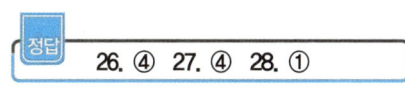

29. 청원경찰법령상 청원경찰경비 등에 관한 설명으로 옳지 않은 것은? (22회)

① 국가기관 또는 지방자치단체에 근무하는 청원경찰의 보수는 청원경찰법에서 정한 구분에 따라 같은 재직기간에 해당하는 경찰공무원의 보수를 감안하여 대통령령으로 정한다.
② 청원주의 청원경찰에 대한 봉급·수당의 최저부담기준액(국가기관 또는 지방자치단체에 근무하는 청원경찰의 봉급·수당은 제외한다)은 경찰청장이 정하여 고시(告示)한다.
③ 청원주는 청원경찰이 직무수행으로 인하여 부상을 입거나, 질병에 걸리거나 또는 사망한 경우 대통령령으로 정하는 바에 따라 청원경찰 본인 또는 그 유족에게 보상금을 지급하여야 한다.
④ 국가기관이나 지방자치단체에 근무하는 청원경찰의 퇴직금에 관하여는 행정안전부령으로 정한다.

> **해설** ① 법 제6조 제2항, ② 법 제6조 제3항, ③ 법 제7조
> ④ 청원주는 청원경찰이 퇴직할 때에는 「근로자퇴직급여 보장법」에 따른 퇴직금을 지급하여야 한다. 다만, 국가기관이나 지방자치단체에 근무하는 청원경찰의 퇴직금에 관하여는 따로 대통령령으로 정한다. (법 제7조의2)

30. 청원경찰법령상 청원경찰이 퇴직할 때 청원주에게 반납하여야 하는 것을 모두 고른 것은? (19회)

| ㄱ. 허리띠 | ㄴ. 근무복 | ㄷ. 방한화 | ㄹ. 호루라기 |
| ㅁ. 가슴표장 | ㅂ. 분사기 | ㅅ. 포승 | ㅇ. 기동복 |

① ㄱ, ㄷ, ㅁ, ㅇ
② ㄱ, ㅁ, ㅂ, ㅅ
③ ㄴ, ㄷ, ㄹ, ㅇ
④ ㄴ, ㄹ, ㅂ, ㅅ

> **해설** **청원경찰 대여품** (시행규칙 제12조 제2항 [별표3])
>
> | 품명 | 수량 | 비고 |
> |---|---|---|
> | 허리띠 | 1 | |
> | 경찰봉 | 1 | 청원경찰이 퇴직할 때에는 |
> | 가슴표장 | 1 | 청원주에게 반납하여야 한다. |
> | 분사기 | 1 | |
> | 포승 | 1 | |

31. 청원경찰법령상 급여품과 대여품에 관한 설명으로 옳지 않은 것은? (21회)

① 근무복과 기동화는 청원경찰에게 지급하는 급여품에 해당한다.
② 청원경찰에게 지급하는 대여품에는 허리띠, 경찰봉, 가슴표장, 분사기, 포승이 있다.
③ 급여품 중 호루라기, 방한화, 장갑의 사용기간은 2년이다.
④ 청원경찰이 퇴직할 때에는 급여품과 대여품을 청원주에게 반납하여야 한다.

29. ④ 30. ② 31. ④

↘ **해설** ①,③ 시행규칙 제12조 [별표2], ② 시행규칙 제12조 [별표3].
④ 청원경찰이 퇴직할 때에는 대여품을 청원주에게 반납하여야 한다. (시행규칙 제12조 제2항)

32. 청원경찰법령상 청원경찰이 퇴직할 때 청원주에게 반납해야 하는 것은? (17회)

① 장갑 ② 허리띠
③ 방한화 ④ 호루라기

↘ **해설** ①,③,④ 급여품으로 퇴직시 반납하지 않는다. (시행규칙 제12조 [별표2])
② 허리띠, 경찰봉, 가슴표장, 분사기, 포승은 대여품으로 퇴직시 반납한다. (시행규칙 제12조 [별표3])

33. 청원경찰법령상 청원경찰에게 지급하는 대여품에 해당하는 것은? (22회)

① 기동복 ② 가슴표장
③ 호루라기 ④ 정모

↘ **해설** ①,③,④ 급여품 (시행규칙 제12조 [별표2])
② 대여품 : 허리띠, 경찰봉, 가슴표장, 분사기, 포승 (시행규칙 제12조 [별표3])

34. 청원경찰법령상 청원경찰의 대여품에 해당하는 것은? (23회)

① 기동모 ② 방한화
③ 허리띠 ④ 근무복

↘ **해설** ①,②,④ 급여품에 해당한다. (시행규칙 제12조 [별표2])

정답 32. ② 33. ② 34. ③

보상금 (법 제7조)

- ◆ **보상금 지급사유** (본인 또는 유족 지급)
  - 직무수행으로 인한 부상, 질병에 걸리거나 또는 사망한 경우
  - 직무상의 부상·질병으로 인해 퇴직하거나, 퇴직 후 **2년 이내**에 사망한 경우
- ◆ 청원주는 보상금 지급이행을 위해 「산업재해보상보험법」에 따른 **산업재해보상보험가입**이나, 「근로기준법」에 따라 **보상금을 지급하기 위한 재원**을 따로 마련해야 한다.

퇴직금 (법 제7조의2)

- ◆ 국가기관·지방자치단체근무 청원경찰 : 대통령령으로 정한다
- ◆ 국가기관·지방자치단체근무外 청원경찰 : 「근로자퇴직급여 보장법」에 따른 퇴직금지급

청원경찰의 제복착용과 무기휴대 (법 제8조) (시행규칙 제10조)

- ◆ 청원경찰은 근무 중 제복을 착용 하여야 한다.
  - ※ 하복·동복의 착용 시기는 **사업장별 청원주가 결정, 착용시기 통일**
- ◆ 시·도경찰청장은 청원경찰이 직무수행에 필요하다고 인정되면 **청원주의 신청을 받아** 관할 경찰서장으로 하여금 청원경찰에게 무기를 대여하여 지니게 할 수 있다.
- ◆ 청원경찰의 복제와 무기휴대에 필요한 사항은 대통령령으로 정한다.

청원경찰의 복제 (시행령 제14조)

- ◆ 청원경찰의 복제는 **제복·장구 및 부속물**로 구분한다.
- ◆ 청원경찰의 **제복·장구 및 부속물**에 관하여 필요한 사항은 행정안전부령으로 정한다.
- ◆ 청원경찰이 배치지의 특수성 등으로 특수복장 착용 필요시, 청원주는 **시·도경찰청장의 승인**을 받아 특수복장을 착용하게 할 수 있다.

복제 (시행규칙 제9조)

- ◆ 제복·장구 및 부속물의 종류 및 제식
  - 제복 : 정모, 기동모(활동이 편한 모자), 근무복(하.동), 한여름 옷, 기동복, 점퍼, 비옷, 방한복, 외투, 단화, 기동화, 방한화
  - 장구 : 허리띠, 경찰봉, 호루라기 및 포승 (장구의 형태·규격 및 재질은 경찰장구와 같이 한다.)
  - 부속물 : 모자표장, 가슴표장, 휘장, 계급장, 넥타이핀, 단추 및 장갑

◆ 근무 시 복장 및 휴대장구
- 평상근무 시 : 정모, 근무복, 단화, 호루라기, 경찰봉 및 포승 (총기 미휴대시 **분사기휴대**)
- 교육훈련, 특수근무 : 기동모, 기동복, 기동화 및 휘장
  (허리띠와 경찰봉은 착용.휴대하지 않을 수 있다)

◆ 제복의 형태 · 규격 및 재질은 청원주가 결정, 경찰·군인제복 색상과 명확히 구별, **사업장별 통일** (기동모, 기동복색상은 진한 청색)

신분증명서 (시행규칙 제11조)

◆ 청원경찰 신분증명서는 청원주가 발행, 형식은 **청원주가 결정**, 사업장별 통일해야 한다.
◆ 청원경찰은 근무 중에는 항상 신분증명서를 휴대하여야 한다.

분사기 휴대 (시행령 제15조)

청원주는 「총포·도검·화약류 등의 안전관리에 관한 법률」에 따른 분사기의 **소지허가**를 받아 청원경찰로 하여금 그 분사기를 휴대하여 직무를 수행하게 할 수 있다.

무기휴대 (시행령 제16조)

◆ 청원주는 청원경찰이 휴대할 무기를 대여 받으려는 경우에는 관할 **경찰서장을 거쳐** 시·도 경찰청장에게 무기대여를 신청하여야 한다.
◆ 신청 받은 시·도경찰청장은 청원주로부터 국가에 **기부 채납된 무기에 한정**하여 관할 **경찰서장**으로 하여금 무기를 대여하여 휴대하게 할 수 있다.
◆ 무기 대여 시 관할 경찰서장은 청원경찰 무기관리상황을 **수시로 점검**하여야 한다.
◆ **청원주 및 청원경찰**은 행정안전부령으로 정하는 **무기관리수칙을 준수**하여야 한다.

무기관리 수칙 (시행규칙 제16조)

◆ 무기와 탄약을 대여 받은 청원주의 무기관리

- 경찰청장이 정하는 무기·탄약 출납부 및 무기장비 운영카드를 갖추두고 기록해야 한다.
- 무기·탄약관리책임자를 지정하고 관할 경찰서장에게 그 사실을 통보해야 한다.
- 무기고 및 탄약고는 단층에 설치하고 환기·방습·방화 및 총받침대 등의 시설을 갖추어야 한다.
- 탄약고는 무기와 떨어진 곳에 설치하고 그 위치는 사무실이나 여러 사람을 수용하거나 여러 사람이 오고 가는 시설로부터 격리되어야 한다.
- 무기고와 탄약고에 이중 잠금장치를 하고 열쇠는 관리책임자가 보관하되, 근무시간 이후에는 숙직책임자에게 인계하여 보관시켜야 한다.
- 청원주는 경찰청장이 정하는 바에 따라 매월 무기와 탄약의 관리 실태를 파악, 다음달 3일까지 관할 경찰서장에게 통보하여야 한다.
- 청원주는 무기와 탄약이 분실·도난·빼앗기거나 훼손 등의 사고발생시 지체 없이 그 사유를 관할 경찰서장에게 통보
- 청원주는 무기·탄약의 분실·도난·빼앗기거나 또는 훼손시 경찰청장이 정하는 바에 따라 전액배상 (전시·사변·천재지변, 그 밖의 불가항력적인 사유가 있다고 시·도경찰청장 인정 시 예외)

◆ 청원주가 청원경찰에게 무기와 탄약 출납시 준수사항

- 무기와 탄약 출납시 무기·탄약 출납부에 출납사항을 기록해야 한다.
- 소총탄약은 1정당 15발 이내, 권총탄약은 1정당 7발 이내 출납 (생산후 오래된 탄약 우선 출납)
- 청원경찰에게 지급한 무기와 탄약은 매주 1회 이상 손질하게 하여야 한다.
- 수리가 필요한 무기는 목록과 무기장비 운영카드를 첨부하여 관할 경찰서장에게 수리를 요청할 수 있다.
- ※ 관할 경찰서장의 지시에 따라 출납 탄약의 수를 증감할 수 있고, 무기·탄약 출납중지 및 무기·탄약을 회수하여 집중관리 할 수 있다.

◆ 청원주로부터 무기탄약을 지급받은 청원경찰의 준수사항

- 무기지급, 반납, 인수인계시에는 반드시 "앞에 총"자세에서 "검사 총"을 해야 한다.
- 별도 지시 없으면 무기와 탄약을 분리휴대하고, 소총은 "우로 어깨 걸어 총", 권총은 "권총집에 넣어 총" 자세를 유지하여야 한다.
- 지급받은 무기는 다른 사람에게 보관 또는 휴대하게 할 수 없으며 손질을 의뢰할 수 없다.
- 무기를 손질하거나 조작할 때에는 반드시 총구를 공중으로 향하게 하여야 한다.
- 무기와 탄약을 반납할 때에는 손질을 철저히 하여야 한다.
- 근무시간 이후에는 무기와 탄약을 청원주에게 반납하거나 교대근무자에게 인계하여야 한다.

◆ 무기·탄약 지급불허 및 회수대상 (시행규칙 제16조 제4항)

- 직무상 비위로 징계대상이 된 사람
- 형사사건으로 조사대상이 된 사람
- 사직의사를 밝힌 사람

- 치매, 조현병, 조현정동장애, 양극성 정동장애(**조울병**), 재발성 우울장애 등의 정신질환으로 무기와 탄약의 휴대가 적합하지 않다는 해당분야 전문의가 인정한 사람
- 위의 규정 중 어느 하나에 준하는 사유로 무기와 탄약을 지급하기에 적합하지 않다고 인정되는 사람

◆ 청원주가 무기·탄약을 지급하지 않거나 회수한 때에는 결정통지서를 작성하여 **지체 없이** 해당 청원경찰에게 통지하여야 한다. 다만, 지급한 무기와 탄약의 신속한 회수가 필요하다고 인정되는 경우에는 무기와 탄약을 먼저 회수한 후 통지서를 내줄 수 있다.

◆ 청원주가 무기·탄약을 지급하지 않거나 회수한 경우 **7일 이내**에 관할 경찰서장에게 결정 통보서를 작성하여 통보해야 한다.

◆ 결정통지서를 통보 받은 관할 경찰서장은 통보받은 날부터 **14일 이내**에 무기·탄약의 지급 제한 또는 회수의 적정성을 판단하기 위해 현장을 방문하여 해당 청원경찰의 의견을 청취하고 필요한 조치를 할 수 있다.

◆ 청원주는 지급불허 및 회수사유가 소멸하게 된 때에는 청원경찰에게 무기와 탄약을 지급할 수 있다.

○ 감 독 (법 제9조의3) (시행령 제17조)

◆ 청원주는 **항상** 소속 청원경찰의 근무상황을 감독하고 근무수행에 필요한 교육을 해야 한다.
◆ 시·도경찰청장은 청원경찰의 효율적 운영을 위해 **청원주를 지도, 감독상 필요한 명령**을 할 수 있다.
◆ 관할 경찰서장은 **매달 1회 이상** 청원경찰을 배치한 경비구역에 대하여 **복무규율**과 **근무상황**, **무기관리** 및 **취급사항**을 감독하여야 한다.

○ 감독자의 지정 (시행규칙 제19조)

◆ **2인** 이상의 청원경찰 배치사업장 청원주는 청원경찰의 지휘·감독을 위해 청원경찰 중에서 **유능한자**를 선정 감독자로 지정하여야 한다.

◆ 감독자 지정기준 [규칙 별표 4]

근무인원	직급별 지정기준		
	대장	반장	조장
9명 까지			1명
10명 이상 29명 이하		1명	2~3명
30명 이상 40명 이하		1명	3~4명
41명 이상 60명 이하	1명	2명	6명
61명 이상 120명 이하	1명	4명	12명

기출문제

1. 청원경찰법령상 청원경찰의 복제에 관한 설명으로 옳지 않은 것은? (18회)

① 부속물에는 모자표장, 가슴표장, 휘장, 계급장, 넥타이핀, 단추 및 장갑이 있다.
② 제복의 형태·규격 및 재질은 청원주가 결정하되, 경찰공무원 또는 군인 제복의 색상과 명확하게 구별될 수 있어야 하며, 사업장별로 통일하여야 한다.
③ 청원경찰이 그 배치지의 특수성 등으로 특수복장을 착용할 필요가 있을 때에는 청원주는 시·도경찰청장의 승인을 받아 특수복장을 착용하게 할 수 있다.
④ 장구의 종류에는 허리띠, 경찰봉, 권총이 있다.

해설 ① 시행규칙 제9조 제2항 제3호, ② 시행규칙 제9조 제2항 제1호, ③ 시행령 제14조 제3항,
④ 장구의 종류에는 허리띠, 경찰봉, 호루라기 및 포승이 있다. (시행규칙 제9조 제1항 제2호)

2. 청원경찰법령상 청원경찰의 복제(服制) 등에 관한 설명으로 옳지 않은 것은? (19회)

① 청원경찰의 복제는 제복·장구(裝具) 및 부속물로 구분하며 필요한 사항은 대통령령으로 정한다.
② 청원주 및 청원경찰은 행정안전부령으로 정하는 무기관리 수칙을 준수하여야 한다.
③ 청원경찰이 특수복장을 착용할 필요가 있을 때 청원주는 시·도경찰청장의 승인을 받아 착용하게 할 수 있다.
④ 시·도경찰청장이 무기를 대여하여 휴대하게 하려는 경우에는 청원주로부터 국가에 기부 채납된 무기에 한정하여 관할 경찰서장으로 하여금 청원경찰에게 무기를 대여하여 휴대하게 할 수 있다.

해설 ② 시행령 제16조 제4항, ③ 시행령 제14조 제3항, ④ 시행령 제16조 제2항,
① 청원경찰의 제복·장구 및 부속물에 관하여 필요한 사항은 행정안전부령으로 정한다.
(시행령 제14조 제2항)

3. 청원경찰법령상 청원경찰의 복제(服制)에 관한 설명으로 옳은 것은? (20회)

① 청원경찰의 복제는 제복·장구 및 부속물로 구분하며, 이 가운데 모자표장, 계급장, 장갑 등은 부속물에 해당한다.
② 청원주는 청원경찰이 특수복장을 착용할 필요가 있을 때에는 관할 경찰서장에게 보고하고 특수복장을 착용하게 할 수 있다.
③ 청원경찰의 제복의 형태·규격 및 재질은 시·도경찰청장이 결정하되, 사업장별로 통일하여야 한다.
④ 청원경찰은 특수근무 중에는 정모, 근무복, 단화, 호루라기, 경찰봉 및 포승을 착용하거나 휴대하여야 한다.

정답 1. ④ 2. ① 3. ①

→해설 ② 청원경찰이 그 배치지의 특수성 등으로 특수복장을 착용할 필요가 있을 때에는 청원주는 관할 시·도 경찰청장의 승인을 받아 특수복장을 착용하게 할 수 있다.(시행규칙 제9조 제2항)
③ 제복의 형태·규격 및 재질은 청원주가 결정하되, 경찰공무원 또는 군인 제복의 색상과 명확하게 구별될 수 있어야 하며, 사업장별로 통일하여야 한다.(시행규칙 제9조 제2항 제1호)
④ 청원경찰은 평상근무 중에는 정복, 근무복, 단화, 호루라기, 경찰봉 및 포승을 착용하거나 휴대하여야 하고, 총기를 휴대하지 아니할 때에는 분사기를 휴대하여야 하며, 교육훈련이나 그 밖의 특수근무 중에는 기동복, 기동모, 기동화 및 휘장을 착용하거나 부착하되, 허리띠와 경찰봉은 착용하거나 휴대하지 아니할 수 있다. (시행규칙 제9조 제3항)
① 시행령 제14조, 시행규칙 제9조 제1항 제3호

4. 청원경찰법령상 청원경찰의 복제(服制)와 무기 휴대에 관한 설명으로 옳지 않은 것은? (21회)

① 시·도경찰청장은 청원경찰이 직무를 수행하기 위하여 필요하다고 인정하면 청원주의 신청을 받아 관할 경찰서장으로 하여금 청원경찰에게 무기를 대여하여 지니게 할 수 있다.
② 청원경찰이 특수복장을 착용할 필요가 있을 때에는 청원주는 관할 경찰서장의 승인을 받아 특수복장을 착용하게 할 수 있다.
③ 청원주에게 무기를 대여하였을 때에는 관할 경찰서장은 청원경찰의 무기관리 상황을 수시로 점검하여야 한다.
④ 청원경찰은 평상근무 중에는 정모, 근무복, 단화, 호루라기, 경찰봉 및 포승을 착용하거나 휴대하여야 한다.

→해설 ① 법 제8조 제2항, ③ 시행령 제16조 제3항, ④ 시행규칙 제9조 제3항
② 청원경찰이 그 배치지의 특수성 등으로 특수복장을 착용할 필요가 있을 때에는 청원주는 시·도경찰청장의 승인을 받아 특수복장을 착용하게 할 수 있다. (시행령 제14조 제3항)

5. 청원경찰법령상 청원경찰의 복제에 관한 설명으로 옳은 것은? (23회)

① 청원경찰의 기동모와 기동복의 색상은 진한 청색으로 한다.
② 청원경찰은 평상근무 중에는 정모, 근무복, 단화, 호루라기를 착용하거나 휴대하여야 하고, 경찰봉 및 포승은 휴대하지 아니할 수 있다.
③ 청원경찰이 그 배치지의 특수성 등으로 특수복장을 착용할 필요가 있을 때에는 청원주는 관할 경찰서장의 승인을 받아 특수복장을 착용하게 할 수 있다.
④ 청원경찰 장구의 종류는 경찰봉, 호루라기, 수갑 및 포승이다.

→해설 ② 청원경찰은 평상근무 중에는 정모, 근무복, 단화, 호루라기, 경찰봉 및 포승을 착용하거나 휴대하여야 하고, 교육훈련 중이나 그 밖의 특수근무 중에는 기동모, 기동복, 기동화 및 휘장을 착용하거나 부착하되, 허리띠와 경찰봉은 착용하거나 휴대하지 아니할 수 있다. (시행규칙 제9조 제3항)
③ 청원경찰이 배치지의 특수성 등으로 특수복장 착용 필요가 있을 때에는 청원주는 시·도경찰청장의 승인을 받아 특수복장을 착용하게 할 수 있다. (시행령 제14조 제3항)
④ 청원경찰 장구의 종류는 허리띠, 경찰봉, 호루라기, 포승이다. (시행규칙 제9조 제1항 제2호)
① 시행규칙 제9조 제2항 제1호

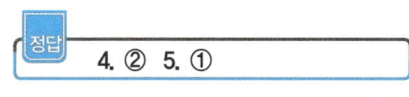

정답 4. ② 5. ①

6. 청원경찰법령에 관한 설명으로 옳지 않은 것은? (20회)

① 청원경찰의 신분증명서는 청원주가 발행하며, 그 형식은 시·도경찰청장이 결정한다.
② 청원주는 소속 청원경찰에게 그 직무집행에 필요한 교육을 매월 4시간 이상 하여야 한다.
③ 청원경찰이 퇴직할 때에는 대여품을 청원주에게 반납하여야 한다.
④ 청원경찰은 국내 주재 외국기관에도 배치될 수 있다.

> **해설** ② 시행규칙 제13조 제1항, ③ 시행규칙 제12조 제2항, ④ 법 제2조 제2호.
> ① 청원경찰의 신분증명서는 청원주가 발행하며, 그 형식은 청원주가 결정하되, 착용시기를 통일하여야 한다.
> (시행규칙 제11조 제1항)

7. 청원경찰법령상 분사기 및 무기의 휴대에 관한 내용으로 옳은 것은? (14회)

① 시·도경찰청장은 청원경찰의 직무수행을 위하여 필요하다고 인정하면 청원주의 신청을 받아 관할 경찰서장으로 하여금 청원경찰에게 무기를 대여하여 지니게 할 수 있다.
② 청원경찰로 하여금 분사기를 휴대하여 직무를 수행하게 하고자 하는 경우 청원주는 「총포·도검·화약류 등의 안전관리에 관한 법률」에 따라 관할 경찰서장에게 소지신고를 하여야 한다.
③ 관할 경찰서장이 대여할 수 있는 무기는 청원주가 국가에 기부채납한 무기에 한하지 않는다.
④ 청원주가 무기와 탄약을 출납하려는 경우 청원주는 청원경찰에게 지급한 무기와 탄약을 월2회 손질하게 하여야 한다.

> **해설** ② 청원주는 「총포·도검·화약류 등의 안전관리에 관한 법률」에 따른 분사기의 소지허가를 받아 청원경찰로 하여금 그 분사기를 휴대하여 직무를 수행하게 할 수 있다. (시행령 제15조)
> ③ 신청 받은 시·도경찰청장은 청원주로부터 국가에 기부 채납된 무기에 한정하여 관할 경찰서장으로 하여금 무기를 대여하여 휴대하게 할 수 있다. (시행령 제16조 제2항)
> ④ 청원주가 무기와 탄약을 출납하려는 경우 청원주는 청원경찰에게 지급한 무기와 탄약을 매주 1회 이상 손질하게 하여야 한다. (시행규칙 제16조 제2항 제3호)
> ① 법 제8조 제2항

8. 청원경찰법령상 청원경찰의 분사기 및 무기휴대에 관한 설명으로 옳은 것은? (20회)

① 관할 경찰서장은 대여한 청원경찰의 무기관리 상황을 월 1회 이상 점검하여야 한다.
② 청원경찰은 정상근무 중에 총기를 휴대하지 아니할 때에는 분사기를 휴대하여야 한다.
③ 청원주는 「위험물안전관리법」에 따른 분사기의 소지허가를 받아 청원경찰로 하여금 그 분사기를 휴대하여 직무를 수행하게 할 수 있다.
④ 관할 경찰서장은 청원경찰이 직무를 수행하기 위하여 필요하다고 인정하면 직권으로 청원경찰에게 무기를 대여하여 지니게 할 수 있다.

정답 6. ① 7. ① 8. ②

해설 ① 무기를 대여하였을 때에는 관할 경찰서장은 대여한 청원경찰의 무기관리 상황을 수시로 점검하여야 한다.
(시행령 제16조 제3항)
③ 청원주는 「총포·도검 화약류 등의 안전관리에 관한 법률」에 따른 분사기의 소지허가를 받아 청원경찰로 하여금 그 분사기를 휴대하여 직무를 수행하게 할 수 있다. (시행령 제15조)
④ 시·도경찰청장은 청원경찰이 직무를 수행하기 위하여 필요하다고 인정하면 청원주의 신청을 받아 관할경찰서장으로 하여금 청원경찰에게 무기를 대여하여 지니게 할 수 있다. (법 제8조 제2항)
② 시행규칙 제9조 제3항

9. 청원경찰법령상 청원경찰의 무기휴대 등에 관한 설명으로 옳은 것은? (16회)

① 청원주는 청원경찰이 직무를 수행하기 위하여 필요하다고 인정하면 관할 경찰서장으로 하여금 청원경찰에게 무기를 대여하여 지니게 할 수 있다.
② 청원주는 청원경찰에게 지급한 무기와 탄약을 매월 1회 이상 손질하게 해야 한다.
③ 시·도경찰청장이 무기를 대여하여 휴대하게 하려는 경우에는 청원주로부터 국가에 기부채납된 무기에 한정하여 관할 경찰서장으로 하여금 무기를 대여하여 휴대하게 할 수 있다.
④ 청원경찰에게 무기를 대여하였을 때에는 시·도경찰청장은 청원경찰의 무기관리 상황을 수시로 점검해야 한다.

해설 ① 시·도경찰청장은 청원경찰이 직무를 수행하기 위하여 필요하다고 인정하면 청원주의 신청을 받아 관할 경찰서장으로 하여금 청원경찰에게 무기를 대여하여 지니게 할 수 있다. (법 제8조 제2항)
② 청원주는 청원경찰에게 지급한 무기와 탄약을 매주 1회 이상 손질하게 하여야 한다.
(시행규칙 제16조 제2항 제3호)
④ 무기를 대여하였을 때에는 관할 경찰서장은 청원경찰의 무기관리 상황을 수시로 점검해야 한다.
(시행령 제16조 제3항)
③ 시행령 제16조 제2항

10. 청원경찰법령상 무기관리수칙에 관한 설명으로 옳지 않은 것은? (18회)

① 청원주는 대여 받은 무기와 탄약이 분실·도난·빼앗기거나 훼손되는 등의 사고가 발생하였을 때에는 지체 없이 그 사유를 지방자치단체장에게 통보하여야 한다.
② 청원주가 무기와 탄약을 대여 받았을 때에는 경찰청장이 정하는 무기·탄약 출납부 및 무기장비운영카드를 갖춰두고 기록하여야 한다.
③ 청원주는 수리가 필요한 무기가 있을 때에는 그 목록과 무기장비운영카드를 첨부하여 관할 경찰서장에게 수리를 요청할 수 있다.
④ 청원주는 직무상 비위로 징계대상이 된 청원경찰에게 무기와 탄약을 지급해서는 아니 되며, 지급한 무기와 탄약은 회수하여야 한다.

해설 ② 시행규칙 제16조 제1항 제1호, ③ 시행규칙 제2항 제4호, ④ 시행규칙 제16조 제4항 제1호
① 청원주는 대여 받은 무기와 탄약이 분실·도난·빼앗기거나 훼손되는 등의 사고가 발생하였을 때에는 지체 없이 그 사유를 관할 경찰서장에게 통보하여야 한다. (시행규칙 제16조 제1항 제7호)

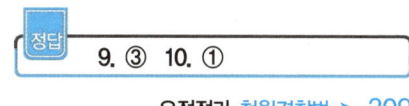

정답 9. ③ 10. ①

11. 청원경찰법령상 청원주의 무기관리수칙에 관한 설명으로 옳은 것은? (20회)

① 탄약고는 무기고와 떨어진 곳에 설치하고, 그 위치는 사무실이나 그 밖에 여러 사람을 수용하거나 여러 사람이 오고 가는 시설로부터 인접해 있어야 한다.
② 무기와 탄약을 대여 받았을 때에는 시·도경찰청장이 정하는 무기·탄약 출납부 등을 갖춰 두고 기록하여야 한다.
③ 대여 받은 무기와 탄약이 분실되거나 도난당하거나 빼앗기거나 훼손되는 등의 사고가 발생하였을 때에는 지체 없이 그 사유를 관할 경찰관서장에게 통보하여야 한다.
④ 청원경찰에게 지급한 무기와 탄약은 매월 1회 이상 손질하게 하여야 한다.

> **해설** ① 탄약고는 무기고와 떨어진 곳에 설치하고, 그 위치는 사무실이나 그 밖에 여러 사람을 수용하거나 여러 사람이 오고 가는 시설로부터 격리되어야 한다.(시행규칙 제16조 제1항 제4호)
> ② 청원주가 무기와 탄약을 대여 받았을 때에는 경찰청장이 정하는 무기·탄약 출납부 및 무기장비 운영카드를 갖춰 두고 기록하여야 한다.(시행규칙 제16조 제1항 제1호)
> ④ 청원경찰에게 지급한 무기와 탄약은 매주 1회 이상 손질하게 하여야 한다.(시행규칙 제16조 제2항 제3호)
> ③ 시행규칙 제16조 제1항 제7호

12. 청원경찰법령상 청원주의 무기관리수칙에 관한 설명으로 옳지 않은 것은? (24회)

① 청원주가 무기와 탄약을 대여받았을 때에는 경찰청장이 정하는 무기·탄약 출납부 및 무기장비 운영카드를 갖춰 두고 기록하여야 한다.
② 청원주는 무기와 탄약의 관리를 위하여 관리책임자를 지정하고 관할 경찰서장에게 그 사실을 통보하여야 한다.
③ 무기고와 탄약고에는 이중 잠금장치를 하고, 열쇠는 숙직책임자가 보관하되, 근무시간 이후에는 관리책임자에게 인계하여 보관시켜야 한다.
④ 청원주는 경찰청장이 정하는 바에 따라 매월 무기와 탄약의 관리 실태를 파악하여 다음달 3일까지 관할 경찰서장에게 통보하여야 한다.

> **해설** ① 시행규칙 제16조 제1항 제1호, ② 시행규칙 제16조 제1항 제2호, ④ 시행규칙 제16조 제1항 제6호,
> ③ 무기고와 탄약고에는 이중 잠금장치를 하고, 열쇠는 관리책임자가 보관하되, 근무시간 이후에는 숙직책임자에게 인계하여 보관시켜야 한다.(시행규칙 제16조 제1항 제5호)

13. 청원경찰법령상 청원경찰의 복제와 무기휴대에 관한 설명으로 옳지 않은 것은? (15회)

① 시·도경찰청장은 청원경찰이 직무를 수행하기 위하여 필요하다고 인정하면 청원주의 신청을 받아 관할 경찰서장으로 하여금 청원경찰에게 무기를 대여하여 지니게 할 수 있다.
② 청원주가 청원경찰이 휴대할 무기를 대여 받으려는 경우에는 관할 경찰서장을 거쳐 시·도경찰청장에게 무기대여를 신청해야 한다.
③ 청원주는 대여받은 무기와 탄약이 분실·도난·빼앗기거나 훼손되는 등의 사고가 발생하였을 때에는 지체 없이 그 사유를 관할 군부대장에게 통보해야 한다.
④ 청원주로부터 무기와 탄약을 지급받은 청원경찰은 무기를 인계인수할 때에는 반드시 "앞에 총" 자세에서 "검사 총"을 해야 한다.

정답 11. ③ 12. ③ 13. ③

▶해설 ① 법 제8조 제2항, ② 시행령 제16조 제1항, ④ 시행규칙 제16조 제3항 제1호
③ 청원주는 대여받은 무기와 탄약이 분실·도난·빼앗기거나 훼손되는 등의 사고가 발생하였을 때에는 지체 없이 그 사유를 관할 경찰서장에게 통보해야 한다. (시행규칙 제16조 제1항 제7호)

14. 청원경찰법령상 청원주가 무기와 탄약을 지급해서는 아니 되는 청원경찰로 명시된 자는?

(16회)

① 민사소송의 피고로 소송 계류 중인 사람
② 사직의사를 밝힌 사람
③ 주벽(酒癖)이 심한 사람
④ 변태적 성벽(性癖)이 있는 사람

▶해설 **무기·탄약 지급불허 및 회수대상** (시행규칙 제16조 제4항)
- 직무상 비위로 징계대상이 된 사람
- 형사사건으로 조사대상이 된 사람
- 사직의사를 밝힌 사람
- 치매, 조현병, 조현정동장애, 양극성 정동장애(조울병), 재발성 우울장애 등의 정신질환으로 무기와 탄약의 휴대가 적합하지 않다는 해당분야 전문의가 인정한 사람
- 위의 규정 중 어느 하나에 준하는 사유로 무기와 탄약을 지급하기에 적합하지 않다고 인정되는 사람

15. 청원경찰법령상 청원주가 청원경찰에 대하여 무기 및 탄약을 지급하여서는 아니 되며, 지급된 경우 회수하여야 하는 경우는 모두 몇 개인가?

(14회)

> ㄱ. 변태적 성벽(性癖)이 있는 사람
> ㄴ. 주벽(酒癖)이 심한 사람
> ㄷ. 직무상 비위(非違)로 징계 대상이 된 사람
> ㄹ. 평소에 불평이 심하고 염세적인 사람
> ㅁ. 형사사건으로 조사 대상이 된 사람

① 2개　　② 3개
③ 4개　　④ 5개

▶해설 ㄱ, ㄴ, ㄹ. 2022.11.10. 개정으로 삭제된 내용임

16. 청원경찰법령상 청원주가 무기와 탄약을 지급할 수 있는 청원경찰은?

(18회)

① 직무상 비위(非違)로 징계 대상이 된 사람
② 사직의사를 밝힌 사람
③ 형사사건으로 조사대상이 된 사람
④ 근무 중 휴대전화를 자주 사용하는 사람

▶해설 ④ 무기·탄약 지급불허 및 회수대상의 대상이 아니다.

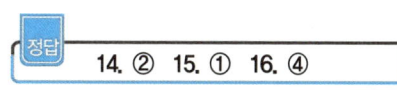

17. 청원경찰법령상 청원주가 무기와 탄약을 지급해서는 아니 되는 사람을 모두 고른 것은?

(23회)

> ㄱ. 형사사건으로 조사 대상이 된 사람
> ㄴ. 사직의사를 밝힌 사람
> ㄷ. 평소에 불평이 심하고 염세적인 사람
> ㄹ. 직무상 비위로 징계대상이 된 사람

① ㄱ, ㄷ
② ㄱ, ㄴ, ㄹ
③ ㄴ, ㄷ, ㄹ
④ ㄱ, ㄴ, ㄷ, ㄹ

▶해설 ㄷ. 2022.11.10. 개정으로 삭제된 내용임

18. 청원경찰법령상 무기관리수칙에 관한 설명으로 옳지 않은 것은?

(17회)

① 청원주는 청원경찰에게 지급한 무기와 탄약을 매주 1회 이상 손질하게 하여야 한다.
② 청원주는 사의(辭意)를 밝힌 청원경찰에게 무기와 탄약을 지급해서는 안 된다.
③ 청원주는 수리가 필요한 무기가 있을 때에는 그 목록과 무기장비 운영카드를 첨부하여 관할 시·도경찰청장에게 수리를 요청할 수 있다.
④ 청원경찰은 무기를 지급받거나 반납할 때 또는 인계인수할 때에는 반드시 '앞에 총' 자세에서 '검사 총'을 하여야 한다.

▶해설 ① 시행규칙 제16조 제2항 제3호, ② 시행규칙 제16조 제4항 제3호, ④ 시행규칙 제16조 제3항 제1호
③ 청원주는 수리가 필요한 무기가 있을 때에는 그 목록과 무기장비 운영카드를 첨부하여 관할 경찰서장에게 수리를 요청할 수 있다. (시행규칙 제16조 제2항 제4호)

19. 청원경찰법령상 청원주로부터 무기 및 탄약을 지급받은 청원경찰의 무기관리수칙에 관한 내용으로 옳은 것을 모두 고른 것은?

(14회)

> ㄱ. 지급받은 무기는 다른 사람에게 보관하거나 휴대시킬 수 없으며 손질을 의뢰할 수 없다.
> ㄴ. 무기와 탄약을 지급받았을 때에는 별도의 지시가 없으면 무기와 탄약을 분리하여 휴대하여야 하며, 소총은 "우로 어깨 걸어 총"의 자세를 유지하고, 권총은 "권총집에 넣어 총"의 자세를 유지하여야 한다.
> ㄷ. 무기를 손질 또는 조작할 때에는 반드시 총구를 바닥으로 향하여야 한다.
> ㄹ. 무기를 지급받거나 반납할 때 또는 인계인수할 때에는 반드시 "검사 총" 자세 이후 "앞에 총"을 하여야 한다.

① ㄱ, ㄴ
② ㄱ, ㄹ
③ ㄴ, ㄷ
④ ㄷ, ㄹ

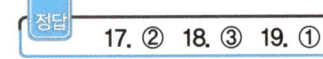

정답 17. ② 18. ③ 19. ①

> **해설 무기탄약을 지급받은 청원경찰의 준수사항** (시행규칙 제16조 제3항)
>
> - 무기지급, 반납, 인수인계시에는 반드시 "앞에 총"자세에서 "검사 총"을 해야 한다.
> - 별도 지시 없으면 무기와 탄약을 분리휴대 하여야 하며, 소총은 "우로 어깨 걸어 총", 권총은 "권총집에 넣어 총" 자세를 유지
> - 지급받은 무기는 다른 사람에게 보관 또는 휴대하게 할 수 없으며 손질을 의뢰할 수 없다.
> - 무기를 손질하거나 조작할 때에는 반드시 총구를 공중으로 향하게 하여야 한다.
> - 무기와 탄약을 반납할 때에는 손질을 철저히 하여야 한다.
> - 근무시간 이후에는 무기와 탄약을 청원주에게 반납하거나 교대근무자에게 인계

20. 청원경찰법령상 무기와 탄약을 지급받은 청원경찰의 준수사항으로 옳지 않은 것은? (21회)

① 무기를 지급받거나 반납할 때 또는 인계인수할 때에는 반드시 "앞에 총" 자세에서 "검사 총"을 하여야 한다.
② 무기와 탄약을 지급받았을 때에는 별도의 지시가 없으면 무기와 탄약을 분리하여 휴대하여야 한다.
③ 지급받은 무기는 다른 사람에게 보관 또는 휴대하게 할 수 없으며 손질을 의뢰할 수 없다.
④ 근무시간 이후에는 무기와 탄약을 관리책임자에게 반납하여야 한다.

> **해설 청원주로부터 무기탄약을 지급받은 청원경찰의 준수사항** (시행규칙 제16조 제3항)
> - 무기지급, 반납, 인수인계시에는 반드시 "앞에 총"자세에서 "검사 총"을 해야 한다.
> - 별도 지시 없으면 무기와 탄약을 분리휴대 하여야 하며, 소총은 "우로 어깨 걸어 총", 권총은 "권총집에 넣어 총" 자세를 유지
> - 지급받은 무기는 다른 사람에게 보관 또는 휴대하게 할 수 없으며 손질을 의뢰할 수 없다.
> - 무기를 손질하거나 조작할 때에는 반드시 총구를 공중으로 향하게 하여야 한다.
> - 무기와 탄약을 반납할 때에는 손질을 철저히 하여야 한다.
> - 근무시간 이후에는 무기와 탄약을 청원주에게 반납하거나 교대근무자에게 인계하여야 한다.

21. 청원경찰법령상 청원경찰의 효율적인 운영을 위하여 청원주를 지도하며 감독상 필요한 명령을 할 수 있는 자는? (24회)

① 경찰서장
② 시·도경찰청장
③ 지구대장 또는 파출소장
④ 경찰청장

> **해설**
> - 시·도경찰청장은 청원경찰의 효율적 운영을 위해 청원주를 지도, 감독상 필요한 명령을 할 수 있다.
>   (법 제9조의3 제2항)
> - 관할 경찰서장은 매달 1회 이상 청원경찰을 배치한 경비구역에 대하여 복무규율과 근무상황, 무기관리 및 취급사항을 감독하여야 한다. (시행령 제17조)
>
> (출제자는 청원경찰법 제9조의3 제2항을 정답으로 출제하였으나, 시행령 제17조를 고려하지 않은 관계로 ①, ②를 복수정답 처리함)

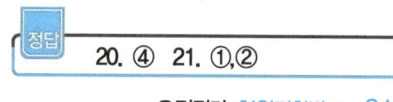

20. ④ 21. ①,②

22. 청원경찰법령상 청원경찰의 지휘·감독을 위한 감독자 지정기준에 관한 설명으로 옳지 않은 것은? (17회)

① 근무인원이 9명인 경우 반장 1명을 지정하여야 한다.
② 근무인원이 30명인 경우 반장 1명, 조장 3~4명을 지정하여야 한다.
③ 근무인원이 60명인 경우 대장 1명, 반장 2명, 조장 6명을 지정하여야 한다.
④ 근무인원이 100명인 경우 대장 1명, 반장 4명, 조장 12명을 지정하여야 한다.

해설 감독자 지정기준 (시행규칙 제19조 제2항 [별표4])

근무인원	직급별 지정기준		
	대장	반장	조장
• 9명 까지			1명
• 10명 이상 29명 이하		1명	2~3명
• 30명 이상 40명 이하		1명	3~4명
• 41명 이상 60명 이하	1명	2명	6명
• 61명 이상 120명 이하	1명	4명	12명

23. 청원경찰법령상 사업장의 청원주가 감독자 지정기준에 의할 때 근무인원이 100명일 경우에 대장, 반장, 조장의 인원을 순서대로 나열한 것은? (19회)

① 0명, 1명, 4명
② 1명, 2명, 6명
③ 1명, 4명, 12명
④ 1명, 6명, 15명

해설 감독자 지정기준 (시행규칙 제19조 제2항 [별표4])

근무인원	직급별 지정기준		
	대장	반장	조장
• 9명 까지			1명
• 10명 이상 29명 이하		1명	2~3명
• 30명 이상 40명 이하		1명	3~4명
• 41명 이상 60명 이하	1명	2명	6명
• 61명 이상 120명 이하	1명	4명	12명

24. 청원경찰법령상 청원경찰의 배치 근무인원별 감독자 지정기준으로 옳지 않은 것은? (22회)

① 근무인원 7명: 조장 1명
② 근무인원 37명: 반장 1명, 조장 5명
③ 근무인원 57명: 대장 1명, 반장 2명, 조장 6명
④ 근무인원 97명: 대장 1명, 반장 4명, 조장 12명

해설 ② 근무인원 30명 이상 40명 이하 : 반장 1명, 조장 3~4명

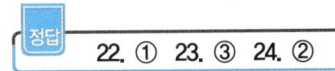

정답 22. ① 23. ③ 24. ②

25. 청원경찰법령상 감독자 지정기준에 관한 내용으로 옳은 것은? (23회)

① 근무인원이 10명 이상 29명 이하: 반장 1명, 조장 1명
② 근무인원이 30명 이상 40명 이하: 반장 1명, 조장 3~4명
③ 근무인원이 41명 이상 60명 이하: 대장 1명, 반장 2명, 조장 4~5명
④ 근무인원이 61명 이상 120명 이하: 대장 1명, 반장 3명, 조장 10명

해설 ① 조장 1명.
③ 대장 1명, 반장 2명, 조장 6명
④ 대장 1명, 반장 4명, 조장 12명

정답 25. ②

청원경찰의 신분 (시행령 제18조)

- 청원경찰은 「형법」이나 그 밖에 법령에 다른 벌칙을 적용하는 경우와 청원경찰법 및 시행령에 규정한 경우를 제외하고는 공무원으로 보지 않는다.

청원경찰의 근무요령 (시행규칙 제14조)

- 입초근무자 (자체경비) : 경비구역의 **정문**이나 그 밖의 **지정된 장소**에서 경비구역의 내부, 외부 및 출입자의 움직임 감시
- 소내근무자 (업무처리 및 자체경비) : 근무 중 특이사항 발생 시 **지체 없이** 청원주 또는 관할경찰서장에게 보고하고 지시를 따른다.

> ▷ **순찰의 종류**
> - 정선순찰 - 정해진 노선을 규칙적으로 도보로 순찰
> - 요점순찰 - 순찰구역내 지정된 중요지점을 순찰
> - 난선순찰 - 임의로 순찰지역이나 노선을 선정하여 불규칙적으로 순찰
> - 기타순찰
>   - 역선순찰 : 동선을 역으로 순찰
>   - 복선순찰 : 정선과 난선을 동시에 순찰
>   - 구역순찰 : 소구역을 정해 자율적으로 순찰

- 순찰근무자 : 청원주가 지정한 일정한 구역 순회하며 경비임무수행. 순찰은 단독 또는 복수로 **정선순찰**을 하되, 청원주가 필요하다고 인정시, **요점순찰 또는 난선순찰**을 할 수 있다.
- 대기근무자 : 소내근무에 협조하거나 휴식하면서 불의의 사고에 대비한다.

경비전화의 가설 (시행규칙 제20조)

관할 경찰서장은 **청원주의 신청**에 따라 경비를 위해 필요 인정시, 청원경찰이 배치된 사업장에 경비전화를 가설할 수 있다. 경비전화 가설 시 **소요비용은 청원주 부담**

쟁의행위의 금지 (법 제9조의4)

청원경찰은 파업, 태업 또는 그 밖에 업무의 정상적인 운영을 방해하는 일체의 쟁의행위를 하여서는 아니 된다.

직권남용 금지 등 (법 제10조)

◆ 청원경찰이 직무를 수행할 때 **직권을 남용**하여 국민에게 해를 끼친 경우에는 **6개월 이하의 징역이나 금고**에 처한다.
◆ 청원경찰은 「형법」이나 그 밖의 법령에 따른 벌칙을 적용할 때에는 공무원으로 본다.

청원경찰의 불법행위에 대한 배상책임 (법 제10조의2)

청원경찰(국가기관·자치단체 근무 청원경찰 제외)의 직무상 불법행위에 대한 배상책임은 **민법** 규정을 따른다.

권한의 위임 (법 제10조의3) (시행령 제20조)

◆ 시·도경찰청장의 권한은 그 **일부를** 대통령령에 따라 관할 경찰서장에게 위임할 수 있다.
◆ 시·도경찰청장이 관할 경찰서장에게 위임하는 권한(하나의 경찰서 관할구역內 사업장 한정)
 · 청원경찰 **배치의 결정 및 요청**에 관한 권한
 · 청원경찰의 **임용승인**에 관한 권한
 · 청원주에 대한 **지도 및 감독상 필요한 명령**에 관한 권한
 · **과태료 부과·징수**에 관한 권한

의사에 반한 면직 (법 제10조의4)

◆ 청원경찰은 **형의선고, 징계처분 또는 신체상·정신상의 이상**으로 직무를 감당치 못할 때를 제외하고는 그 의사에 반하여 면직되지 아니 한다.
◆ 청원주가 청원경찰 면직 시, 관할 경찰서장을 거쳐 시·도경찰청장에게 보고해야 한다.

당연퇴직 사유 (법 제10조의 6)

◆ 임용결격사유에 해당될 때
 1. 파산선고를 받고 복권되지 아니한 자 중
  파산선고를 받은 사람으로서 「채무자 회생 및 파산에 관한 법률」에 따라 신청기한 내에 면책신청을 하지 아니하였거나 면책불허가 결정 또는 면책 취소가 확정된 경우만 해당
 2. 금고 이상의 형의 선고유예를 받고 그 선고유예 기간 중에 있는 자 중
  다음의 죄를 범한 사람으로서 금고 이상의 형의 선고유예를 받은 경우만 해당

- 수뢰죄, 사전수뢰죄, 제삼자뇌물제공죄, 수뢰후부정처사죄, 사후수뢰죄, 알선수뢰죄
  (형법 제129조~132조)
- 「성폭력범죄의 처벌 등에 관한 특례법」 제2조
- 「아동·청소년의 성보호에 관한 법률」 제2조 제2호

◆ 청원경찰의배치가 폐지되었을 때
◆ 나이가 60세가 되었을 때(1월~6월은 6월 30일, 7월~12월은 12월 31일)

휴직 및 명예퇴직 (법 제10조의7)

◆ 국가기관·자치단체 근무 청원경찰의 휴직 및 명예퇴직은 「**국가공무원법**」준용
◆ 본인의사에 反하여 임용권자가 휴직을 명하는 사유 (국가공무원법 제71조제1항, 제72조)

사 유	휴 직 기 간
• 신체·정신상의 이유로 장기요양이 필요할 때	1년(1년 연장 가능) 공무상 질병·부상 3년(2년 연장 가능)
• 병역복무를 마치기 위해 징집 또는 소집된 때	복무기간이 끝날 때까지
• 천재지변, 전시·사변, 그 밖의 사유로 생사 또는 소재가 불명확하게 된 때	3개월 이내
• 법률·규정에 따른 의무수행을 위해 직무이탈 시	복무기간이 끝날 때까지
• 공무원 노동조합 전임자로 종사하게 된 때	전임기간

◆ 본인 원에 의한 휴직사유 (국가공무원법 제71조제2항, 제72조)

사 유	휴 직 기 간
• 국제기구, 외국기관, 국내외 대학, 연구기관, 다른 국가기관 또는 대통령령으로 정하는 민간기업, 그 밖의 기관에 임시채용된 때	채용기간 (민간기업, 그 밖의 기관채용은 3년)
• 국외 유학을 하게 된 때	3년 이내 (2년 범위 연장가능)
• 중앙인사 관장 기관의 장이 지정하는 연구기관·교육기관 연수	2년 이내
• 만8세 이하(취학초등2년 이하)자녀 양육, 女공무원 임신, 출산	자녀1명, 3년 이내
• 사고·질병 등 장기요양 필요한 조부모, 부모(배우자 부모포함), 배우자, 자녀, 손자녀 간호 필요한 때	1년 이내 (재직기간 3년 초과금지)
• 외국에서 근무·유학 또는 연수하게 된 배우자 동반	전임기간
• 5년 이상 재직공무원이 직무관련 연구과제 수행 또는 자기 개발을 위한 학습, 연구 등을 하게 된 때	1년 이내

휴직의 효력 (국가공무원법 제73조)

- 휴직중인 공무원은 **신분은 보유**하나 직무에 종사하지 못 한다.
- 휴직기간 중 그 사유가 없어지면 **30일 이내**에 임용권자 또는 임용제청권자에게 신고해야 하며, 임용권자는 **지체 없이** 복직을 명해야 한다.
- 휴직기간이 끝난 공무원이 **30일 이내**에 복귀신고 하면 당연히 복직된다.

명예퇴직 등 (국가공무원법 제74조의 2)

- 공무원으로 **20년 이상 근속**자가 정년 전 스스로 퇴직 시, 예산범위內 명예퇴직수당 지급
- **직제, 정원개폐 또는 예산감소 등**에 따라 폐직 또는 감원 시, 20년 미만 근속자가 정년 전에 스스로 퇴직하면 예산범위內 수당을 지급할 수 있다.
- 명예퇴직수당 환수사유
  - 재직 중의 사유로 **금고 이상의 형**을 받은 경우
  - 대통령령으로 정하는 **공무원으로 재임용** 시
  - 수당을 **초과지급** 받았거나, **지급대상이 아닌 자**가 수당을 받은 경우

벌 칙 (법 제11조)

- 법 제9조의4를 위반하여 파업, 태업 또는 그 밖에 업무의 정상적인 운영을 방해하는 쟁의행위를 한 사람은 **1년 이하의 징역 또는 1천만원 이하의 벌금**에 처한다.

과태료 (법 제12조)

- 다음의 어느 하나에 해당하는 자는 **500만원 이하의 과태료**를 부과한다.
  - 시·도경찰청장의 배치결정 받지 않고 청원경찰 배치, 시·도경찰청장의 승인받지 않고 청원경찰을 임용한 자
  - 정당한 사유 없이 경찰청장 고시 **최저부담기준액** 이상의 보수를 지급치 아니한 자.
  - 시·도경찰청장의 **지도·감독상 필요한 명령**을 정당한 사유 없이 이행치 않은 청원주
- 과태료는 대통령령으로 정하는 바에 따라 **시·도경찰청장이 부과·징수**
- 경찰서장은 과태료처분을 하였을 때에는 과태료부과 및 징수사항을 별지 9호 서식의 과태료수납부에 기록하고 정리하여야 한다 (규칙 제24조)

과태료의 부과기준 (시행령 제21조, 별표2)

위 반 행 위	과태료 금액
• 시·도경찰청장의 배치결정을 받지 않고 청원경찰 배치한 경우	
• 국가 중요시설(국정원장 지정 국가보안목표시설)인 경우	500만원
• 국가중요시설 外의 시설인 경우	400만원
• 시·도경찰청장의 승인을 받지 않고 청원경찰을 임용한 경우	
• 임용결격사유에 해당하는 청원경찰	500만원
• 임용결격사유에 해당하지 않는 청원경찰	300만원
• 정당한 사유 없이 경찰청장 고시 최저부담기준액 이상의 보수 미지급	500만원
• 시·도경찰청장의 청원주에 대한 지도·감독상 필요한 명령을 정당한 사유 없이 이행하지 않은 경우	
• 총기·실탄 및 분사기에 관한 명령	500만원
• 〃 外의 명령	300만원

◆ 시도경찰청장은 **위반행위의 동기, 내용 및 위반의 정도 등**을 고려, 과태료 금액의 50/100의 범위에서 그 금액을 줄이거나 늘릴 수 있다.
다만, 늘리는 경우에는 법 제12조제1항에 따른 과태료 금액(500만원)을 초과할 수 없다.

과태료에 대한 이의제기 (질서행위 규제법 제20조)

◆ 과태료 부과에 불복하는 당사자는 과태료 부과통지서를 받은 날부터 **60일 이내**에 해당 행정청에 **서면으로 이의제기**를 할 수 있다.
◆ 이의제기가 있는 경우 행정청의 과태료 부과처분은 그 **효력을 상실**
◆ 당사자는 행정청으로부터 통지를 받기 전까지 행정청에 대해 **서면으로** 이의제기 철회가능

가산금 징수 및 체납처분 등 (질서행위 규제법 제24조)

◆ 행정청은 당사자가 납부기한內 과태료 미납시, 납부기한 경과한 날부터 체납된 과태료의 **3/100의 가산금**부과, 매 **1개월경과 시마다 12/1000의 중가산금**부과(중가산금징수 60개월 초과금지)
◆ 행정청은 당사자가 기간 내에 이의를 제기하지 않고 가산금을 납부하지 않을 때는 **국세 또는 지방세 체납처분의 예에** 따라 징수

민감정보 및 고유식별정보의 처리 (시행령 제20조의2)

시·도경찰청장 또는 경찰서장은 사무를 수행하기 위해 불가피한 경우 「개인정보보호법」에 규정된 **건강에 관한 정보, 범죄경력자료, 주민등록번호, 외국인등록번호** 포함자료를 처리할 수 있다.

▶ 해당사무
- 청원경찰의 **임용, 배치 등 인사관리**에 관한 사무
- 청원경찰의 **제복착용 및 무기휴대**에 관한 사무
- **청원주에 대한 지도·감독**에 관한 사무
- 위의 규정에 따른 사무를 수행하기 위하여 필요한 사무

문서와 장부의 비치 (시행규칙 제17조)

※ 문서와 장부의 서식은 **경찰관서 사용서식** 준용

청원주	관할경찰서장	시·도경찰청장
1. 청원경찰 명부	1. 청원경찰 명부	1. 배치결정 관계철
2. 교육훈련 실시부	2. 교육훈련 실시부	2. 청원경찰 임용승인 관계철
3. 근무일지	3. 전출·입관계철	3. 전출·입 관계철
4. 근무 상황카드	4. 감독순시부	4. 그 밖에 청원경찰운영에 필요한 문서·장부
5. 경비구역 배치도	5. 무기·탄약 대여대장	
6. 순찰표철	6. 징계요구서철	
7. 무기·탄약 출납부	7. 그 밖에 청원경찰운영에 필요한 문서·장부	
8. 무기장비 운영카드		
9. 봉급지급 조서철		
10. 신분증명서 발급대장		
11. 징계관계철		
12. 청원경찰 직무교육계획서		
13. 급여품 및 대여품대장		
14. 그 밖에 청원경찰운영에 필요한 문서·장부		

제출서류 처리기한

- ◆ 청원경찰 배치 (폐지, 감축) 통보서 → **즉시**
- ◆ 청원경찰 배치신청서 → **7일**
- ◆ 청원경찰 무기대여 신청서 → **7일**
- ◆ 청원경찰 임용승인 신청서 → **15일**

기출문제

1. 청원경찰법령상 청원경찰의 직무에 관한 설명으로 옳지 않은 것은? (14회)

① 청원경찰은 청원주와 배치된 기관 시설 또는 사업장 등의 구역을 관할하는 경찰서장의 감독을 받는다.
② 청원경찰은 재직 중은 물론 퇴직 후에도 직무상 알게된 비밀을 엄수하여야 한다.
③ 순찰은 요점 순찰을 하되, 청원주가 필요하다고 인정할 때에는 정선순찰 또는 난선순찰을 할 수 있다.
④ 자체경비를 하는 입초근무자는 경비구역의 정문이나 그 밖의 지정된 장소에서 경비구역의 내부, 외부 및 출입자의 움직임을 감시한다.

> **해설** ① 법 제3조 제1항, ② 법 제5조 제4항 (국가공무원법 제60조 준용), 시행규칙 제14조 제1항
> ③ 순찰은 단독 또는 복수로 정선순찰을 하되, 청원주가 필요하다고 인정할 때에는 요점순찰 또는 난선순찰을 할 수 있다. (시행규칙 제14조 제3항)

2. 청원경찰법령상 청원경찰의 근무요령에 관한 설명으로 옳은 것은? (16회)

① 대기근무자는 소내근무에 협조하거나 휴식하면서 불의의 사고에 대비한다.
② 소내근무자는 근무 중 특이한 사항이 발생하였을 때에는 지체 없이 관할 시·도경찰청장에게 보고하고 그 지시에 따라야 한다.
③ 순찰근무자는 요점순찰(要點巡察) 또는 난선순찰(亂線巡察)을 하되, 청원주가 필요하다고 인정할 때에는 정선순찰(定線巡察)을 할 수 있다.
④ 소내근무자는 경비구역의 정문이나 그 밖의 지정된 장소에서 경비구역의 내부, 외부 및 출입자의 움직임을 감시한다.

> **해설** ② 업무처리 및 자체경비를 하는 소내근무자는 근무 중 특이한 사항이 발생하였을 때에는 지체 없이 청원주 또는 관할 경찰서장에게 보고하고 그 지시에 따라야 한다. (시행규칙 제14조 제2항)
> ③ 순찰은 단수 또는 복수로 정선순찰을 하되, 청원주가 필요하다고 인정할 때에는 요점순찰 또는 난선순찰을 할 수 있다. (시행규칙 제14조 제3항)
> ④ 자체경비를 하는 입초근무자는 경비구역의 정문이나 그 밖의 지정된 장소에서 경비구역의 내부 및 출입자의 움직임을 감시한다. (시행규칙 제14조 제1항)
> ① 시행규칙 제14조 제4항

3. 청원경찰법령상 근무요령 중 "업무처리 및 자체경비를 하며 근무 중 특이한 사항이 발생하였을 때에는 지체 없이 청원주 또는 관할 경찰서장에게 보고하고 그 지시에 따라야 하는" 근무자는 누구인가? (17회)

① 입초근무자   ② 순찰근무자
③ 소내근무자   ④ 대기근무자

> 정답 1. ③ 2. ① 3. ③

↘**해설** **청원경찰의 근무요령** (시행규칙 제14조)
- **입초근무자** (자체경비) : 경비구역의 정문이나 그 밖의 지정된 장소에서 경비구역의 내부, 외부 및 출입자의 움직임 감시
- **소내근무자** (업무처리 및 자체경비) : 근무 중 특이사항 발생 시 지체 없이 청원주 또는 관할 경찰서장에게 보고하고 지시를 따른다.
- **순찰근무자** : 청원주가 지정한 일정한 구역 순회하며 경비임무수행. 순찰은 단독 또는 복수로 정선순찰을 하되, 청원주가 필요 인정시, 요점순찰 또는 난선순찰을 할 수 있다.
- **대기근무자** : 소내근무에 협조하거나 휴식하면서 불의의 사고에 대비한다.

4. 청원경찰법령상 청원경찰의 근무요령에 관한 설명으로 옳지 않은 것은? (21회)

① 대기근무자는 소내근무자에 협조하거나 휴식하면서 불의의 사고에 대비한다.
② 자체경비를 하는 입초근무자는 경비구역의 정문이나 그 밖의 지정된 장소에서 경비구역의 내부, 외부 및 출입자의 움직임을 감시한다.
③ 업무처리 및 자체경비를 하는 소내근무자는 근무 중 특이한 사항이 발생하였을 때에는 지체 없이 청원주 또는 관할 경찰서장에게 보고하고 그 지시에 따라야 한다.
④ 순찰근무자는 청원주가 지정한 일정한 구역을 요점순찰을 하되, 청원주가 필요하다고 인정할 때에는 정선순찰을 할 수 있다.

↘**해설** ④ 순찰근무자는 청원주가 지정한 일정한 구역을 순회하며 경비임무를 수행한다. 순찰은 단독 또는 복수로 정선순찰을 하되, 청원주가 필요하다고 인정할 때에는 요점순찰 또는 난선순찰을 할 수 있다.
(시행규칙 제14조 제3항)

5. 청원경찰법령상 청원경찰의 근무요령으로 옳지 않은 것은? (23회)

① 자체경비를 하는 입초근무자는 경비구역의 정문이나 그 밖의 지정된 장소에서 경비구역의 내부, 외부 및 출입자의 움직임을 감시한다.
② 업무처리 및 자체경비를 하는 소내근무자는 근무 중 특이한 사항이 발생하였을 때에는 지체 없이 청원주 또는 관할 경찰서장에게 보고하고 그 지시에 따라야 한다.
③ 대기근무자는 소내근무에 협조하거나 휴식하면서 불의의 사고에 대비한다.
④ 순찰근무자는 단독 또는 복수로 요점순찰(要點巡察)을 하되, 청원주가 필요하다고 인정할 때에는 정선순찰(定線巡察) 또는 난선순찰(亂線巡察)을 할 수 있다.

↘**해설** 청원주가 지정한 일정한 구역 순회하며 경비임무를 수행한다. 순찰은 단독 또는 복수로 정선순찰을 하되, 청원주가 필요 인정시, 요점순찰 또는 난선순찰을 할 수 있다. (시행규칙 제14조 제3항)

정답 4. ④ 5. ④

6. 청원경찰법령상 청원경찰의 근무요령에 관한 설명으로 옳은 것은? (24회)

① 소내근무자는 근무 중 특이한 사항이 발생하였을 때에는 지체 없이 청원주 또는 시·도 경찰청장에게 보고하고 그 지시에 따라야 한다.
② 대기근무자는 입초근무에 협조하거나 휴식하면서 불의의 사고에 대비한다.
③ 순찰근무자는 청원주가 지정한 일정한 구역을 단독 또는 복수로 난선순찰을 하되, 청원주가 필요하다고 인정할 때에는 정선순찰 또는 요점순찰을 할 수 있다.
④ 입초근무자는 경비구역의 정문이나 그 밖의 지정된 장소에서 경비구역의 내부, 외부 및 출입자의 움직임을 감시한다.

해설 ① 업무처리 및 자체경비를 하는 소내근무자는 근무 중 특이사항 발생하였을 때에는 지체 없이 청원주 또는 관할 경찰서장에게 보고하고 그 지시를 따른다. (시행규칙 제14조 제2항)
② 대기근무자는 소내근무에 협조하거나 휴식하면서 불의의 사고에 대비한다. (시행규칙 제14조 제4항)
③ 순찰근무자는 청원주가 지정한 일정한 구역을 단독 또는 복수로 정선순찰을 하되, 청원주가 필요하다고 인정할 때에는 요점순찰 또는 난선순찰을 할 수 있다. (시행규칙 제14조 제3항)
④ 시행규칙 제14조 제1항

7. 청원경찰법령상 청원경찰의 신분 및 근무 등에 관한 설명으로 옳지 않은 것은? (16회)

① 청원경찰은 형법이나 그 밖의 법령에 따른 벌칙을 적용할 때에는 공무원으로 본다.
② 국가기관에 근무하는 청원경찰의 직무상 불법행위에 대한 배상책임에 관하여는 민법의 규정을 적용해야 한다.
③ 청원경찰이 직무를 수행할 때 직권을 남용하여 국민에게 해를 끼친 경우에는 6개월 이하의 징역이나 금고에 처한다.
④ 청원경찰은 형의 선고, 징계처분 또는 신체상·정신상의 이상으로 직무를 감당하지 못할 때를 제외하고는 그 의사에 반하여 면직되지 아니한다.

해설 ① 법 제10조 제2항, ③ 법 제10조 제1항, ④ 법 제10조의4 제1항
② 청원경찰(국가기관 또는 지방자치단체에 근무하는 청원경찰은 제외)의 직무상 불법행위에 대한 배상책임에 관하여는 민법의 규정을 따른다. (법 제10조의2)

8. 청원경찰법령상 청원경찰의 근무 등에 관한 설명으로 옳지 않은 것은? (19회)

① 청원경찰은 형법에 따른 벌칙을 적용할 때에는 공무원으로 간주하지 않는다.
② 청원경찰은 근무 중에는 행정안전부령이 정하는 제복을 착용하여야 한다.
③ 청원경찰이 직무수행시에 직권을 남용하여 국민에게 해를 끼친 경우에는 6개월 이하의 징역이나 금고에 처한다.
④ 시·도경찰청장은 직무수행에 필요하면 청원주의 신청을 받아 관할 경찰서장으로 하여금 청원경찰에게 무기를 대여하여 지니게 할 수 있다.

해설 ② 법 제8조 제1항, ③ 법 제10조 제1항, ④ 법 제8조 제2항.
① 청원경찰업무에 종사하는 사람은 「형법」이나 그 밖의 법령에 따른 벌칙을 적용할 때에는 공무원으로 본다. (법 제10조 제2항)

6. ④ 7. ② 8. ①

9. 청원경찰에 관한 설명으로 옳지 않은 것은? (18회)

① 청원경찰 업무에 종사하는 사람은 형법이나 그 밖의 법령에 따른 벌칙을 적용할 때에는 공무원으로 본다.
② 국가기관이나 지방자치단체에 근무하는 청원경찰의 직무상 불법행위에 대한 배상책임에 관하여는 민법의 규정을 따른다.
③ 청원경찰법에 따른 시·도경찰청장의 권한은 그 일부를 대통령령으로 정하는 바에 따라 관할 경찰서장에게 위임할 수 있다.
④ 청원경찰이 직무를 수행할 때 직권을 남용하여 국민에게 해를 끼친 경우에는 6개월 이하의 징역이나 금고에 처한다.

해설 ① 법 제10조 제2항, ③ 법 제10조의3, ④ 법 제10조 제1항
② 청원경찰(국가기관이나 지방자치단체에 근무하는 청원경찰은 제외한다)의 직무상 불법행위에 대한 배상책임에 관하여는 민법의 규정을 따른다. (법 제10조의2)

10. 청원경찰법령상 관할 경찰서장에게 위임할 수 있는 시·도경찰청장의 권한이 아닌 것은? (14회)

① 청원경찰 배치의 결정 및 요청
② 청원경찰의 임용승인
③ 청원경찰의 징계처분 요청
④ 청원경찰법상 과태료 부과·징수

해설 시·도경찰청장이 관할 경찰서장에게 위임하는 권한 (하나의 경찰서 관할구역內 사업장 한정)
• 청원경찰 배치의 결정 및 요청에 관한 권한
• 청원경찰의 임용승인에 관한 권한
• 청원주에 대한 지도 및 감독상 필요한 명령에 관한 권한
• 과태료 부과·징수에 관한 권한
③은 원래 관할 경찰서장의 권한이다.

11. 청원경찰법령에 관한 내용으로 옳지 않은 것은? (14회)

① 청원경찰 업무에 종사하는 사람은 형법이나 그 밖의 법령에 따른 벌칙을 적용할 때에는 공무원으로 본다.
② 경비업법에 따른 경비업자가 중요 시설의 경비를 도급받았을 때에는 시·도경찰청장은 그 사업장에 배치된 청원경찰의 근무 배치 및 감독에 관한 권한을 해당 경비업자에게 위임할 수 있다.
③ 청원경찰을 배치하고 있는 사업장이 하나의 경찰서의 관할구역에 있는 경우 시·도경찰청장은 청원주에 대한 지도 및 감독상 필요한 명령에 관한 권한을 관할 경찰서장에게 위임한다.
④ 관할 경찰서장은 매달 1회 이상 청원경찰을 배치한 경비구역에 대하여 복무규율과 근무상황, 무기의 관리 및 취급 사항을 감독하여야 한다.

해설 ① 법 제10조 제2항, ③ 시행령 제20조 제3호, ④ 시행령 제17조
② 경비업법에 따른 경비업자가 중요시설의 경비를 도급받았을 때에는 청원주는 그 사업장에 배치된 청원경찰의 근무배치 및 감독에 관한 권한을 해당 경비업자에게 위임할 수 있다. (시행령 제19조 제1항)

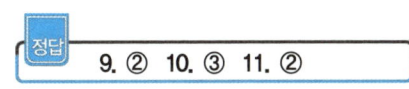

12. 청원경찰법령상 배상책임과 권한의 위임에 관한 설명으로 옳은 것은? (19회)

① 시·도경찰청장은 청원경찰의 임용승인에 관한 권한을 대통령령으로 관할 경찰서장에게 위임할 수 있다.
② 경비업자가 중요시설의 경비를 도급받았을 때에는 청원주는 그 사업장에 배치된 청원경찰의 근무배치 및 감독에 관한 권한을 해당 경비업자에게 위임할 수 없다.
③ 공기업에 근무하는 청원경찰의 직무상 불법행위로 인한 배상책임은 국가배상법에 의한다.
④ 국가기관에 근무하는 청원경찰의 직무상 불법행위로 인한 배상책임에 관하여는 민법의 규정에 의한다.

> **해설** ② 경비업법에 따른 경비업자가 중요시설의 경비를 도급받았을 때에는 청원주는 사업장 배치 청원경찰의 근무배치 및 감독에 관한 권한을 해당 경비업자에게 위임할 수 있다. (시행령 제19조 제1항)
> ③④ 청원경찰(국가기관, 자치단체 청원경찰 제외)의 직무상 불법행위에 대한 배상책임은 민법 규정을 따른다. (법 제10조의2)
> ① 법 제10조의3, 시행령 제20조 제2호

13. 청원경찰법령상 청원경찰의 직무 등에 관한 설명으로 옳지 않은 것은? (20회)

① 「경찰관직무집행법」에 따른 직무 외의 수사활동 등 사법경찰관리의 직무를 수행해서는 아니 된다.
② 청원경찰 업무에 종사하는 사람은 「형법」이나 그 밖의 법령에 따른 벌칙을 적용할 때에는 공무원으로 본다.
③ 청원경찰이 직무를 수행할 때에 직권을 남용하여 국민에게 해를 끼친 경우에는 6개월 이하의 징역이나 금고에 처한다.
④ 관할 경찰서장은 매달 2회 이상 청원경찰의 복무규율과 근무 상황을 감독하여야 한다.

> **해설** ① 시행규칙 제21조 제2항, ② 법 제10조 제2항, ③ 법 제10조 제1항
> ④ 관할 경찰서장은 매달 1회 이상 청원경찰을 배치한 경비구역에 대하여 다음 각 호의 사항을 감독하여야 한다. (시행령 제17조)
>   1. 복무규율과 근무 상황
>   2. 무기의 관리 및 취급사항

14. 청원경찰법령상 청원경찰의 신분 및 직무수행에 관한 설명으로 옳지 않은 것은? (20회)

① 청원경찰은 파업, 태업 또는 그 밖에 업무의 정상적인 운영을 방해하는 일체의 쟁의행위를 하여서는 아니 된다.
② 국가기관에 근무하는 청원경찰의 직무상 불법행위에 대한 배상책임은 「민법」의 규정을 따른다.
③ 청원경찰은 형의 선고, 징계처분 또는 신체상·정신상의 이상으로 직무를 감당하지 못할 때를 제외하고는 그 의사에 반하여 면직되지 아니 한다.
④ 청원경찰의 근무구역 순찰은 단독 또는 복수로 정선순찰을 하되, 청원주가 필요하다고 인정할 때에는 요점순찰 또는 난선순찰을 할 수 있다.

12. ① 13. ④ 14. ②

해설 ① 법 제9조의4
③ 법 제10조의4
④ 시행규칙 제14조 제3항
② 청원경찰(국가기관이나 지방자치단체 근무하는 청원경찰은 제외한다)의 직무상 불법행위에 대한 배상책임은 「민법」의 규정을 따른다. (법 제10조의2)

15. 청원경찰법령의 내용으로 옳은 것은? (21회)

① 청원주는 항상 소속 청원경찰의 근무상황을 감독하고, 근무 수행에 필요한 교육을 하여야 한다.
② 청원경찰 업무에 종사하는 사람은 「형법」에 따른 벌칙을 적용할 때에도 공무원으로 보지 않는다.
③ 청원경찰(국가기관이나 지방자치단체에 근무하는 청원경찰은 제외)의 직무상 불법행위에 대한 배상책임에 관하여는 「국가배상법」의 규정을 따른다.
④ 청원경찰이 직무를 수행할 때 직권을 남용하여 국민에게 해를 끼친 경우에는 6개월 이하의 금고나 구류에 처한다.

해설 ② 청원경찰 업무에 종사하는 사람은 「형법」이나 그 밖의 법령에 따른 벌칙을 적용할 때에는 공무원으로 본다. (법 제10조 제2항)
③ 청원경찰(국가기관·지방자치단체 근무 청원경찰 제외)의 직무상 불법행위에 대한 배상책임에 관하여는 민법의 규정을 따른다. (법 제10조의2)
④ 청원경찰이 직무를 수행할 때 직권을 남용하여 국민에게 해를 끼친 경우에는 6개월 이하의 징역이나 금고에 처한다. (법 제10조 제1항)
① 법 제9조의3 제1항

16. 청원경찰을 배치한 A은행은 서울 서초구 서초동에 소재하고 있다. 이 경우 청원경찰법령상 서울특별시경찰청장이 서초경찰서장에게 위임할 수 있는 권한으로 옳지 않은 것은? (19회)

① 청원경찰 배치의 결정 및 요청에 관한 권한
② 청원경찰의 임용승인에 관한 권한
③ 청원주에 대한 지도 및 감독상 필요한 명령에 관한 권한
④ 청원경찰의 무기 대여 및 휴대에 관한 권한

해설 시·도경찰청장이 관할 경찰서장에게 위임하는 권한 (하나의 경찰서 관할구역內 사업장 한정) (시행령 제20조)
• 청원경찰 배치의 결정 및 요청에 관한 권한
• 청원경찰의 임용승인에 관한 권한
• 청원주에 대한 지도 및 감독상 필요한 명령에 관한 권한
• 과태료 부과·징수에 관한 권한

정답 15. ① 16. ④

17. 청원경찰법령에 관한 내용이다. ( ) 안에 들어갈 내용이 옳은 것은? (21회)

> 청원경찰은 형의 선고, 징계처분 또는 신체상·정신상의 이상으로 직무를 감당하지 못할 때를 제외하고는 그 의사에 반하여 ( )되지 아니한다.

① 파면 ② 감봉
③ 면직 ④ 견책

해설 청원경찰은 형의 선고, 징계처분 또는 신체상·정신상의 이상으로 직무를 감당하지 못할 때를 제외하고는 그 의사에 반하여 면직(免職)되지 아니한다. (법 제10조의4 제1항)

18. 청원경찰법령에 관한 설명으로 옳지 않은 것은? (22회)

① 청원경찰법은 1962년에 제정되었다.
② 청원경찰법은 청원경찰의 직무·임용·배치·보수·사회보장 및 그 밖에 필요한 사항을 규정함으로써 청원경찰의 원활한 운영을 목적으로 한다.
③ 청원경찰은 파업, 태업 또는 그 밖에 업무의 정상적인 운영을 방해하는 일체의 쟁의 행위를 하여서는 아니 된다.
④ 지방자치단체에 근무하는 청원경찰의 직무상 불법행위에 대한 배상책임에 관하여는 「민법」의 규정을 따른다.

해설 ① 청원경찰법은 1962.4.3. 제정, ② 법 제1조, ③ 법 제9조의4
④ 청원경찰(국가기관, 자치단체 청원경찰 제외)의 직무상 불법행위에 대한 배상책임은 민법의 규정을 따른다. (법 제10조의2)

19. 청원경찰법령상 청원경찰을 배치하고 있는 사업장이 하나의 경찰서의 관할구역에 있는 경우, 시·도경찰청장이 관할 경찰서장에게 위임하는 권한으로 명시되지 않은 것은? (22회)

① 청원경찰 배치의 결정 및 요청에 관한 권한
② 청원경찰의 임용승인에 관한 권한
③ 무기의 관리 및 취급사항을 감독하는 권한
④ 청원주에 대한 지도 및 감독상 필요한 명령에 관한 권한

해설 ③ 시·도경찰청장이 관할 경찰서장에게 위임하는 권한에 해당되지 않는다.

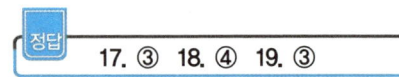

20. 청원경찰법령상 청원경찰에 관한 설명으로 옳지 않은 것은? (17회)

① 청원경찰은 「경찰관 직무집행법」에 따른 직무 외의 수사활동 등 사법경찰관리의 직무를 수행해서는 아니 된다.
② 청원경찰은 「형법」이나 그 밖의 법령에 따른 벌칙을 적용하는 경우를 제외하고는 공무원으로 본다.
③ 청원경찰이 직무를 수행할 때에는 경비 목적을 위하여 필요한 최소한의 범위에서 하여야 한다.
④ 청원경찰이 직무를 수행할 때에 「경찰관 직무집행법」 및 같은 법 시행령에 따라 하여야 할 모든 보고는 관할 경찰서장에게 서면으로 보고하기 전에 지체 없이 구두로 보고하고 그 지시에 따라야 한다.

해설 ① 규칙 제21조 제2항, ③ 규칙 제21조 제1항, ④ 규칙 제22조
② 청원경찰은 「형법」이나 그 밖의 법령에 따른 벌칙을 적용하는 경우와 청원경찰법 및 시행령에 규정한 경우를 제외하고는 공무원으로 보지 않는다. (시행령 제18조)

21. 청원경찰법령상 청원경찰의 퇴직과 면직에 관한 설명으로 옳은 것은? (22회)

① 국가기관이나 지방자치단체에 근무하는 청원경찰의 휴직 및 명예퇴직에 관하여는 「국가공무원법」 관련규정을 준용한다.
② 청원경찰은 65세가 되었을 때 당연 퇴직된다.
③ 청원경찰의 배치폐지는 당연 퇴직사유에 해당하지 않는다.
④ 청원주가 청원경찰을 면직시켰을 때에는 그 사실을 관할 시·도경찰청장을 거쳐 경찰청장에게 보고하여야 한다.

해설 ② 나이가 60세가 되었을 때 당연퇴직한다. (법 제10조의6 제3호)
(1월 ~ 6월 사이에 있으면 6월30일, 7월 ~ 12월 사이에 있으면 12월 31일)
③ 청원경찰의 배치가 폐지되었을 때 당연퇴직한다. (법 제10조의6 제2호)
④ 청원주가 청원경찰을 면직시켰을 때에는 그 사실을 관할 경찰서장을 거쳐 시·도경찰청장에게 보고하여야 한다. (법 제10조의4 제2항)
① 청원경찰법 제10조의7

22. 청원경찰법령상 청원경찰의 퇴직에 관한 설명으로 옳지 않은 것은? (24회)

① 임용결격사유에 해당될 때 당연 퇴직된다.
② 청원경찰의 배치가 폐지되었을 때 당연 퇴직된다.
③ 나이가 60세가 되었을 때 당연 퇴직된다.
④ 국가기관이나 지방자치단체에 근무하는 청원경찰의 명예퇴직에 관하여는 「경찰공무원법」을 준용한다.

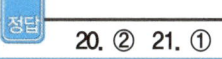
20. ② 21. ① 22. ①,④

↳**해설 당연퇴직 사유** (법 제10조의 6)
  • 임용결격사유에 해당될 때
    1. **파산선고를 받고 복권되지 아니한 자** 중
       파산선고를 받은 사람으로서 「채무자 회생 및 파산에 관한 법률」에 따라 신청기한 내에 면책신청을 하지 아니 하였거나 면책불허가 결정 또는 면책 취소가 확정된 경우만 해당
    2. **금고 이상의 형의 선고유예를 받고 그 선고유예 기간 중에 있는 자** 중
       다음의 죄를 범한 사람으로서 금고 이상의 형의 선고유예를 받은 경우만 해당
       • 수뢰죄, 사전수뢰죄, 제삼자뇌물제공죄, 수뢰후부정처사죄, 사후수뢰죄, 알선수뢰죄
                                                              (형법 제129조~132조)
       • 「성폭력범죄의 처벌 등에 관한 특례법」제2조, 「아동·청소년의 성보호에 관한 법률」제2조 제2호
       • 직무와 관련된 횡령 배임죄, 업무상의 횡령과 배임죄 (형법 제355조, 제356조)
       • 청원경찰의 배치가 폐지되었을 때
       • 나이가 60세가 되었을 때 (1월~6월은 6월30일, 7월~12월은 12월31일)
       ※ 국가기관, 자치단체 근무 청원경찰의 휴직 및 명예퇴직은 「국가공무원법」을 준용한다.
                                                              (법 제10조의7)

(출제자는 ④를 정답으로 출제하였으나, 시험당시 기준으로 ①의 임용결격사유 중 헌재 위헌결정으로 선고유예를 제외한다는 단서를 고려하지 않아 ①, ④ 복수정답 처리하였으나 시험 3일 후(2022.11.15.) 개정됨)

23. 청원경찰법령상 국가기관이나 지방자치단체에 근무하는 청원경찰 본인의 의사에도 불구하고 휴직을 명하여야 하는 경우가 아닌 것은?   (15회)

① 국외유학을 하게 된 때
② 신체·정신상의 장애로 장기 요양이 필요할 때
③ 병역법에 따른 병역 복무를 마치기 위하여 징집된 때
④ 천재지변 등의 사유로 생사가 불명확하게 된 때

↳**해설 본인의사에 反하여 임용권자가 휴직을 명하는 사유** (국가공무원법 제71조 제1항)

사유	휴직기간
• 신체·정신상의 이유로 장기요양이 필요할 때	• 1년 (1년 연장 가능) • 공무상질병, 부상 3년 (2년 연장 가능)
• 병역복무를 마치기 위해 징집 또는 소집된 때	복무기간이 끝날 때까지
• 천재지변, 전시·사변, 그 밖의 사유로 생사 또는 소재가 불명확하게 된 때	3개월 이내
• 법률·규정에 따른 의무수행을 위해 직무이탈 시	복무기간이 끝날 때까지
• 공무원 노동조합 전임자로 종사하게 된 때	전임기간

① 본인 원에 의한 휴직사유에 해당한다. (국가공무원법 제71조 제2항 제2호)

정답 23. ①

24. 청원경찰법령상 과태료의 부과기준금액이 가장 적은 것은? (단, 과태료의 경감이나 가중은 고려하지 않는다.) (15회)

① 시·도경찰청장의 승인을 받지 않고 임용 결격사유에 해당하는 청원경찰을 임용한 경우
② 시·도경찰청장의 배치 결정을 받지 않고 국가 중요 시설 외의 시설에 청원경찰을 배치한 경우
③ 정당한 사유 없이 경찰청장이 고시한 최저부담기준액 이상의 보수를 지급하지 않은 경우
④ 총기·실탄 및 분사기에 관한 시·도경찰청장의 감독상 필요한 명령을 정당한 사유 없이 이행하지 않은 경우

해설 과태료의 부과기준 (시행령 제21조)

위반행위	과태료 금액
• 시·도경찰청장의 배치결정을 받지 않고 청원경찰 배치한 경우 - 국가 중요시설(국정원장 지정 국가보안목표시설)인 경우 - 국가중요시설 外의 시설인 경우	500만원 400만원
• 시·도경찰청장의 승인을 받지 않고 청원경찰을 임용한 경우 - 임용결격사유에 해당하는 청원경찰 - 임용결격사유에 해당하지 않는 청원경찰	500만원 300만원
• 정당한 사유 없이 경찰청장 고시 최저부담기준액 이상의 보수 미지급	500만원
• 시·도경찰청장의 청원주에 대한 지도·감독상 필요한 명령을 정당한 사유 없이 이행하지 않은 경우 - 총기·실탄 및 분사기에 관한 명령 - 〃 外의 명령	500만원 300만원

25. 청원경찰법령상 벌칙 및 과태료에 관한 내용으로 옳지 않은 것은? (14회)

① 청원경찰이 직무를 수행할 때 직권을 남용하여 국민에게 해를 끼친 경우 6개월 이하의 징역이나 금고에 처한다.
② 정당한 사유 없이 경찰청장이 고시한 최저부담기준액 이상의 보수를 지급하지 아니한 청원주에게는 500만원 이하의 과태료를 부과한다.
③ 청원경찰이 파업, 태업 또는 그 밖에 업무의 정상적인 운영을 방해하는 쟁의행의를 하면 1년 이하의 징역 또는 1천만원 이하의 벌금에 처한다.
④ 청원경찰로서 직무에 관하여 거짓으로 보고하거나 통보하는 자에게는 500만원 이하의 과태료를 부과한다.

해설 ① 법 제10조, ② 시행령 제21조 제1항 [별표2], ③ 법 제11조
④ 법 제5조, 경찰공무원법 제24조(거짓보고 등의 의무) 위반으로 징계절차를 거쳐 징계처분하는 사유임.
(법 제5조의2 제1항)

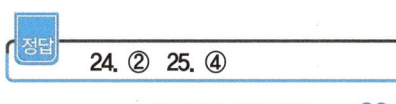

24. ② 25. ④

26. 청원경찰법상 500만원 이하의 과태료를 부과하는 대상이 아닌 자는? (17회)

① 시·도경찰청장의 배치결정을 받지 아니하고 청원경찰을 배치한 자
② 정당한 사유 없이 경찰청장이 고시한 최저부담기준액 이상의 보수를 지급하지 아니한 자
③ 시·도경찰청장의 감독상 필요한 명령을 정당한 사유 없이 이행하지 아니한 자
④ 청원경찰로서 직무에 관하여 허위로 보고한 자

> **해설** ①,②,③ 법 제12조 제1항
> ④ 청원경찰 복무에 관해 준용하는 허위(거짓)보고 금지 위반으로, 사안에 따라 징계절차를 거쳐 징계처분을 할 수 있으나 과태료 사항에 없다.

27. 청원경찰법 제12조(과태료) 제2항에 관한 규정이다. ( ) 안에 들어갈 내용으로 옳은 것은? (18회)

제 1항에 따른 과태료는 대통령령으로 정하는 바에 따라 ( )이(가) 부과·징수한다.

① 경찰청장 ② 시·도경찰청장
③ 지방자치단체장 ④ 청원주

> **해설** 과태료는 대통령령으로 정하는 바에 따라 <u>시·도경찰청장</u>이 부과·징수한다. (법 제12조 제2항)

28. 청원경찰법령상 청원주의 위반행위로 인한 과태료의 부과기준이 500만원에 해당하지 않는 것은? (19회)

① 시·도경찰청장의 승인을 받지 않고 임용 결격사유에 해당하는 사람을 청원경찰에 임용한 경우
② 시·도경찰청장의 감독상 필요한 분사기에 관한 명령을 정당한 사유 없이 이행하지 않은 경우
③ 정당한 사유 없이 경찰청장이 고시한 최저부담기준액 이상의 보수를 지급하지 않은 경우
④ 시·도경찰청장의 배치결정을 받지 않고 국가정보원장이 지정하는 국가보안 목표시설에 청원경찰을 배치한 경우

> **해설** 전부 맞는 내용이다.

29. 청원경찰법령상 과태료 부과기준 금액이 500만원에 해당하지 않는 경우는? (20회)

① 임용 결격사유에 해당되지 않는 청원경찰을 시·도경찰청장의 승인을 받지 않고 임용한 경우
② 시·도경찰청장의 배치결정을 받지 않고 국가정보원장이 지정하는 국가보안 목표시설에 청원경찰을 배치한 경우
③ 정당한 사유 없이 경찰청장이 고시한 최저부담기준액 이상의 보수를 지급하지 않은 경우
④ 시·도경찰청장의 감독상 필요한 총기·실탄 및 분사기에 관한 명령을 정당한 사유 없이 이행하지 않은 경우

> **해설** ① 과태료 300만원에 해당한다.

26. ④ 27. ② 28. 정답없음 29. ①

30. 청원경찰법령상 벌칙과 과태료에 관한 설명으로 옳지 않은 것은? (21회)

① 시·도경찰청장의 승인을 받지 아니하고 청원경찰을 임용한 자에게는 500만원 이하의 과태료를 부과한다.
② 시·도경찰청장은 위반행위의 동기, 내용 및 위반의 정도 등을 고려하여 대통령령에서 정한 과태료 금액의 100분의 50의 범위에서 그 금액을 줄일 수 있다.
③ 경찰청장은 과태료처분을 하였을 때에는 과태료 부과 및 징수사항을 과태료 수납부에 기록하고 정리하여야 한다.
④ 파업 등 쟁의행위를 한 청원경찰은 1년 이하의 징역 또는 1천만원 이하의 벌금에 처한다.

해설 ① 법 제12조 제1항, ② 시행령 제21조 제2항, ④ 법 제11조
③ 경찰서장은 과태료처분을 하였을 때에는 과태료 부과 및 징수사항을 과태료 수납부에 기록하고 정리하여야 한다. (시행규칙 제24조 제3항)

31. 청원경찰법령상 과태료에 관한 설명으로 옳지 않은 것은? (22회)

① 시·도경찰청장의 배치 결정을 받지 아니하고 청원경찰을 배치한 자에게는 500만원 이하의 과태료를 부과한다.
② 과태료는 대통령령으로 정하는 바에 따라 시·도경찰청장이 부과·징수한다.
③ 경찰서장은 과태료처분을 하였을 때에는 과태료 부과 및 징수 사항을 과태료 수납부에 기록하고 정리하여야 한다.
④ 경찰서장은 위반행위의 동기, 내용 및 위반의 정도 등을 고려하여 과태료 금액의 3분의 1의 범위에서 그 금액을 줄이거나 늘릴 수 있다.

해설 ① 법 제12조 제1항, ② 법 제12조 제2항, ③ 시행규칙 제24조 제3항
④ 시·도경찰청장은 위반행위의 동기, 내용 및 위반의 정도 등을 고려하여 과태료 금액의 100분의 50의 범위에서 그 금액을 줄이거나 늘릴 수 있다. (시행령 제21조 제2항)

32. 청원경찰법령상 과태료의 부과기준에서 과태료 금액이 다른 것은? (23회)

① 시·도경찰청장의 배치 결정을 받지 않고 국가중요시설(국가정보원장이 지정하는 국가보안 목표시설을 말한다)에 청원경찰을 배치한 경우
② 시·도경찰청장의 승인을 받지 않고 임용 결격사유에 해당하는 청원경찰을 임용한 경우
③ 시·도경찰청장의 감독상 필요한 복무규율과 근무 상황에 관한 명령을 정당한 사유 없이 이행하지 않은 경우
④ 정당한 사유 없이 경찰청장이 고시한 최저부담기준액 이상의 보수를 지급하지 않은 경우

해설 ①,②,④ 과태료 500만원, ② 과태료 300만원

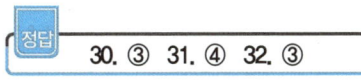

33. 청원경찰법령상 벌칙과 과태료에 관한 설명으로 옳은 것은? (24회)

① 파업, 태업 또는 그 밖에 업무의 정상적인 운영을 방해하는 쟁의행위를 한 청원경찰은 1년 이하의 징역 또는 1천만원 이하의 벌금에 처한다.
② 시·도경찰청장의 배치 결정을 받지 아니하고 청원경찰을 배치하거나 시·도경찰청장의 승인을 받지 아니하고 청원경찰을 임용한 청원주는 1년 이하의 징역 또는 1천만원이하의 벌금에 처한다.
③ 정당한 사유 없이 경찰청장이 고시한 최저부담기준액 이상의 보수를 지급하지 아니한 청원주는 1년 이하의 징역 또는 1천만원 이하의 벌금에 처한다.
④ 시·도경찰청장의 감독상 필요한 명령을 정당한 사유 없이 이행하지 아니한 청원주는 1년 이하의 징역 또는 1천만원 이하의 벌금에 처한다.

해설 ②,③,④ 벌칙사항이 아니라 500만원 이하의 과태료를 부과한다. (법 제12조)
① 법 제11조

34. 청원경찰법령상 관할 경찰서장과 시·도경찰청장이 공통으로 갖춰 두어야 할 문서나 장부에 해당하는 것은? (15회)

① 청원경찰 명부
② 전출입 관계철
③ 교육훈련 실시부
④ 청원경찰 임용승인 관계철

해설 관할 경찰서장과 시·도경찰청장이 공통으로 갖춰 두어야 할 문서나 장부는 전출·입관계철 뿐이다. (시행규칙 제17조)

35. 청원경찰법령상 청원주가 비치해야 할 문서와 장부가 아닌 것은? (14회)

① 무기·탄약 대여대장
② 청원경찰 명부
③ 경비구역 배치도
④ 무기장비 운영카드

해설 문서와 장부의 비치 (시행규칙 제17조)

청원주	관할경찰서장	시·도경찰청장
1. 청원경찰 명부	1. 청원경찰 명부	1. 배치결정 관계철
2. 교육훈련 실시부	2. 교육훈련 실시부	2. 청원경찰 임용승인 관계철
3. 근무일지	3. 전출·입관계철	3. 전출·입 관계철
4. 근무 상황카드	4. 감독순시부	4. 그 밖에 청원경찰운영에 필요한 문서·장부
5. 경비구역 배치도	5. 무기·탄약 대여대장	
6. 순찰표철	6. 징계요구서철	
7. 무기·탄약 출납부	7. 그 밖에 청원경찰운영에 필요한 문서·장부	
8. 무기장비 운영카드		
9. 봉급지급 조서철		
10. 신분증명서 발급대장		
11. 징계관계철		
12. 청원경찰 직무교육계획서		
13. 급여품 및 대여품대장		
14. 그 밖에 청원경찰운영에 필요한 문서·장부		

정답 33. ① 34. ② 35. ①

36. 청원경찰법령상 청원주가 비치해야 할 문서와 장부에 해당되는 것은? (16회)

① 감독 순시부, 징계요구서철
② 경비구역 배치도, 교육훈련 실시부
③ 무기·탄약 대여대장, 전출입 관계철
④ 배치 결정 관계철, 청원경찰 임용승인 관계철

해설 문서와 장부의 비치 (시행규칙 제17조)

청원주	관할경찰서장	시·도경찰청장
1. 청원경찰 명부	1. 청원경찰 명부	1. 배치결정 관계철
2. 교육훈련 실시부	2. 교육훈련 실시부	2. 청원경찰 임용승인 관계철
3. 근무일지	3. 전출·입관계철	3. 전출·입 관계철
4. 근무 상황카드	4. 감독순시부	4. 그 밖에 청원경찰운영에 필요한 문서·장부
5. 경비구역 배치도	5. 무기·탄약 대여대장	
6. 순찰표철	6. 징계요구서철	
7. 무기·탄약 출납부	7. 그 밖에 청원경찰운영에 필요한 문서·장부	
8. 무기장비 운영카드		
9. 봉급지급 조서철		
10. 신분증명서 발급대장		
11. 징계관계철		
12. 청원경찰 직무교육계획서		
13. 급여품 및 대여품대장		
14. 그 밖에 청원경찰운영에 필요한 문서·장부		

37. 청원경찰법령상 관할 경찰서장과 청원주가 공통으로 비치해야 할 문서와 장부에 해당하는 것은? (17회)

① 전출입 관계철
② 교육훈련 실시부
③ 신분증명서 발급대장
④ 경비구역 배치도

해설 청원주와 관할 경찰서장이 공통으로 비치해야 할 문서와 장부는 청원경찰 명부와 교육훈련 실시부이다.
(시행규칙 제17조)

38. 청원경찰법령상 청원주가 비치하여야 할 문서와 장부가 아닌 것은? (18회)

① 경비구역배치도
② 징계관계철
③ 감독순시부
④ 교육훈련실시부

해설 ③ 감독순시부는 관할 경찰서장이 비치하여야 할 문서이다. (시행규칙 제17조 제2항)

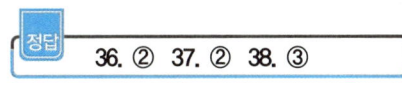

39. 청원경찰법령상 시 · 도경찰청장과 관할 경찰서장이 모두 비치해야 할 장부 등으로 옳은 것은?

(19회)

① 전출입 관계철
② 교육훈련 실시부
③ 청원경찰 명부
④ 배치 결정 관계철

해설 시 · 도경찰청장과 관할 경찰서장이 공통으로 비치해야 할 문서 및 장부는 전출입관계철 뿐이다.

40. 청원경찰법령상 관할 경찰서장이 갖춰 두어야 할 문서와 장부가 아닌 것은?

(21회)

① 청원경찰 명부
② 전출입 관계철
③ 교육훈련 실시부
④ 청원경찰 임용승인 관계철

41. 청원경찰법령상 청원주가 갖추어 두어야 할 문서와 장부에 해당하는 것을 모두 고른 것은?

(23회)

| ㄱ. 청원경찰 명부 | ㄴ. 경비구역 배치도 |
| ㄷ. 청원경찰 직무교육계획서 | ㄹ. 전출입 관계철 |

① ㄱ, ㄷ
② ㄱ, ㄴ, ㄷ
③ ㄱ, ㄴ, ㄹ
④ ㄴ, ㄷ, ㄹ

해설 ㄹ. 관할 경찰서장과 시 · 도경찰청장이 갖추어 두어야 할 문서이다.

42. 청원경찰법령상 청원주와 관할 경찰서장이 공통으로 갖춰 두어야 할 문서와 장부로 옳은 것은?

(24회)

① 무기 · 탄약 출납부
② 교육훈련 실시부
③ 무기장비 운영카드
④ 무기 · 탄약 대여대장

해설 ①,③ 청원주가 갖춰 두어야 할 문서와 장부이다.
④ 관할 경찰서장이 갖춰 두어야 할 문서와 장부이다.

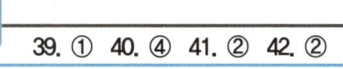

39. ① 40. ④ 41. ② 42. ②

[혼동하기 쉬운 내용 요약]

◯ 대통령령과 행정안전부령 구분

대통령령으로 정하는 내용	행정안전부령으로 정하는 내용
• 관할 시 · 도경찰청장에게 청원경찰 배치 신청	• 청원경찰 배치대상 중 중요시설, 사업장, 장소
• 청원경찰의 임용자격 · 임용방법 · 교육 및 보수	• 임용의 신체조건
• 청원경찰의 징계절차	• 교육기간, 교육과목, 수업시간 및 교육시행에 필요한 사항
• 청원경찰의 징계에 관하여 필요한 사항	• 청원경찰경비의 지급방법 또는 납부방법
• 국가기관 또는 지방자치단체에 근무하는 청원경찰의 보수	• 청원경찰의 제복 · 장구 및 부속물에 관하여 필요한 사항
• 청원경찰 본인 또는 유족 보상금	• 청원주 및 청원경찰의 무기관리 수칙
• 국가기관이나 지방자치단체에 근무하는 청원경찰의 퇴직금	**경찰청장이 정하는 내용** • 봉급 · 수당 최저부담기준액(국가기관, 자치단체청원경찰 제외), 피복비, 교육비고시
• 청원경찰의 복제와 무기휴대에 필요한 사항	• 국가기관, 자치단체 청원경찰 수당 중 가계보전수당, 실비변상 등의 세부 항목 고시
• 시 · 도경찰청장 권한일부 → 관할경찰서장 위임	• 무기 · 탄약출납부 및 무기장비 운영카드
• 과태료의 부과기준	• 무기 · 탄약관리지침 • 무기 · 탄약의 분실 · 도난 · 빼앗기거나 훼손시 배상액

◯ 시 · 도경찰청장, 경찰서장, 청원주 구분

○ 시 · 도경찰청장

◆ 시 · 도경찰청장은 청원경찰 배치신청을 받으면 지체 없이 배치여부를 결정, 신청인에게 알려야 한다.

◆ 시 · 도경찰청장은 청원경찰 배치가 필요하다고 인정되는 기관의 장 또는 시설 · 사업장의 경영자에게 청원경찰 배치를 요청할 수 있다.

◆ 시 · 도경찰청장은 청원경찰의 직무수행에 필요하다고 인정되면 청원주의 신청을 받아 관할 경찰서장으로 하여금 청원경찰에게 무기를 대여하여 지니게 할 수 있다.

◆ 시 · 도경찰청장은 청원경찰의 효율적 운영을 위해 청원주를 지도하며 감독상 필요한 명령을 할 수 있다.

◆ 시 · 도경찰청장의 권한은 그 일부를 관할경찰서장에게 위임할 수 있다.

◆ 시 · 도경찰청장의 배치결정을 받지 않고 청원경찰을 배치하거나, 시 · 도경찰청장 승인을 받지 않고 청원경찰을 임용한 자는 500만원 이하의 과태료 부과

◆ 과태료는 시 · 도경찰청장이 부과 · 징수한다.

◆ 시 · 도경찰청장은 신고된 청원경찰의 징계규정의 보완이 필요하다고 인정할 때에는 청원주에게 그 보완을 요구할 수 있다.

- 청원주로부터 무기대여 신청을 받은 시·도경찰청장은 청원주로부터 국가에 기부채납된 무기에 한정하여 관할 경찰서장으로 하여금 무기를 대여하여 휴대하게 할 수 있다.
- 시·도경찰청장은 다음의 권한을 관할 경찰서장에게 위임한다.
  1. 청원경찰 배치의 결정 및 요청에 관한 권한
  2. 청원경찰 임용승인에 관한 권한
  3. 청원주에 대한 지도 및 감독상 필요한 명령에 관한 권한
  4. 과태료 부과·징수에 관한 권한
- 시·도경찰청장은 위반행위의 동기, 내용 및 위반의 정도 등을 고려하여 과태료 금액의 50/100 범위에서 그 금액을 줄이거나 늘릴 수 있다.
- 청원주로부터 청원경찰 임용승인 신청서를 제출받은 시·도경찰청장은 「전자정부법」에 따라 행정정보의 공동이용을 통해 해당자의 병적증명서를 확인해야 한다.

○ 경찰서장
- 청원주로부터 청원경찰의 신규배치, 이동배치 통보를 받은 경찰서장은 이동배치지가 다른 관할구역에 속할 때에는 전입지 관할 경찰서장에게 이동배치 사실을 통보해야 한다.
- 관할 경찰서장은 청원경찰이 징계사유 (직무상 의무위반·직무태만, 품위손상행위)에 해당한다고 인정되면 청원주에게 해당 청원경찰의 징계처분 하도록 요청할 수 있다.
- 청원주가 시·도경찰청장으로부터 무기를 대여했을 때에는 관할 경찰서장은 청원경찰의 무기관리 상황을 수시로 점검하여야 한다.
- 관할 경찰서장은 매달 1회 이상 청원경찰을 배치한 경비구역에 대해 복무규율과 근무상황, 무기의 관리 및 취급사항을 감독하여야 한다.
- 청원경찰이 배치된 사업장의 소재지 관할 경찰서장은 필요하다고 인정하는 경우에는 그 사업장에 소속공무원을 파견하여 직무집행에 필요한 교육을 할 수 있다.
- 관할 경찰서장은 청원주의 신청에 따라 경비를 위해 필요하다고 인정할 때에는 청원경찰이 배치된 사업장에 경비전화를 가설할 수 있다.
- 경찰서장은 과태료처분을 하였을 때에는 과태료 부과 및 징수사항을 과태료수납부에 기록하고 정리하여야 한다.

○ 청원주
- ◆ 청원주가 청원경찰을 임용하되, 임용 시에는 미리 시·도경찰청장의 승인을 받아야 한다.
- ◆ 청원주는 청원경찰이 징계사유에 해당하는 때에는 징계절차를 거쳐 징계처분 해야 한다.
- ◆ 청원주는 청원경찰경비 (봉급·수당, 피복비, 교육비, 보상금, 퇴직금)를 부담해야 한다.
- ◆ 청원주는 직무수행으로 인한 부상·질병·사망, 직무상 부상·질병으로 퇴직하거나 퇴직 후 2년 이내 사망한 경우 청원경찰 본인 또는 유족에게 보상금을 지급해야 한다.
- ◆ 청원주는 청원경찰 퇴직시 「근로자퇴직급여 보장법」에 따른 퇴직금을 지급해야 한다.
- ◆ 청원주는 항상 소속청원경찰의 근무상황을 감독, 근무수행에 필요한 교육을 해야 한다.
- ◆ 청원주는 청원경찰 배치시설이 폐쇄되거나 축소되어 배치폐지나 배치인원 감축이 필요하다고 인정되면 청원경찰 배치를 폐지하거나 배치인원을 감축할 수 있다.
- ◆ 청원주가 청원경찰을 폐지. 감축시 배치결정을 한 경찰관서의 장에게 알려야 하며, 시·도경찰청장의 배치요청 사업장의 경우, 폐지·감축사유를 구체적으로 밝혀야 한다.
- ◆ 청원주는 청원경찰 배치결정 통지를 받은 날로부터 30일 이내에 배치 결정된 인원수의 임용예정자에 대하여 청원경찰 임용승인을 시·도경찰청장에게 신청하여야 한다.
- ◆ 청원주가 시·도경찰청장에게 임용승인신청을 할 때에는 별지 제3호 서식의 청원경찰 임용승인신청서에 다음 서류를 첨부하여야 한다.
- ◆ 청원주는 청원경찰로 임용된 사람을 경비구역 배치 전에 경찰교육기관에서 직무수행에 필요한 교육을 받게 하여야 한다.
- ◆ 청원주는 청원경찰을 신규배치·이동배치 시 배치지 관할 경찰서장에게 통보해야 한다.
- ◆ 청원주는 청원경찰 배치결정 통지를 받은 날로부터 15일 이내에 청원경찰 징계규정을 제정하여 관할 시·도경찰청장에게 신고해야 한다. (변경할 때에도 같다)
- ◆ 청원주는 보상금 지급이행을 위해 「산업재해보상보험법」에 따른 산업재해보상보험에 가입하거나 「근로기준법」에 따라 보상금지급을 위한 재원을 따로 마련해야 한다.
- ◆ 청원주는 청원경찰이 배치지 특수성으로 특수복장 착용이 필요시 시·도경찰청장의 승인을 받아 특수복장을 착용하게 할 수 있다.
- ◆ 청원주는 「총포·도검·화약류 등의 안전관리에 관한 법률」에 따른 분사기의 소지허가를 받아 청원경찰로 하여금 분사기를 휴대하여 직무를 수행하게 할 수 있다.
- ◆ 청원주가 청원경찰이 휴대할 무기를 대여 받으려는 경우에는 관할 경찰서장을 거쳐 시·도경찰청장에게 무기대여를 신청해야 한다.
- ◆ 청원주 및 청원경찰은 무기관리수칙을 준수하여야 한다.
- ◆ 경비업자가 중요시설 경비를 도급받았을 때에는 청원주는 청원경찰의 근무배치 및 감독권한을 경비업자에게 위임할 수 있다.

- 청원주는 경비업자에게 청원경찰 근무배치 및 감독권한위임을 이유로 청원경찰의 보수나 신분상 불이익을 주어서는 아니 된다.
- 봉급과 수당은 청원주가 사업장 직원의 보수지급일에 청원경찰에게 직접 지급한다.
- 피복은 청원주가 제작하거나 구입, 지급일 또는 신규배치 시 청원경찰에게 현품지급 한다.
- 하복·동복의 착용 시기는 사업장별 청원주가 결정하되, 착용 시기를 통일해야 한다.
- 제복의 형태·규격 및 재질은 청원주가 결정하되, 경찰공무원 또는 군인제복의 색상과 명확하게 구별될 수 있어야 하며, 사업장별로 통일해야 한다.
- 교육비는 청원주가 해당 청원경찰 입교 3일전에 해당 경찰교육기관에 낸다.
- 청원경찰 신분증명서는 청원주가 발행하며, 형식은 청원주가 결정하되, 사업장별로 통일한다.
- 청원경찰이 퇴직할 때에는 대여품을 청원주에게 반납한다.
- 청원주는 소속 청원경찰에게 직무집행에 필요한 교육을 매월 4시간 이상해야 한다.
- 순찰근무자는 청원주가 지정한 일정한 구역을 순회하면서 경비임무를 수행한다.
- 청원주가 무기와 탄약을 대여 받았을 때에는 경찰청장이 정하는 무기·탄약출납부 및 무기장비 운영카드를 갖춰두고 기록하여야 한다.
- 청원주는 무기·탄약관리를 위해 관리책임자를 지정, 관할경찰서장에게 통보해야 한다.
- 청원주는 경찰청장이 정하는 무기탄약 관리 실태를 매월 파악하여 다음달 3일까지 관할 경찰서장에게 통보하여야 한다.
- 청원주는 대여 받은 무기탄약의 분실·도난·빼앗기거나 훼손 사고발생시 지체 없이 사유를 관할경찰서장에게 통보하여야 한다.
- 청원주는 무기·탄약이 분실·도난·빼앗기거나 훼손시 경찰청장이 정하는 바에 따라 전액 배상해야 한다.
- 청원주가 청원경찰에게 무기·탄약 출납시 다음 각호에 따라야 한다.
- 2명 이상의 청원경찰을 배치한 사업장의 청원주는 지휘감독을 위해 청원경찰 중에서 유능한 사람을 선정하여 감독자로 지정해야 한다.
- 청원주는 사업장에 경비전화를 가설할 때 드는 비용을 부담한다.

시·도경찰청장, 경찰서장, 청원주
- 시·도경찰청장, 관할경찰서장 또는 청원주는 청원경찰에게 표창을 수여할 수 있다.

시·도경찰청장 또는 경찰서장
- 시·도경찰청장 또는 경찰서장은 시행령 제20조의2, 1항 내지 4호의 사무수행을 위해 「개인 정보보호법」에 따른 건강에 관한 정보, 범죄경력자료에 해당하는 정보, 주민등록번호 또는 외국인등록번호가 포함된 자료를 처리할 수 있다.

경찰서장을 거쳐 시·도경찰청장에게 ○○
- 청원경찰의 배치를 받으려는 자는 배치신청서에 구비서류(경비구역평면도, 배치계획서)를 첨부, 사업장의 소재지 관할 경찰서장을 거쳐 시·도경찰청장에게 제출해야 한다.
이 경우 배치장소가 둘 이상의 도(특별시, 광역시, 특별자치시 및 특별자치도 포함)일 때에는 주된 사업장의 관할 경찰서장을 거쳐 시·도경찰청장에게 한꺼번에 신청할 수 있다.
- 청원주가 청원경찰 면직 시 관할경찰서장을 거쳐 시·도경찰청장에게 보고해야 한다.
- 청원주가 청원경찰 임용시 임용한 날부터 10일 이내에 임용사항을 관할 경찰서장을 거쳐 시·도경찰청장에게 보고하여야 한다. 퇴직 시에도 또한 같다.
- 청원주가 청원경찰이 휴대할 무기를 대여 받으려는 경우에는 관할 경찰서장을 거쳐 시·도경찰청장에게 무기대여를 신청해야 한다.

청원주 또는(와) 관할 경찰서장
- 업무처리 및 자체경비를 하는 소내 근무자는 근무 중 특이사항이 발생하였을 때에는 지체 없이 청원주 또는 관할경찰서장에게 보고하고 그 지시에 따라야 한다.
- 청원경찰은 청원주와 관할 경찰서장의 감독을 받아 그 경비구역만의 경비를 목적으로 필요한 범위에서 「경찰관 직무집행법」에 따른 경찰관의 직무를 수행한다.

편저자 약력

최영길

■ 경력
- 성남수정·중원경찰서, 용인경찰서 청문감사관 근무
- 수원서부경찰서, 수원중부경찰서 경비교통과장 근무
- 분당경찰서, 수원남부경찰서 경무과장 근무

■ 현재
- 사단법인 경기(남부)도 재향경우회 부회장
- 사단법인 한국 경비지도사협회 지도위원
- 경찰인복지 사회적협동조합 감사

■ 출강
- 경비지도사협회 경비지도사 기본교육과정 전임교수
- 경비지도사협회 경비지도사양성과정 경비업법 전임교수
- 경기도 인재개발원 청원경찰 직무교육 초빙강사
- 대구광역시 공무원교육원 청원경찰 직무교육 초빙강사
- 경상북도 도청산하기관 청원경찰 직무교육 초빙강사
- 한국 수자원공사 전국 방호관리자 직무교육 초빙강사
- 신안산대학교 경호학 초빙강사
- 국립 경찰대학(경비업법, 경호학) 초빙강사

Sub Note식 요점정리
경비지도사 2차 시험대비

경비업법

2014년 9월 1일 초 판 인쇄·발행
2015년 6월 25일 개 정 판 인쇄·발행
2016년 3월 25일 개정2판 인쇄·발행
2017년 4월 20일 개정3판 인쇄·발행
2018년 4월 30일 개정4판 인쇄·발행
2019년 4월 15일 개정5판 인쇄·발행
2020년 4월 24일 개정6판 인쇄·발행
2021년 6월 11일 개정7판 인쇄·발행
2022년 8월 5일 개정8판 인쇄·발행
2023년 5월 8일 개정9판 인쇄·발행

저 자 · 최영길 **발행인** · 김성권 **발행처** · 도서출판 웅비
주 소 · 서울시 강남구 강남대로 136길 5-4, 501호(논현동, 정빌딩)
교재문의 · www.woongb.co.kr
Tel · 02) 2264-4543 / 070-8740-5900
Fax · 02) 2264-4544

본서의 무단전재·복제행위는 저작권법 제136조 제1항에 의거 5년 이하의 징역 또는 5,000만 원 이하의 벌금에 처하거나 이를 병과할 수 있습니다.

*파본은 구입처에서 교환하시기 바랍니다.

ISBN 979-11-5506-662-1(13360)   정가 23,000원

2023.11.11 시행시험 대비

경비지도사 2차시험 대비 웅비 시리즈
3단계 合格 전략

- **1단계** 쉽고 간결하게 요점정리된 SubNote 기본서로 개념 파악
- **2단계** 상세한 해설의 최근 **11년간 기출문제** 풀이로 출제방향 이해
- **3단계** 다양한 응용 모의고사(20회)로 고난이도 문제풀이 능력 향상

저자 **최 영 길**
- 경비지도사협회 경비지도사 기본교육과정 전임교수
- 경비지도사협회 경비업법·경호학 전임교수
- 국립 경찰대학(경비업법·경호학)초빙강사
- 지방자치단체 청원경찰 직무교육 초빙강사

경비지도사 자격증을 취득하면?
- 경비회사 설립 가능
- 경비·경호업체 관리자급 간부 취업
- 대학 경찰관련 학과 가점인정
- 경찰공무원 채용시험 가산점 적용
- 현직 경찰공무원 승진시 가점 적용
- 퇴직 공무원 및 군·경 간부출신 취업기회 확대
  (연령제한 없이 민간경비 전문가로 활동)

경비지도사 1차시험 면제자
- 경찰공무원, 경호공무원 7년이상 재직한 자
- 각 군 전투·군사경찰경과 부사관 이상 7년이상 재직한 자
- 행정직군 교정직렬 공무원 7년이상 재직한 자
- 경비업무 7년(특수 3년)이상 종사하고 경비지도사 양성과정 이수자
- 시험과목 3과목 이상 이수 대학 졸업후 경비업무 3년이상 종사경력자
- 시험과목 3과목 이상 이수 전문대 졸업후 경비업무 5년이상 종사경력자
- 일반(기계)경비지도사 자격 취득후 기계(일반)경비지도사 시험 응시자

| 구입처 |
서울(노량진) : 이그잼플러스 양현책세상 제일서점 홍문관서점
부산 : 영광도서, 캠버스 광주 : 용봉서적 인터넷 : 교보문고, YES24, 알라딘, 서울문고(반디앤루니스), 인터파크
※ 전국 어느 서점이나 주문구입 가능